CHINA BANKING DEVELOPMENT REPORT

中国银行业发展研究报告 2013

中央财经大学中国银行业研究中心

郭田勇 褚蓬瑜 主编

经济科学出版社
Economic Science Press

图书在版编目（CIP）数据

中国银行业发展研究报告·2013／郭田勇，褚蓬瑜主编．—北京：经济科学出版社，2013.6
ISBN 978－7－5141－3489－6

Ⅰ.①中… Ⅱ.①郭…②褚… Ⅲ.①银行业－经济发展－研究报告－中国－2013 Ⅳ.①F832

中国版本图书馆 CIP 数据核字（2013）第 116376 号

责任编辑：张　力　李文彧
责任校对：杨晓莹
版式设计：齐　杰
责任印制：李　鹏

中国银行业发展研究报告·2013
中央财经大学中国银行业研究中心
郭田勇 褚蓬瑜 主编
经济科学出版社出版、发行　新华书店经销
社址：北京市海淀区阜成路甲 28 号　邮编：100142
总编部电话：010－88191217　发行部电话：010－88191522
网址：www. esp. com. cn
电子邮件：esp@ esp. com. cn
天猫网店：经济科学出版社旗舰店
网址：http：//jjkxcbs. tmall. com
北京画中画印刷有限公司印装
710×1000　16 开　17 印张　330000 字
2013 年 7 月第 1 版　2013 年 7 月第 1 次印刷
ISBN 978－7－5141－3489－6　定价：78.00 元
（图书出现印装问题，本社负责调换。电话：010－88191502）

序

把握未来发展趋势，积极推动战略转型

近年来，面对世界经济弱复苏的格局和中国经济稳中趋缓的态势，我国银行业依然保持了良好的发展势头，在稳定运行的基础上继续深化改革、积极追求创新、努力改进服务、履行社会责任，内部管理全面加强，银行业朝着更为科学化、持续化的发展方式转变。

中央财经大学郭田勇教授及其团队所著的《中国银行业发展研究报告·2013》发布之际，课题组邀我作序，又恰逢我国银行业在新形势下面临发展转型命题，因此作为在银行业多年的工作者，我想在此结合该《报告》，谈谈自己对中国银行业发展的一些看法。

银行业在我国金融体系中占据绝对主导地位，其发展运行状况一直备受业界和学界关注，因此关于银行业的报告自然林林总总，能够像镜子一样从不同侧面反射行业自身状况，这为其持续健康发展起到了辅助推动作用。不过，在我看来，《中国银行业发展研究报告·2013》极富创见性之处在于能够在充分借鉴已有成果的基础上，尝试突破行业报告一贯的研究思维，跳出仅着眼于总结性描述的范畴，不仅全局性客观剖析过去一年银行业发展情况，更加提炼出了城镇化、利率市场化、融资多元化以及金融科技化等将深刻影响银行业生态环境的"四化"因素，并具体研究了未来银行业服务实体经济、实现自身转型发展的着力点或切入点，至此全方位、多角度地展示了行业发展的概貌与路径，为广大学者和业界人士提供了崭新视角。

正如在《中国银行业发展研究报告·2013》中提到的，面对"四化"机遇与挑战，我国银行业发展将步入关键的战略期，而且，随着规模的逐步增长和结构的优化升级，中国银行业必将对国民经济的发展和人们金融需求的实现发挥更为积极的作用。鉴于此，我想再强调几点。

其一，从业者应当客观、理性地认识到在当前国内外经济形势不确定、下行压力较大的环境下，银行业要有勇气沉下心来更加专注于建立集约化经营、内涵式发展的经营管理体系。2012 年全球经济在摇摆颠簸中缓慢发展，金融危机与

欧债危机交织，至今仍在不断冲击全球经济的复苏进程。而2012年我国经济增速逐渐放缓，在消费继续保持对经济增长的较大拉动作用、消费和投资在国内生产总值中的贡献率逐步平衡的同时，抑制通货膨胀、调整经济结构、深化体制改革的压力依然较大。未来我国经济将由高速增长向趋稳状态转变，而这一变化将弱化银行业过去依靠高速发展的宏观经济大环境实现高盈利水平的基础。面对这一现实，商业银行亟待切实改变传统的重数量轻质量、重规模轻结构、重速度轻管理的外延粗放经营方式，朝着资本消耗低、价值增长快、服务能力高、风险控制强的方向迈进，从而打造集约化经营、内涵式发展的经营管理体系。

其二，银行理财作为一个热点话题，在《中国银行业发展研究报告·2013》中也多次谈到并作了详细分析。我想说的是，社会应理性看待当前理财业务发展中存在的一些问题，同时银行也要从未来发展转型、提升核心竞争力的战略高度规划并做好理财业务，要更有效地通过产品创新与服务升级满足客户全方位、个性化的理财服务需求。银行理财业务的发展对完善融资结构、引导民间资金流向、满足客户需求、增加居民财产性收入、加快银行经营转型发挥了重要作用，然而，部分银行的确存在不规范的理财产品运作方式；个别银行存在宣传、信息披露等方面不到位、投诉处理不及时、内控管理不严等问题，这些都是社会对银行理财产品的关注点，因此需引起我们从业者的高度重视，并加以解决，从而达到客户和银行双赢的目的。商业银行作为理财产品的销售方，一是要讲求诚信，把客户利益放在优先位置；二是要强化信息披露，建立科学的风险管理体系，及时、准确、完整地向客户揭示风险，要在规范经营和控制风险的前提下，稳步发展理财业务；三是要创新与规范并重，不断加大理财产品创新力度，满足客户多层次理财业务需求。此外，商业银行要重视对理财从业人员和投资者的培训，提升银行理财业务的整体水平。

其三，深刻认识新监管标准的积极意义，以新监管标准推动银行业发展。金融危机后，已有欧盟、加拿大、澳大利亚、印度、巴西、日本、新加坡、瑞士等国家先后公布巴塞尔协议Ⅲ实施草案，中国银监会同样积极借鉴国际金融监管改革最新成果，出台《商业银行资本管理办法（试行）》，并从2013年1月1日开始实施，2018年底前全面达标。作为监管者，我也殷切地希望我们的商业银行能够以该新标准为契机，勇于研究、勇于践行：首先，统一思想认识，着力提升风控效率。各商业银行董事会、高管层需要统一思想，从我做起，正确决策，切实执行，并按照全员、全面、全程原则，逐步扫除认识偏差，由上至下牢固树立资本有偿使用意识，在审慎经营的前提下拓展业务、创造效益。其次，加快业务结构调整，着力服务实体经济。在新监管标准的引导下，商业银行应通过优化业务结构，加强金融创新，完善金融服务，巩固客户基础，优化小企业融资环境，积极开展零售业务，最大限度降低资本消耗，实现风险调整后资本收益的最大化。再次，夯实实施基础，着力评估实施效果。商业银行有关部门和相关业务条线要明确自身角色和职能，建立健全资本评估程序，确保资本充分覆盖各类风险。强化数据基础，注重 IT 系统建设，开发推广新型风险计量工具，提高风险识别能力和风险计量准确性，同时商业银行要指定专门部门负责分析政策效应及存在问题，配合做好新监管标准的完善和修订工作。

回首过去，我们硕果累累；展望未来，我们豪情满怀。在“十二五”扬帆起航之际，站在新的历史高度，广大银行业者及众多有志之士定能与时俱进、思变求新，以更大的决心和更高的智慧来推进银行业改革和创新，在新的伟大实践中谱写银行业变革和转型的新篇章，助力银行业实现未来卓越发展。是为序。

2013 年 6 月

前　言

近年来，中央财经大学中国银行业研究中心依托国家重点学科——金融学的学科优势和研究队伍，广泛联系国内外相关学术机构，致力于对中国银行业等领域的最新理论发展和政策实践进行研究，其中不少课题成果在学术界形成较大影响，甚至被视为业界标杆，比如，《中国私人银行发展报告》、《中小商业银行发展战略》、《商业银行中间业务产品定价研究》等，对此，我深感欣慰。然而，尽管如此，每每想到一直以来由于种种事务性原因未能对我国银行业整体情况进行系统性梳理就总觉有些遗憾，2012 年终于下定决心要认真启动该项课题，算作是对自己多年跟踪研究银行业的一个阶段性总结。庆幸的是，在课题组成员的配合与努力下，通过充分文献收集、调查研究和深度分析，历时近半年之久精心编撰的《中国银行业发展研究报告 · 2013》得以付梓，也算了却一桩心事。

随着我国银行业体制机制改革的不断深化，阶段性成效显著，整体面貌焕然一新，这是业界有目共睹的。然而，成绩永远属于过去。当前，金融危机与欧债危机后遗症依然相互交织并不断冲击全球经济复苏进程，而国内随着利率、汇率等改革加快，风险形势日趋复杂。“云开雾未散，柳暗待花明。”经历改革后的中国银行业未来面对怎样的发展环境、如何实现战略转型、又将以何种方式参与国际竞争，成为全球关注的焦点。在这个时间点，发布《中国银行业发展研究报告 · 2013》便兼具理论与实践双重价值。

《报告》全书共分为四篇十一章。

第一篇重点回顾总结了过去一年我国银行业经营发展的整体情况，在呈现稳健发展的良好状态的同时，也的确存在不少问题与不足，银行业改革进入“深水区”的现状要求业界拿出壮士断腕的勇气与顶层规划的智慧。

第二篇通过对国际、国内宏观经济金融形势加以分析研判认为，尽管我国经济存在内在增长动能仍然较弱、制造业投资和民间投资比较疲弱、产能过剩、通胀压力较大、出口仍将受外围环境制约难以大幅增长等抑制因素，然而随着未来逐步展开新型城镇化以及政府部门职能转变、各项制度红利释放等，经济增长潜力依然巨大，由此对银行业发展构成利好。

第三篇从城镇化、利率市场化、融资多元化以及金融科技化这四个方面出发，创新性地提出了将重点影响未来中国银行业发展的“四化”因素。《孙子兵法》有云：“用兵之法，无恃其不来，恃吾有以待也；无恃其不攻，恃吾有所不可攻也。”商场如战场，经济形势瞬息万变、难以琢磨，每一细微的变动都可能带来“蝴蝶效应”，因此银行业必须能够前瞻把握趋势、做好各项准备、灵活应对变化。商业银行经营发展当然受到诸多因素影响，然而课题组经过多次讨论并征求业界相关人士的意见后，最终提炼总结为以上四个重大方面。十八大报告进一步强调要以推进城镇化为重点，未来城镇化所带来的消费和投资需求将成为拉动经济的新增长点，更是商业银行经营必须要依托的经济基础；利率市场化步伐的加快，对于扭转目前银行业发展过度依赖存贷款规模，切实改变传统外延粗放的经营方式，进而朝着资本消耗低、价值增长快、服务能力高、风险控制强的方向迈进的“二次”改革有着决定性意义，银行业或将因此而面临重新洗牌；融资多元化既是利率市场化的结果，但同时又会加速利率市场化的实现，金融脱媒化加强的趋势，必定会倒逼商业银行及时进行经营策略转型，而银行也必须积极顺势而为、严控风险，唯有如此方能立于不败之地；同时我们认为，金融与科技深度融合的趋势，将会深刻影响未来商业银行业务发展的轨迹，固守物理模式而不积极嫁接科技力量将非明智之举，因此，把握趋势，树立“两个渠道办银行”的理念对于商业银行未来发展同样意义重大。出于对这些因素重要性以及趋势性的考量，故而在本《报告》中详细分析。

最后，正是基于对上述“四化”的分析研究，第四篇便以“未来银行业发展着力点”为主题，立足于财富管理、小微金融、电子银行、多元化经营、风险管理、国际化等热点课题进行探讨，分别基于各自过往、现状、关联影响、未来趋势以及政策建议等方面加以深度剖析，进而希望能够为我国商业银行业务经营选择和未来发展转型提供有益参考。“十二五”是加快转变经济发展方式的攻坚时期，相应对银行业科学布局和提升服务提出了更高要求，尽管实施战略转型涉及理念思路更新、信息技术升级、业务流程改造、经营模式调整等方方面面的挑战与不易，但中国银行业唯有锐意改革，求新图变，才能支持实体经济，化解风险矛盾，实现可持续发展。当然对于其中的难度也要有充分认识和正确估量，坚持从大局出发，扎实细致打好基础，才能确保顺利实施。

本报告既是对我国银行业发展现状的总结，也是对影响银行生态环境重要因素的分析，更是对中国银行业未来战略转型的建议。本书各章执笔者包括褚蓬瑜、郑博、戴蔚珑、张馨元、朱颖、王璞、孟娇、何佳、刘晓菊、丁潇、崔俐刚、顾献文等多名博士及硕士研究生，全书由我以及褚蓬瑜博士负责修改、定稿。我们要感谢中国银行业监督管理委员会纪委书记杜金富专门为本书作序推荐；感谢中央财经大学校长王广谦教授在课题研究过程中给予的指导和建议；而且《报告》在撰写之初就受到学界、业界以及相关媒体的广泛关注，对此深感荣幸，一并予以感谢。

在撰写过程中，课题组成员就报告结构与研究内容多次召开研讨会，并虚心请教多位业内精英人士，尝试纳入更多相关研究元素，力求做到尽善尽美，几易其稿最终形成该《报告》。我们期待本报告能够博采众长，对行业发展起到抛砖引玉的效果。然而受时间所限，报告难免显得仓促，对于其中出现的问题与不足，欢迎广大读者予以批评指正。未来我们将继续努力，对金融领域相关问题进行持续关注和深入研究，力争对行业发展有所益处。

郭田勇

2013 年 4 月于北京

目　录

第一篇　银行业经营回顾

第二篇　国内外宏观经济金融形势

第三篇　影响银行业经营的重大因素

第四篇　未来银行业发展转型的潜在着力点

第一篇

银行业经营回顾

过去一年里，国际金融危机的深层次影响还在继续显现，世界经济增速放缓、复苏乏力，加上全球流动性宽松又加剧了跨境资本流动及通胀风险，世界经济复苏仍存在较大的不确定性。从国内情况来看，2012 年我国经济仍然维持着缓中趋稳的增长态势，继续保持适度较快增长，已然成为带动世界经济增长的中坚力量。然而与此同时，我国经济社会发展也面临诸多问题，如经济结构亟待调整、内在增长动能仍然较弱，产能过剩，通胀压力较大等。如何在继续保持适度经济增长的同时实现可持续发展，通过经济增长和深度改革帮助每一个中国人实现“中国梦”，是决策层和学术界面临的巨大挑战。

在这种背景下，2012 年我国银行业仍然保持了良好的发展态势，总体上保持快速增长，在稳定运行的基础上继续深化改革、追求创新；在保证各项传统业务稳步发展的同时，抓住机遇实现产品与服务创新。然而，不可否认的是，当前的中国银行业也的确存在不少问题与不足，重数量轻质量、重规模轻结构、重速度轻管理的外延粗放式经营方式，已然成为银行业改革进入“深水区”的表现，“二次改革”要求业界拿出壮士断腕的勇气与顶层规划的智慧，下一步的发展显然更具挑战性。

1.

2012年银行业发展成果回顾

2012年，中国银行业获得稳步发展，银行管理能力、创新能力、盈利能力均有提高，各项风险得到合理控制，银行业继续处于我国金融市场和经济运行中的核心地位。

1.1 经营管理持续完善，盈利能力不断提高

1.1.1 资产负债规模稳步增长

截至2012年12月末，我国银行业金融机构[①]境内外合计本外币资产总额达131.27万亿元，比上年同期增长17.7%。银行业金融机构境内外合计本外币负债总额122.63万亿元，比上年同期增长17.5%（见图1－1和图1－2）。[②]

从机构类型来看，银行业金融机构中资产规模较大的依次为：大型商业银行、股份制商业银行、城市商业银行、农村中小金融机构和邮政储蓄银行。大型商业银行作为银行业的支柱力量，依托强大的规模和网络优势，综合竞争实力日益增强，仍然占据着银行业40%以上的份额，但这一比例有逐年下降的趋势；股份制商业银行通过充分发挥自身创新能力强的特点，加快转型调整，在过去一年里发展非常迅速，资产余额增长28.0%，资产规模占比逐年

① 银行业金融机构包括政策性银行、大型商业银行、股份制商业银行、城市商业银行、农村商业银行、农村合作银行、农村信用社、邮政储蓄银行、外资法人金融机构和其他非银行金融机构，下同。

② 若未特殊注明，本篇中以下所有数据均整理自银监会网站（http：//www.cbrc.gov.cn），不再单独列出。

攀升；城市商业银行和农村商业银行深耕本地市场，在区域市场、细分业务领域具有较强的竞争实力，再加上部分农村信用社与农村合作银行改制为农村商业银行，因此在扩张速度上也要快于大型商业银行（见图1－3和图1－4）。

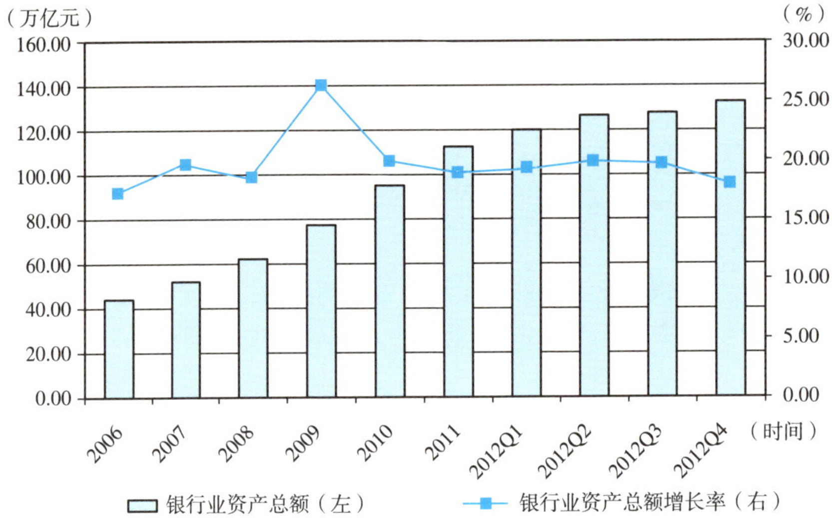

图1－1　2006～2012年银行业金融机构资产总额

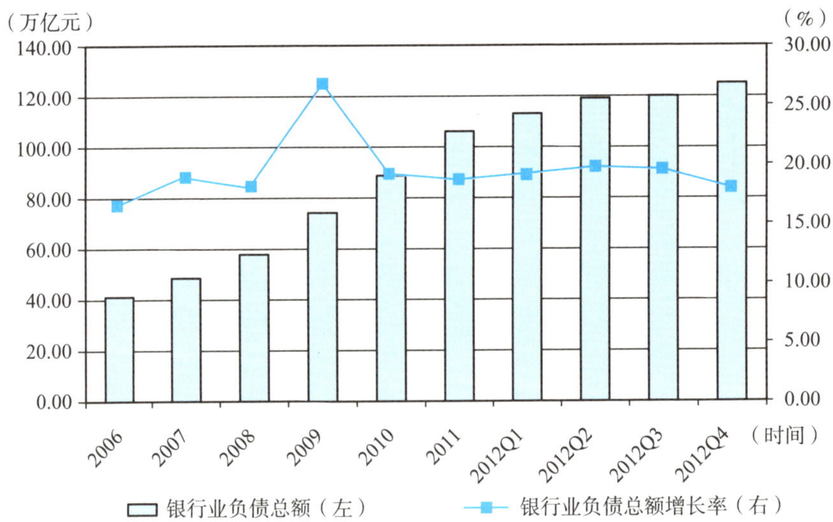

图1－2　2006～2012年银行业金融机构负债总额

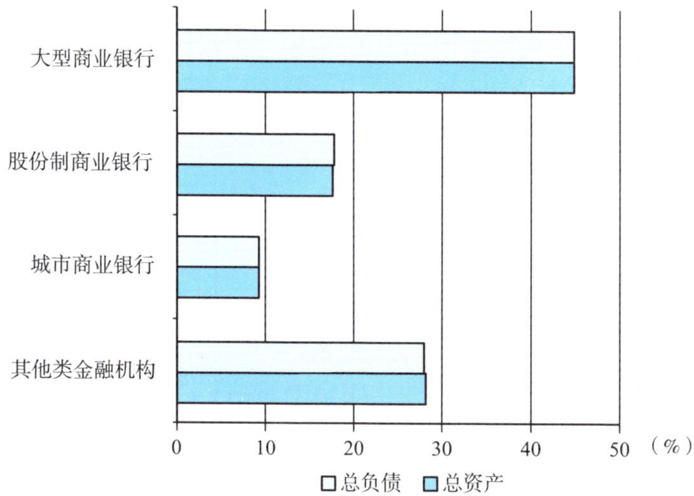

注：自2012年9月起，原深圳发展银行与原平安银行合并为新平安银行，本图数据未作可比口径调整。

图1－3　2012年第四季度各金融机构资产负债占银行业金融机构比例

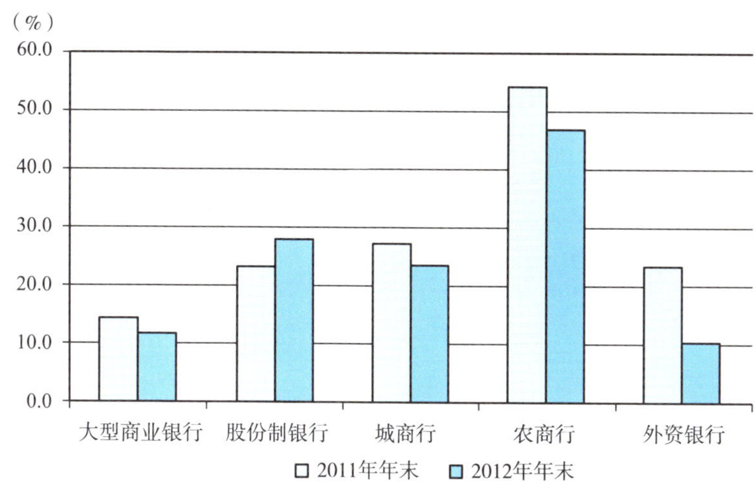

图1－4　各类商业银行资产同比增速

1.1.2　盈利水平持续向好

截至2012年年底，我国商业银行①已累计实现净利润12 386亿元，比2011年同期增加1 972亿元，同比增长18.9%。截至第四季度，商业银行平均资产利润率为1.28%，与2011年同期持平；平均资本利润率为19.9%，同比下降0.55个百分点（见图1－5）。

① 商业银行包括大型商业银行、股份制商业银行、城市商业银行、农村商业银行和外资银行，下同。

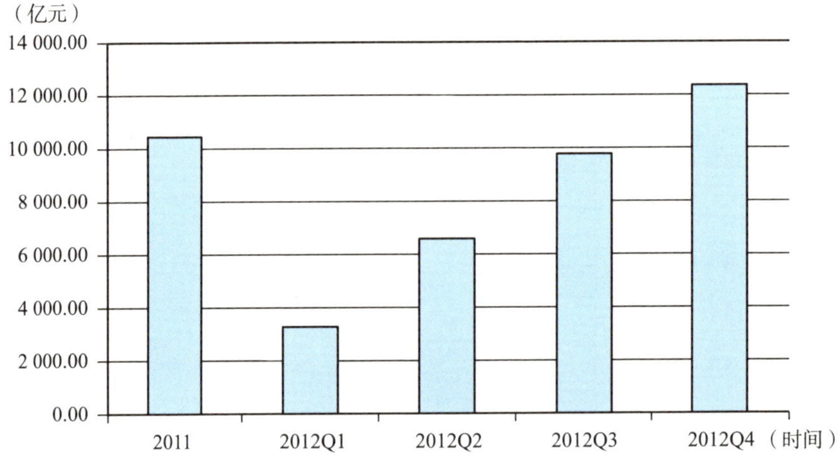

图1－5　2011～2012年第四季度商业银行累计净利润

从收入结构来看，截至2012年第三季度，商业银行合计实现净利息收入18 771亿元，比去年同期增加3 243亿元，同比增长20.9%；实现非利息收入3 894亿元，同比增长16.6%。在宏观经济下行导致贷款收益率下降和利率市场化导致息差收窄的背景下，商业银行息差普遍下降，净利息收入的上升主要靠生息资产增长的推动（见图1－6）。

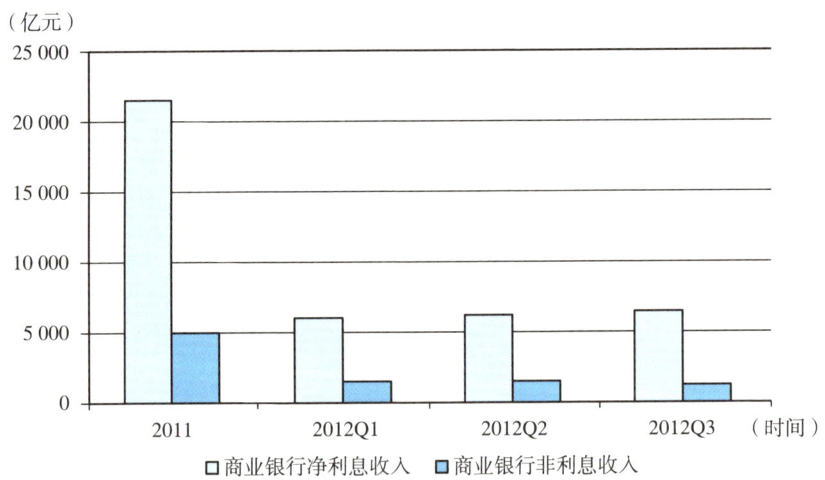

图1－6　2011～2012年第三季度商业银行收入情况

与净利息收入增速相比，2012年商业银行中间业务收入增速相对缓慢。由于中间业务的媒介属性，商业银行中间业务收入增速与宏观经济增速密切相关。2010年以来，中国经济增速下行导致中间业务收入增速总体呈下降趋势；而

2011 年中间业务收入反常高速增长主要原因是 2011 年央行加息导致息差收入转化为中间业务收入的部分①增长。而随着 2012 年经济增速继续放缓，银监会清理银行不合理收费以及降息导致息差转化成的中间业务收入减少，2012 年商业银行中间业务收入增速有一定程度的降低（见表 1－1）。

表 1－1　　上市银行中间业务增速有所放缓　　（单位：%）

银行	2009 年	2010 年	2011 年	2012 年 1～3 季度
工商银行	25.33	32.08	39.42	1.78
建设银行	25	37.61	31.55	1.64
农业银行	49.76	29.43	49.04	5.99
中国银行	15.19	18.41	18.68	－1.76
交通银行	28.99	27.02	35.02	3.32
国有银行平均	26.59	29.45	34.42	2.02
招商银行	3.22	41.75	37.93	23.49
浦发银行	22.98	83.44	65.88	24.11
中信银行	38.59	34.98	55.14	31.5
民生银行	4.55	77.72	82.18	32.96
兴业银行	18.76	54.08	84.23	67.87
光大银行	45.18	49.16	48.1	24.81
华夏银行	24.51	41.04	105.94	39.38
平安银行	38.69	34.24	131.19	71.02
股份制银行平均	17.2	52.03	64.04	35.01
北京银行	32.96	48.32	67.26	45.91
南京银行	48.9	44.64	53.9	34.25
宁波银行	20.3	8.21	47.19	1.2
城商行平均	31.82	34.81	58.88	31.47
上市银行平均	25.4	32.25	38.74	7.45

资料来源：引自方正证券银行业研究报告，《先抑后扬在希望的田野上》，周伟，2012－12－31。

尽管中间业务收入增长不如往年，但各商业银行仍将中间业务作为发展的重点：一方面，在目前中央银行稳健的货币政策下，银行表内扩张减缓，业务向表外扩张已成大势所趋；另一方面，由于 2012 年《商业银行资本管理办法》出台，日益严格的资本充足率和拨备覆盖率监管倒逼银行由粗放型成长模式向资本集约化成长模式转型，商业银行内部对中间业务考核权重加大，激励了管理层发展中

① 主要包括银行的财务顾问费、信贷承诺费、信贷资产转化的理财业务等相关收入，这些中间业务收入与息差关系较为紧密，且在整体中间业务中占据不小的比重。

间业务；此外，通货膨胀压力的存在也增强了储蓄替代品对投资者的吸引力，投资者对银行理财产品等中间业务的需求日益增加。因此，商业银行在中间业务的开发挖潜方面仍然大有可为。

1.2 主体业务持续发展，业务结构不断完善

1.2.1 人民币存款增长放缓，外币存款增幅较大

截至2012年12月，我国银行业金融机构本外币存款余额94.3万亿元，比去年同期增加11.6万亿元，同比增长14.1%。其中，人民币存款余额91.7万亿元，比去年同期增加10.8万亿元，同比增长13.3%（见图1-7）。

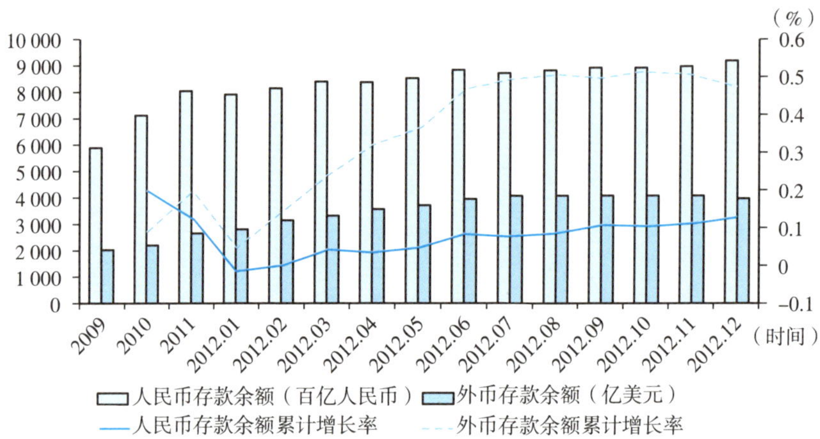

注：图中2012年各月存款增长率为累计增长率，即（当月存款余额-2011年存款余额）/2011年存款余额。

资料来源：中国人民银行网站。

图1-7 2009~2012年银行业金融机构存款情况

从存款构成来看，人民币存款增长趋势有所放缓，外币存款增幅较大。

由于2012年上半年我国经济增长趋势一再减缓，通货膨胀压力较大，导致实际利率基本为负，居民存款意愿不足，众多资金流向收益率更高的股市、信托和银行理财产品，人民币存款增长率一度出现负增长。而在6月份的不对称降息中，央行同时将存款利率浮动区间的上限调整为基准利率的1.1倍，不少银行选择将存款利率上浮10%。受上述影响，一年期存款实际利率自4月份以来“由负转正”。存款收益的改善使居民和企业持有银行存款的意愿提高，推动人民币存款增速自4月份以来持续回升。但是，从全年来看，特别是受到7月份央行再次降息的影响，人民币存款增长率基本与2011年持平，增速放缓。

相对人民币存款而言，外币存款大幅增长。11 月末外币存款余额同比增长 55.8%，增幅比上年同期提高 42.9 个百分点；前 11 个月外币存款增加 1 407 亿美元，比上年同期多增 996 亿美元。①

外汇存款的迅猛增长，一方面，是人民币单边升值预期被打破，出现“有升有贬”的双向预期，受人民币贬值预期影响，企业和居民持有外汇的意愿增强，出现资产外币化倾向；另一方面，外资银行在上半年大幅提高外币存款利率也刺激了外币存款的增加。由于外币短期存款利率远低于人民币存款，而外资银行并不鼓励长期存款，导致外币存款流失严重，外资银行外币头寸紧张，而从 2012 年开始，外资法人银行正式纳入银监会 75% 的贷存比监管之列，在外币资金紧张的情况下，人民币存款缓慢的增长进一步增加了外资银行的贷存比压力。为保证存款的持续增长，各外资银行纷纷提高外币存款利率，吸收了大量存款。但随着年内人民币持续贬值以及外国央行持续推进宽松政策，多家国内大型银行为减轻经营压力下调外币存款利率，直接导致外币存款在下半年基本停止增长。总体而言，由于上半年人民币贬值及外币存款利率提高，2012 年外币存款增幅较大。

1.2.2 传统信贷业务稳步发展，收入占比有所下降

截至 2012 年 12 月，我国银行业金融机构本外币贷款余额 67.3 万亿元，比 2011 年同期增加 9.1 万亿元，同比增长 15.6%。其中，人民币贷款余额 63.0 万亿元，比 2011 年同期增加 8.2 万亿元，同比增长 15.0%（见图 1-8）。

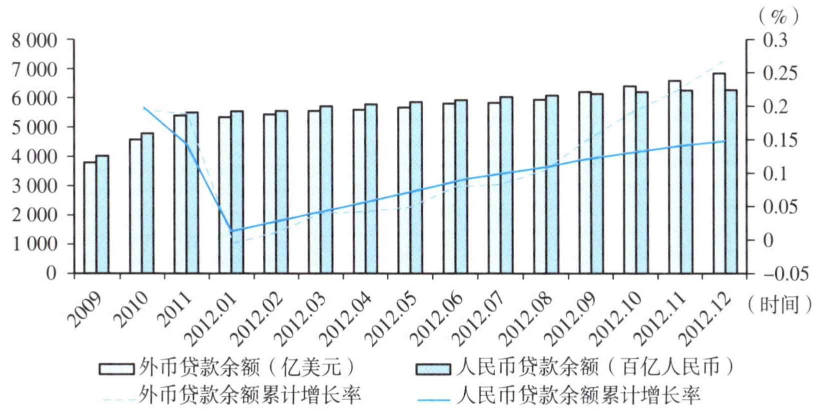

注：图中 2012 年各月贷款增长率为累计增长率，即（当月贷款余额 - 2011 年贷款余额）/2011 年贷款余额。

资料来源：中国人民银行网站。

图 1-8　2009 ~ 2012 年银行业金融机构贷款情况

① 数据整理自中国人民银行网站。

2012 年全年银行业金融机构贷款投向呈现以下特点：①

（1）企业贷款增速放缓，短期贷款和票据融资增长较快。

2012 年年末，金融机构本外币企业及其他部门贷款余额 49.78 万亿元，同比增长 14.5%。全年增加 6.32 万亿元，同比多增 9 720 亿元。

从期限看，年末金融机构本外币企业及其他部门中长期贷款余额 25.82 万亿元，同比增长 6.9%，全年增加 1.63 万亿元，同比少增 5 554 亿元；短期贷款及票据融资余额 23.29 万亿元，同比增长 23.4%，比上季度末低 1.7 个百分点，全年增加 4.47 万亿元，同比多增 1.55 万亿元。

从用途看，金融机构本外币企业及其他部门固定资产贷款余额 20.97 万亿元，同比增长 9.8%；经营性贷款余额 22.36 万亿元，同比增长 12.4%。

（2）小微企业贷款增长快于各项贷款，年末增速有所放缓。

2012 年年末，主要金融机构②及主要农村金融机构③、城市信用社和外资银行人民币小微企业贷款④余额 11.58 万亿元，同比增长 16.6%，增速分别比同期大、中型企业贷款增速高 8 个和 1 个百分点，比同口径企业贷款增速高 3.3 个百分点，高于各项贷款增速 1.6 个百分点。年末小微企业贷款余额占全部企业贷款的 28.6%。全年人民币企业贷款增加 4.75 万亿元，其中小微企业贷款增加 1.64 万亿元，占同期全部企业贷款增量的 34.6%。

（3）工业和服务业中长期贷款增速减缓。

2012 年年末，主要金融机构本外币工业中长期贷款⑤余额 6.34 万亿元，同比增长 3.8%，全年增加 2 350 亿元，同比少增 2 605 亿元。其中，轻工业中长期贷款余额 6 535 亿元，同比增长 5.1%；重工业中长期贷款余额 5.69 万亿元，同比增长 3.7%。

2012 年年末，服务业中长期贷款余额 15.91 万亿元，同比增长 7.1%。其中，水利、环境和公共设施管理业中长期贷款余额同比下降 0.5%；交通运输、仓储和邮政业中长期贷款余额同比增长 13.3%。

（4）“三农”贷款增速回落。

2012 年年末，主要金融机构及主要农村金融机构、城市信用社、村镇银行、财务公司本外币农村贷款余额 14.54 万亿元，同比增长 19.7%，全年增加 2.39 万亿元，同比多增 1 489 亿元；农户贷款余额 3.62 万亿元，同比增长 15.9%，

---

① 以下内容转引自中国人民银行《2012 年金融机构贷款投向统计报告》，部分内容有删节。

② 主要金融机构指中资银行（不含农村商业银行、农村合作银行和村镇银行），下同。

③ 主要农村金融机构包括农村信用社、农村商业银行和农村合作银行，下同。

④ 2011 年 6 月，工信部发布《关于印发中小企业划型标准规定的通知》（工信部联企业［2011］300 号）。人民银行在原《境内大中小型企业贷款专项统计制度》基础上对大中小微型企业贷款统计进行了全面修订，境内企业分类由原来的大、中、小三类改为大、中、小、微四类，并根据结转数推算了可比口径的同比增速。

⑤ 金融机构自 2012 年 1 月起执行国家统计局颁布的新行业划分标准（GB/T4754－2011），人民银行对有关行业贷款同比增速进行了可比口径调整。

比上季度末低0.5个百分点，全年增加4 999亿元，同比少增19亿元；农业贷款余额2.73万亿元，同比增长11.6%，全年增加3 103亿元，同比多增648亿元。

（5）房地产贷款增速回升，其中个人购房贷款、地产开发贷款增速继续回升。

2012年年末，主要金融机构及主要农村金融机构、城市信用社、外资银行人民币房地产贷款余额12.11万亿元，同比增长12.8%；全年增加1.35万亿元，同比多增897亿元。

至2012年年末，我国商业银行地产开发贷款余额达到8 630亿元，同比增长12.4%；房产开发贷款余额3万亿元，同比增长10.7%；个人购房贷款余额8.1万亿元，同比增长13.5%，全年增加9 610亿元，同比多增23亿元；此外，保障性住房开发贷款也有所增加，年末，保障性住房开发贷款①余额达5 711亿元，同比增长46.6%，全年增加1 796亿元，占同期房产开发贷款增量的66.5%。

（6）住户贷款增速回升。

截至2012年年末，金融机构本外币住户贷款余额16.13万亿元，同比增长18.6%，全年增加2.53万亿元，同比多增1 081亿元；金融机构本外币住户消费性贷款余额同比增长17.6%，全年增加1.57万亿元，同比多增857亿元；住户经营性贷款余额同比增长20.4%，全年增加9 586亿元，同比多增225亿元。

1.3 产品创新日益活跃，表外业务蓬勃发展

1.3.1 实际需求推动银行创新，服务覆盖面继续扩大

2012年，中国银行业金融机构坚持“简单、实用、透明”原则，紧贴实体经济真实需求，将产品和服务创新作为提升服务质量和价值创造力的重要手段，产品和服务创新层出不穷，市场满足度不断提高。小微企业金融服务、同业业务、个人理财、移动金融、电子银行、银行卡等领域成为银行业金融机构创新的主战场，形成了一大批适应市场需要、高附加值的特色产品。

（1）小微企业金融。

中小企业自身在经营风险控制、财务管理、信息披露、抵押担保等方面的不规

① 保障性住房包括两限商品住房、经济适用房、政策性租赁房以及廉租房等具有社会保障性质的住房。2012年起，保障性住房开发贷款中增加棚户区改造项目中的房地产开发贷款。本报告中保障性住房开发贷款增速为可比口径增速。

范一直是束缚其获得更完善金融服务的桎梏之一。银行在小微企业融资中多采用“点、圈、链”相结合的方法，带动同区域或者同行业中小企业共同发展。各家银行努力寻找贯穿企业发展过程的融资需求和服务路径，根据企业不同阶段的发展规律提供不同的融资产品，开发出多元化、多层次、全平台和全产品线的金融服务。部分银行如建设银行、中国银行、民生银行等整合中小企业业务流程，推出了“信贷工厂”模式，以中小企业融资“短、小、频、急”等特点设计产品，依靠评级模型自动决策、集中处理，后台数据整合及作业全面 IT 化，通过专业化分工和流水线运作进行批量操作，实行差别风险管理政策，打造“流程银行”，以满足客户融资需求和银行控制风险的双重需要，使中小企业贷款审批更加专业高效。

（2）同业业务。

自 2011 年三季度以来，中国银行业的同业业务进入了一个史无前例的快速发展期。据 16 家上市银行 2012 年半年报统计，仅 2012 年上半年，上市银行同业资产平均增速即超过 40%，远超生息资产和贷款同期 1% 和 8% 的增幅。以兴业银行为例，截至 2012 年年底，兴业银行存放同业及其他金融机构款项 1 646 亿元，同比增长 137%，同业存放利息收入 54 亿元，同比增长 286%。银行买入返售金融资产 7 928 亿元，同比增长 50. 4%；买入返售金融资产利息收入 408 亿元，同比增长 56. 35%。另外，兴业银行银银平台上线客户达到 318 家，联网上线银行达到 157 家，连结网点超过 2 万个，期内累计办理银银平台结算 927 万笔，同比增长 53. 7%，累计结算金额突破 1 万亿元。

在同业业务规模激增的背后，是国内银行业在相对严厉的信贷紧缩和存款准备金政策下，借助同业业务创新，应对市场存款利率上扬给传统信贷业务带来的冲击；更重要的是，随着获取存款成本的上升，借助同业业务汇集来自城商行、农信社乃至券商的资金，进而满足银行扩张过程中的资金需求，这已成为不少中型银行的战略性选择。

在具体的业务实践中，规避信贷规模控制，为企业提供信用证同业代付，增加券商作为中间渠道，规避银信合作限制的银证信合作，以及银行以自有资金或客户理财资金注入券商集合理财，进而由券商集合理财买断银行保理业务和投行业务下表内票据信贷资产的银证合作，以及加大吸纳城商行、村镇银行及农信社的资金进行集中管理，先后成为各银行同业业务创新的热点。

（3）资产管理业务。

资产管理在银行业务创新中也占有非常重要的地位，这里所介绍的资产管理主要集中于对公理财领域。对公理财的出现是为了应对企业融资利率越来越高、银行企业存款面临严重流失风险的状况。以银行理财为代表的资产管理业务在近年来成为银行业务的新亮点。各家银行专门为大客户开发定制了超短期现金管理产品，兼具安全性、流动性、收益性的中期理财产品等诸多创新产品。在这个过程中，银行凭借较大规模的体量和平台整合在与其他金融机构的竞争中占有一定的优势。大型银行以其快速的投入和强大的产品设计能力在组合产品创新、拓展投资领域方面均取得了优势。中型银行则主要着力于以网上银行等形式进行渠道创新，以创新概念产品发掘特殊用户的需求等形式赢得自己的领地。

（4）个人理财业务。

中国的个人理财业务在 2002 年开始初现雏形至今已经经历了 10 年的探索。在工商银行、光大银行及招商银行等多家银行的引领下，从单一债券投资的星星之火发展到今天呈铺天盖地的燎原之势甚至“井喷”状态，全国人民的理财意识开始增强。2012 年，内地理财市场蓬勃发展，各家银行推出的理财产品的投资范围包括了债券、票据、同业等传统领域，以及通过多种渠道的银信合作、银证合作投资不动产、企业等，还包括私募债券类产品、资产证券化产品等高门槛高风险的标的资产。除此以外，多家大中银行极力开发混合各种资产、平衡收益与风险的“组合投资”模式，极大地丰富了个人理财的产品种类。

（5）私人银行业务。

2012 年，中国本土化的私人银行服务已具雏形。从 2007 年发展至今，中资私人银行资产管理规模在已达到 3 万亿元。从客户数量上来看，排名私人银行业务前三位的中资银行客户总数超过 10 万人；从资产规模上来看，工商银行、中国银行和招商银行资产规模都接近 5 000 亿元；而从发展速度上来看，大部分银行的私人银行业务都呈现了高速增长，尤其是成立时间仅仅两年的兴业银行，其客户数量增幅甚至高达 199%。

目前中国的私人银行业务尚有很大的发展空间，《2013 年中国私人银行财富报告》显示，2012 年中国可投资资产 1 000 万元以上的高净值人士数量超过 70 万，人均持有资产约 3 100 万元，共持有可投资资产 22 万亿元。另外，规划中的私人银行业务涉及领域非常广泛，不仅仅限于传统的零售银行业务，还包括结构性产品、保险规划、税务规划、财产信托等业务。目前国内私人银行的主要服务方向局限于为客户个人及家庭推广定制化产品以帮助其家庭财富保值增值；另一方面则为其企业融资上市提供金融咨询及整合平台服务等，而在国外获得良好发展的涉及个人信托、合理避税、遗产安排、艺术品托管、保险规划和移民计划方面的服务亟待起步，私人银行仍需在“私人”化、差异化方向进一步提高。

（6）供应链金融。

将核心企业和上下游企业联系在一起，提供灵活多样的金融产品和服务的供应链金融模式，近年来越来越受到商业银行的重视。2012 年，各家银行都在探索和开展供应链金融服务。通过自偿性贸易融资、“1 + N”供应链融资，甚至将金融服务渗透到企业进出口和国内交易的全流程供应链金融已成为商业银行交易性业务中最热门的话题。通过供应链金融业务创新，供应链上的企业可以得到结构化融资，有效地通过控制应收账款流转而改善现金流；而银行可以全面跟踪企业及其上下游的生产经营状态，从而有效降低信用风险。此外，银行还通过供应链金融为自己提供了稳定高端客户的渠道。基于网络电子商务平台的小微信贷等技术实际上是对供应链金融的重要补充，各家银行也正积极探索与互联网技术相结合的新型供应链金融模式。

（7）手机银行。

2012 年，各商业银行大力发展手机银行业务，初步形成了自身品牌影响力。手机银行已经形成了涵盖短信、App 客户端等形式的业务模式供客户选择，提供的服务包括在线账户管理、查询、转账等基础功能，以及手机取现、手机支付等便捷增值功能。同时，手机银行的安全性得到了更多的重视，各银行均推出了先进数据加密技术，并采取双重身份认证、静态密码、电子银行口令卡等多种安全手段以确保用户的资金与信息安全。未来手机银行的发展将呈现新的格局。在服务领域上，手机银行将更全面地扩张到农村金融服务领域，实现从集中向分散的转移，为低收入人群和居住在偏远地区的人们提供可持续的金融服务；在业务发展上，手机支付市场将成为重要的竞争领域，近场支付（NFC）将成为手机银行业务发展的又一关键点。

1.3.2 理财业务蓬勃发展，泛资产管理时代正在来临

2012 年，在银行业各项业务创新中，最引人注目的无疑是银行在个人理财业务及其管理中引致的创新。近年来，随着经济增长、经济金融化的深化，居民财富积累及消费意愿增强，银行理财产品发展十分迅速。而银行通过各类理财产品募集的充裕资金，为其主导推动同业业务和资产管理业务的进一步创新创造了动机与条件。

银行理财产品呈现快速增长态势的主要原因在于：一方面，作为理财产品供应方的银行拥有较强的销售动力。近年来我国执行稳健的货币政策，商业银行在资产负债两方面都面临较大压力，贷存比普遍上升，为增强竞争力、调整资产负债结构、保证资本充足率，商业银行普遍积极发展表外业务，而理财产品就是其典型代表；另一方面，作为产品需求方的投资者购买意愿强烈。相较于普通存款，理财产品可以取得更高的利息收益，而且通常可以得到银行一定的收益保障，因而成为通胀高企和其他投资渠道匮乏情况下比较理想的投资工具。

理财产品是银行业务创新的重要增长点，它以灵活多变的产品形式，很大程度上满足了复杂多样的金融需求。商业银行在发展理财产品，管理理财资金的过程中，不断寻找新的利润增长点，主动寻求与其他金融机构的合作，发挥商业银行特有的资金和渠道优势，将理财资金投向信托、券商等拥有资产管理牌照的金

融机构，通过这些通道完成资金的升值并分享收益。2012 年，商业银行主导的银信合作和银证合作等渠道业务均获得了不同程度的发展（见图 1－9）。

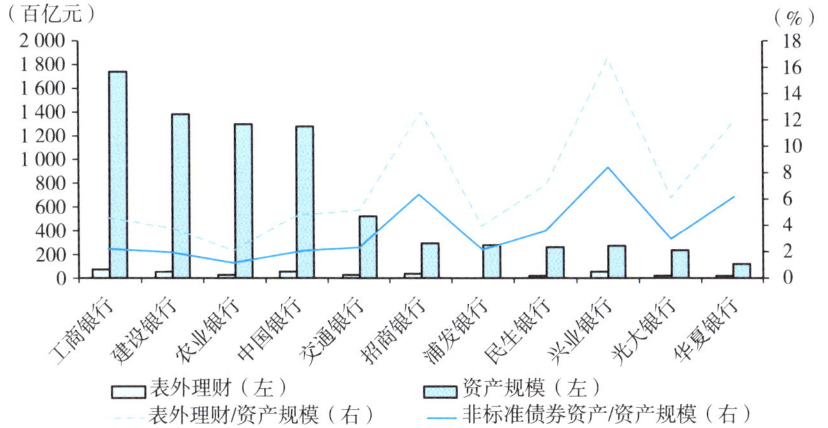

资料来源：董欲晓：《收紧银行“类信贷”理财》，载于《财经》2013 年 4 月 8 日。

图 1－9　2012 年各银行理财业务占资产规模测算

（1）银监会加强监管，银信合作发展稳中求变。

银信合作这一模式诞生于 2006 年左右，当时的典型案例是多家商业银行发行理财计划，并借道信托发放贷款，资金专项投入国开行项目。很快，各商业银行意识到了银信合作这种能够将贷款转到表外、腾出贷款规模、控制报表数据的业务带来的好处，开始广泛寻求信托合作，而信托业也依赖这一业务获得了连续数年的高速扩张：信托业资产规模从 2008 年的 1. 23 万亿元跃升至 2012 年的 7. 47 万亿元，其中银信合作规模达到 2. 03 万亿，创历史新高。

银信合作规模的高速扩张，严重影响了监管当局的信贷规模控制，已被视为国内规模较大的影子银行，银监会出于审慎的考虑对这一业务加强了引导和监管。2010 年下半年，银信合作产品发行达到高峰，银监会随即出台了《关于规范银信理财合作业务有关事项的通知》，即“72 号文”，要求商业银行将表外资产在 2011 年年底前转入表内，并按 150% 的拨备覆盖率计提拨备，同时大型银行按照 11. 5% 、中小银行按照 10% 的资本充足率要求计提资本。另外，银监会要求商业银行执行“融资类银信理财合作业务余额占银信理财合作业务余额的比例不得高于 30%”规定，其后，银信合作产品规模下滑速度非常明显。除融资类银信合作受限外，票据信托也被监管机构叫停，虽然目前银行和信托公司仍然可以开设投资类银信合作业务，但集合投资类业务收益偏低，银行投资意愿不高。

从项目供给的角度看，2012 年资本管理新政开放了券商、基金等金融机构的资产管理业务，对银信合作也造成了一定的冲击，然而，受制于管理能力、人才和经验等多方面的限制，券商等机构目前在主动管理资产业务方面的竞争力有限，短期难以形成对信托业的限制，不得不采取银证信合作的模式进行资产管理，这也是2012年信托业在银信合作遇阻的背景下仍能取得较高业绩的原因之一，尽管如此，长期看来，如果监管当局不能放开银信合作限制或者有其他政策、合作模式创新出现的话，银信合作高速增长的时代已经难以为继。

（2）银证合作发展迅速，银行仍占主导地位。

2012年是银证合作开放元年。资管新政后，银证合作的政策限制被放开，规模高速增长。2012年券商受托管理资金本金总额达1.89万亿元，比2011年的2 818亿元增长近6倍。

银证合作一般是指银行通过与证券公司资产管理部门的合作，将信用类资产（主要是票据资产）转移出表外的业务合作。这类合作有别于传统的银行与证券公司在资金托管、产品代销等方面的业务合作。具体操作上，证券公司向银行定向发行资产管理产品，吸纳银行理财产品资金，再用于向银行购买票据（转贴现）。通过这种与银信合作类似的方式，银行把受到额度限制和高度监管的表内信贷资产转移到表外，从而规避信贷规模限制，而证券公司则从中收取一定的通道费用。

2012年资管新政出台后，原先受到政策限制的银信合作信贷资产和票据资产转让业务，开始借道证券公司的“定向资产管理业务”和基金公司的“专项资产管理计划”广泛开展；另一方面，信托公司对融资类银信理财合作业务有较低的规模比例、较高的净资本比例和信托报酬率等方面的限制，比如，银信合作中信托公司佣金率一般为1‰～3‰，而银证合作中券商收取的佣金率仅为0.3‰。因此，其他银信理财合作业务也很快相继向证券公司转移，银证合作业务就此开始迅速发展。

2012年10月，修订后的《证券公司定向资产管理业务实施细则》开始实施，定向产品几乎没有投资范围限制，允许由客户与证券公司协商约定投资范围。同时，证监会降低了各类业务的风险准备比例，放宽了净资本的计算方法，使得资产管理业务消耗的净资本减少，进而提升了证券公司资产管理的规模上限。随着证券业资管新政的实施，证券公司资产管理开放式通道的价值开始被发现并被重视，银证合作成为潮流。

另外，2012年7月，保监会发布《保险资金委托投资管理暂行办法》规定：保险公司选择证券公司开展委托投资，证券公司必须符合两大条件，一是取得客户资产管理业务资格3年以上；二是过去一年集合理财业务管理资产规模不低于50亿元，或受托管理总资产规模不低于100亿元。获得规模庞大的保险理财资金的“险资受托资格”，是各证券公司资产管理部门在2012年急切做大业务规模的主要动力。

目前，银证合作仍然由银行主导，证券公司的实际收益非常微小，银证合作的发展方向正在逐步改变。现阶段银证合作“纯通道”类业务费率已降至0.5‰的微利或无利水平，随着规模扩张冲动减弱、证券公司之间竞争增加、特别是无净资产限制的基金公司介入市场，改变盈利模式将是必然选择。预计未来证券公司资产管理部门与银行合作发展方向将包括：发挥主动资产管理能力，为银行资金选择优质项目；发挥自身产品创新实力，开发满足不同风险偏好的产品供银行选择等，以此获得更高回报，保持资产管理业务的可持续发展。

（3）银保合作、银基合作已萌芽，泛资产管理时代正在来临。

相对于已经达到一定规模，发展广受关注的银信合作和银证合作，银行与保险公司、基金在资产管理方面的合作在2012年刚刚起步，不过其发展模式与银信合作基本类似，即商业银行通过保险公司或基金的投资计划将表内资产转移至表外。

2012年10月份出台的《基础设施债权投资计划管理暂行规定》放宽了基础设施债权投资计划的投资范围、减少了对偿债主体的严格限制。这意味着大量基础设施项目均可以纳入保险资管公司债权投资计划的投资范围，使得银行理财产品借助保险债权投资计划投资债权类资产具有可行性。此外，《基础设施债权投资计划管理暂行规定》还允许债权投资计划在符合条件的金融资产交易场所发行、交易和流通，进一步提高债权投资计划的流动性。而2012年11月1日《证券投资基金管理公司子公司管理暂行规定》的正式实施也为基金公司开展类信托业务提供了政策支持。鉴于保险公司在债券类投资方面的专业优势以及基金公司无净资产限制的特点，银行业金融机构将从银保合作、银基合作的发展中获得更高的投资收益和更低的通道收费。

各种类型的资产管理业务规模的激增也引起了监管部门的注意，各级监管层开始选择性的引导或叫停部分银行理财业务。2012年内，各地证监局已经开始关注纯通道性质的“银证合作”业务，要求部分过于激进的券商注意风险控制，压缩购买银行票据的定向资管产品规模。银监会办公厅也下发《关于银行业金融机构代销业务风险排查的通知》，要求各银行业金融机构要加强内部管理，对本行代理销售的第三方产品的业务流程进行全面风险排查。2013年4月银监会下发《关于规范商业银行理财业务投资运作有关问题的通知》，即“8号文”，对“资金池—资产池”模式与通道模式进行整顿，要求理财产品单独管理、建账和核算，合理控制理财资金投资非标准化债权资产的总额，规模逾7万亿元的银行理财市场将更加透明、规范。

2012年，伴随着各项资产管理新政策的出台，银行业理财业务创新层出不穷，商业银行与信托公司、证券公司、保险公司、基金公司等的合作都有不同程度的发展，随着各项配套政策和监管模式的成熟，由银行业引领的泛资产管理时代正在来临。

1.4 风控能力逐步提高，资产质量保持稳定

1.4.1 不良率基本持平，资产质量保持稳定

2012 年以来，商业银行不良率普遍有所反弹，但整体不良率并不高（见图 1-10）。工农中建四大行不良率呈下降趋势；股份制银行不良率总体呈上升趋势，其中浦发银行和平安银行不良率上升较快。

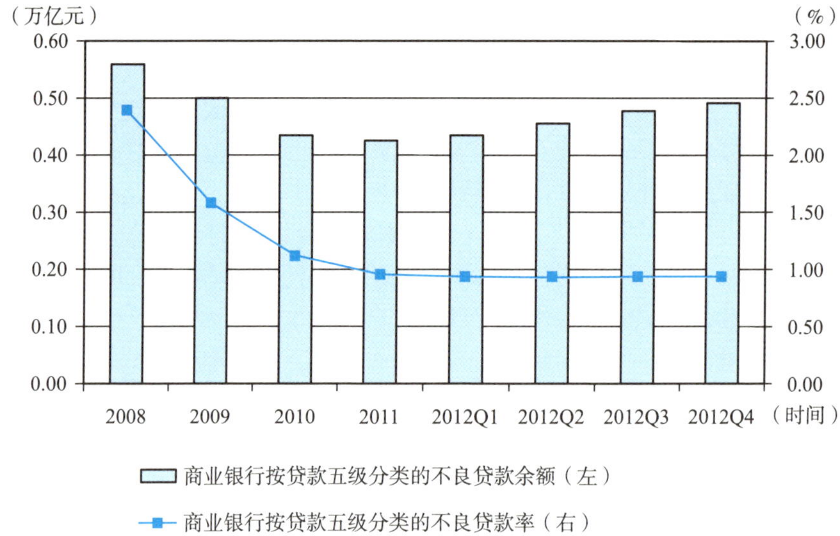

图 1-10 2008~2012 年第四季度商业银行不良贷款情况

由于经济增速放缓、中小企业经营困局仍在、地方融资平台问题尚未解决，商业银行不良贷款额同比和环比都出现快速增长，但不良贷款率仅仅略有上升，说明不良贷款额的增长主要受到贷款总额上升的影响。

从总体上看，近几年我国商业银行对不良贷款的防范和清理取得了显著的成效，即便在 2012 年不良率有略微回升，仍能保持在 1% 以下的水平。2012 年，宏观经济增速下滑的背景下，各类企业经营周转不顺、地方融资平台还款高峰、房地产信托集中到期等问题，使得银行业处于重压之下，出现小幅的资产质量波动是大概率事件。随着经济的逐步复苏，银行业不良贷款增加的压力将逐步得到缓解，资产质量仍将继续保持稳定。

1.4.2 流动性水平较为充裕，拨备覆盖率提高

2012 年，我国商业银行流动性比率保持在 45% 以上，较前几年有了很大程

度的提高。流动性比率持续处于高位表明 2012 年我国商业银行流动性风险有所降低，但也表明了商业银行存在部分流动性过剩的事实，对银行盈利有一定程度的影响（见图 1－11）。

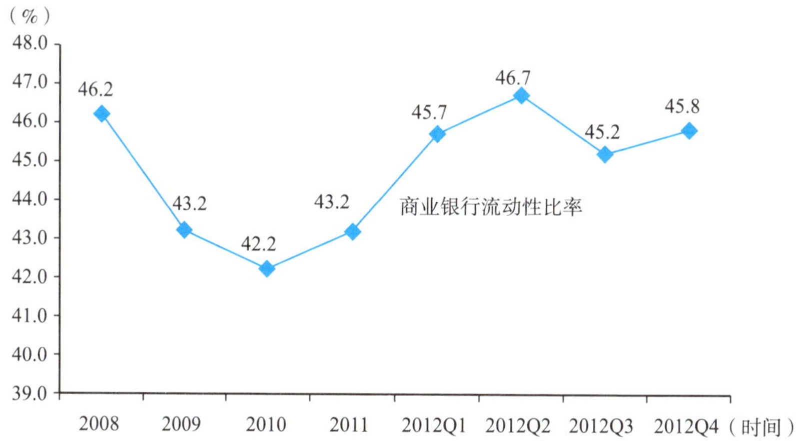

图 1－11　2008～2012 年第四季度商业银行流动性比率

在经历了数年的拨备覆盖率增长之后，2012 年商业银行拨备覆盖率增长速度减缓，总体保持稳定（见图 1－12）。拨备覆盖率增长趋缓的原因一方面是由于银监会于年内出台的《商业银行资本管理办法》对未来商业银行拨备覆盖率监管标准有了明确的要求，而目前商业银行的拨备覆盖率已达到且超过这一要求；另一方面，2012 年不良贷款率的小幅回升也使得商业银行缺乏动力继续补充拨备金，从而保证经营利润。总体来看，充足的拨备为稳健的经营提供了保障，商业银行整体资产风险仍然较低。

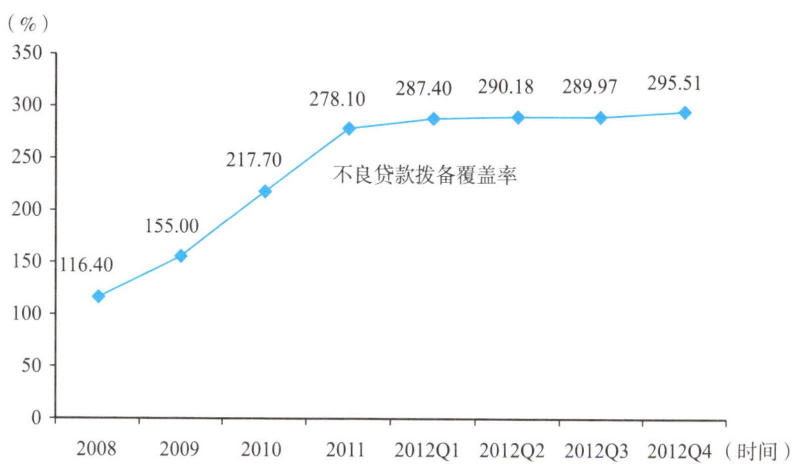

图 1－12　2008～2012 年第四季度商业银行拨备覆盖率比率

1.4.3 资本充足率持续提高，资本补充渠道多元

2012 年，我国商业银行资本充足率持续提高，并在第三季度首次达到 13% 的水平（见图 1－13）。资本充足率的持续上升，对于商业银行合理控制风险，保证运营顺畅都有很大作用；另外，我国作为领先施行《巴塞尔协议Ⅲ》的大国，保持良好的资本充足率无论对全球金融的系统性风险控制还是对自身在国际金融领域的话语权提升都有重要意义。

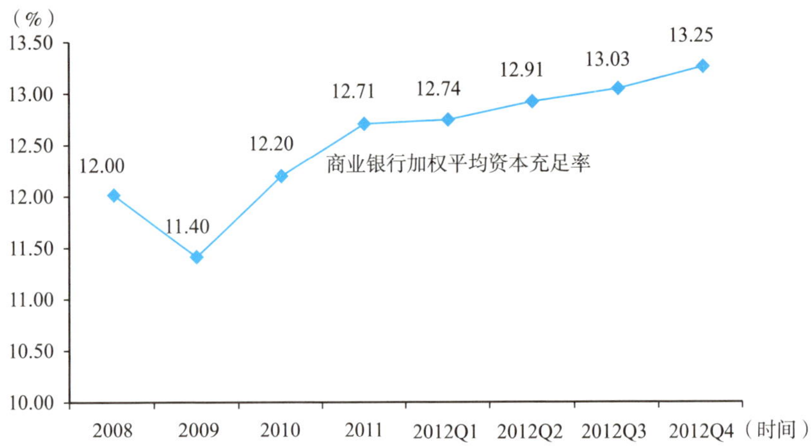

图 1－13 2008～2012 年第四季度商业银行资本充足率情况

2012 年 6 月出台的《商业银行资本管理办法》对商业银行资本充足率提出了比以往更高的要求，但大部分商业银行已经满足《资本办法》规定的资本充足率要求。为了进一步减缓商业银行实施《资本办法》的压力，银监会连发多条通知，明确了过渡期内分年度资本充足率监管要求，对储备资本要求（2.5%）设定 6 年的过渡期：2013 年年末，储备资本要求为 0.5%，其后 5 年每年递增 0.4%。到 2013 年年末，对国内系统重要性银行的核心一级资本充足率、一级资本充足率和资本充足率的最低要求分别为 6.5%、7.5% 和 9.5%；对非系统重要性银行的核心一级资本充足率、一级资本充足率和资本充足率的最低要求分别为 5.5%、6.5% 和 8.5%。

在新的资本管理办法的指导下，商业银行逐步开始实施以资本管理为主线的资源配置和业务发展战略，统筹协调资本实力与资产规模，综合平衡资本充足与资本回报，优化资本配置，重点发展低资本占用、高资本回报业务；切实将资本约束贯穿于业务营销、产品定价、资源配置、绩效评估等经营管理全过程，并积极参与创新其他一级资本工具和合格二级资本工具相关工作。

另外，商业银行的资本补充渠道也日趋多元化。除了传统的提高留存收益比例外，商业银行可以通过配股、定向增发、发行次级债券及其他外源性资本补充方式进行资本补充。值得注意的是，从 2013 年 1 月 1 日起，《商业银行资本管理办法（试行）》将正式实施，商业银行发行的次级债必须含有“减记或转股”等条款，否则将成为不合格资本工具而不被计入监管资本。因而众多商业银行选择在 2012 年年底前发行的次级债以扩充资本。

通过以上分析可以看出，2012 年我国银行业整体保持了良好的发展态势，商业银行在经营管理、流动性控制以及盈利能力方面都有所进步。同时，在国内外宏观经济背景下，银行业也已开始逐步加强创新，推进改革，不断完善我国金融体系，使其向着更加规范化、国际化的方向发展。

然而，虽然我国银行业已经取得了长足的发展，但是在经济全球化、金融风险复杂化及国内经济结构调整的背景下，我国银行业仍然存在许多深层次问题和不足。因此，冷静分析不足、智慧应对挑战，成为摆在整个银行业转型时刻的大课题。

2.

2012 年银行业运行不足分析

2.1 不良贷款余额普遍上升，信用风险隐患增强

近年来，我国商业银行不良贷款余额和不良贷款率一直保持着“双降”走向。然而，自 2011 年第四季度起，这种“双降”趋势却被终止。2012 年，我国商业银行不良贷款余额出现持续上涨。统计显示，2012 年第一季度末我国银行业的不良贷款余额已达 4 382 亿元，较 2011 年第四季度末 4 279 亿元增加 103 亿元，此后三个季度不良贷款余额继续上升，分别达到 4 564 亿元、4 788 亿元、4 929 亿元，比上年末增加 285 亿元、509 亿元、574 亿元。至 2013 年 3 月银监会公布的数据显示，截至 2012 年第四季度末，商业银行不良贷款余额为 4 929 亿元，已经连续 5 个季度反弹；不良贷款率也升至 0.95%，比年初高出 0.01 个百分点。这表明，在经济增速下行压力增大的背景下，银行的资产质量也持续承压，信用风险隐患有所增强，银行对信用风险的管理控制需进一步加强。

2.1.1 商业银行不良贷款变动情况

据统计，2012 年以来我国前十大上市银行的不良贷款率保持了下降的趋势，但不良贷款余额却持续上升，尤其是 2012 年上半年，十大上市银行的逾期贷款余额比 2011 年年末增加了 30%，达到 4 890 亿元（见图 2 - 1）；总体逾期贷款率也较 2011 年年末上升了 0.22 个百分点至 1.28%[①]（见图 2 - 2）。逾期贷款的迅速增加，给资产质量形成了压力，一旦逾期贷款的还款人财务状况恶化，逾期贷款随时可能变成不良贷款，增加信用风险。

---

① 数据整理自普华永道银行业快讯。

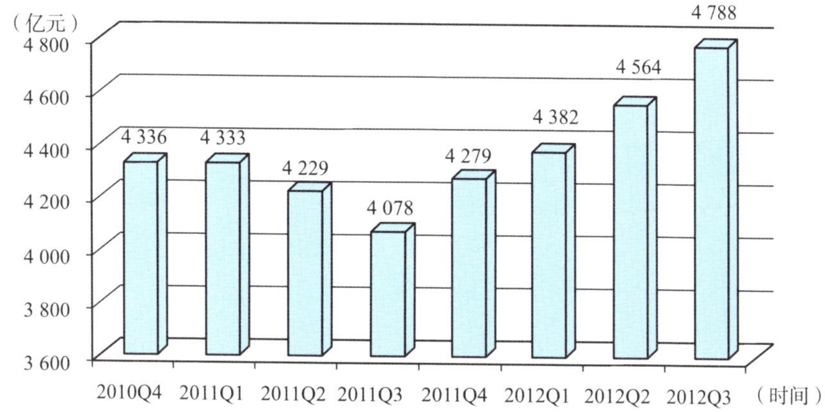

图 2－1　我国商业银行不良贷款额变动情况

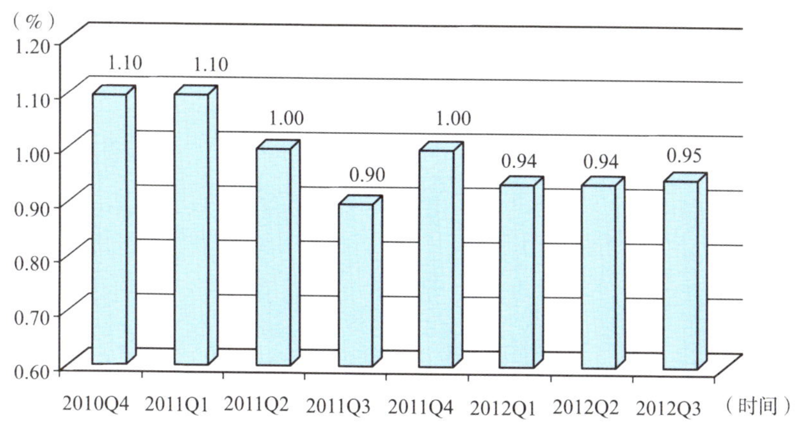

图 2－2　我国商业银行不良贷款率变动情况

此外，从不良贷款的机构分布来看，除大型商业银行不良贷款率有所下降外，股份制商业银行、城商行、农商行和外资行在这一年的不良贷款率均有所上升。而包括大型商业银行在内的所有类别的银行机构不良贷款余额均有所上升。农村商业银行的不良贷款余额和不良贷款率更是出现了“双升”：不良贷款余额由第一季度的 374 亿元上升到第四季度的 564 亿元，不良贷款率由第一季度的 1.52% 上升到第四季度 1.65%。由此可以看出，在不良贷款的控制和管理方面，各类银行的能力良莠不齐，其中股份制银行和外资银行较好。而农村商业银行由于自身存在的结构和管理等原因，其不良贷款的控制和管理问题较为突出，风险控制能力需进一步加强（见图 2－3 和图 2－4）。

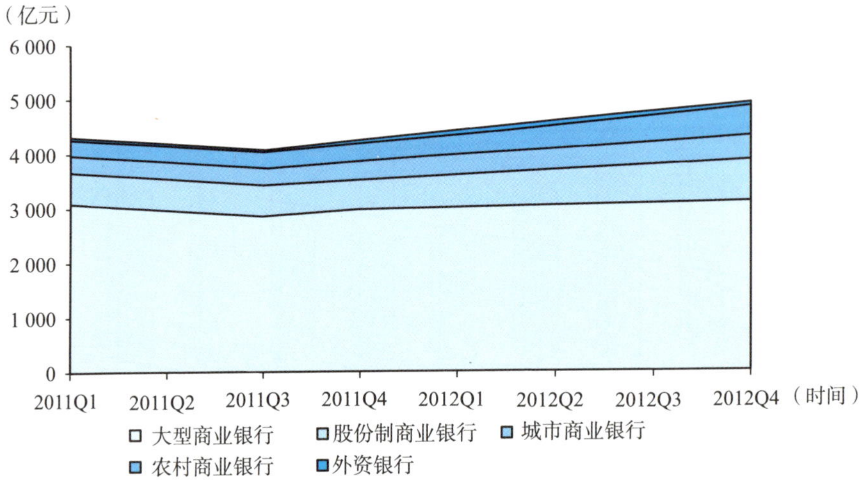

图 2－3 银行业不良贷款余额分机构指标

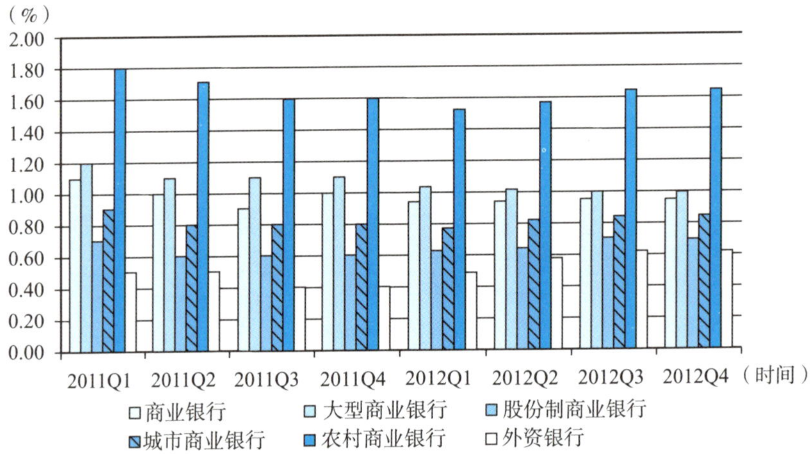

图 2－4 银行业不良贷款率分机构指标

2.1.2 2012 年商业银行不良贷款余额反弹原因分析

2012 年，我国国内经济下行、外部需求不足、大宗商品价格波动导致批发和零售业、制造业增速放缓；房地产行业由于近年来受宏观调控政策影响，资金链普遍紧张；经济刺激政策的逐步退出，使得电力、交通运输等行业发展速度明显放缓。这样的环境下，外向型企业、批发零售业及房地产开发企业的信贷风险变得不容忽视，整体的经济疲惫状态对银行业的资产质量产生影响，导致 2012 年银行业不良贷款余额出现上升，具体原因分析如下。

（1）经济周期波动是不良贷款上升的重要原因。

2012 年，我国商业银行不良贷款的持续上升与 2012 年宏观经济运行状况有较为紧密联系。为了考察不良贷款与经济增长的关系，我们运用 Eviews 软件对不良贷款规模与国内生产总值间进行相关性检验。

自 2008 年国际金融危机后，我国商业银行信用风险控制力度大大加强，银行不良贷款余额出现急剧下降，由 2008 年第三季度的 12 654.2 亿元下降到 2008 年第四季度的 5 602.5 亿元。由于不良贷款余额相差较大，因此我们选取 2008 年第三季度以后的数据作为分析基础。

我们首先对不良贷款余额和国内生产总值进行对数处理，得到两个变量分别记为，X_1、GDP_1：

表 2－1　2008 年第四季度以来各季度 GDP 与不良贷款余额　单位：亿元

年份（季度）	GDP（%）	不良贷款余额（亿元）	GDP_1	X_1
2008Q4	6.8	5 602.5	1.916923	8.630968
2009Q1	6.1	5 495.4	1.808289	8.611667
2009Q2	7.9	5 181.3	2.066863	8.552811
2009Q3	8.9	5 045.1	2.186051	8.526173
2009Q4	10.7	4 973.3	2.370244	8.511839
2010Q1	11.9	4 701.2	2.476538	8.455573
2010Q2	10.3	4 549.1	2.332144	8.422685
2010Q3	9.6	4 354.2	2.261763	8.378896
2010Q4	9.8	4 336	2.282382	8.374708
2011Q1	9.8	4 333	2.282382	8.374015
2011Q2	9.6	4 229	2.261763	8.349721
2011Q3	9.5	4 078	2.251292	8.313362
2011Q4	9.3	4 279	2.230014	8.361475
2012Q1	8.1	4 382	2.091864	8.385261
2012Q2	7.8	4 564	2.054124	8.425955
2012Q3	7.7	4 788	2.04122	8.473868
2012Q4	7.8	4 929	2.054124	8.502891

通过 Eviews 进行相关性检验，得到如下结果：

Variable	Coefficient	Std. Error	t-Statistic	Prob.
C	9.203242	0.205844	44.70981	0.0000
GDP1（-1）	-0.352877	0.094250	-3.744071	0.0028
MA（1）	0.997318	0.151014	6.604124	0.0000
R-squared	0.842253	Mean dependent var		8.433869
Adjusted R-squared	0.815962	S. D. dependent var		0.085860
S. E. of regression	0.036834	Akaike info criterion		-3.587954
Sum squared resid	0.016281	Schwarz criterion		-3.446344
Log likelihood	29.90965	Hannan - Quinn criter.		-3.589462
F - statistic	32.03556	Durbin - Watson stat		1.316352
Prob（F-statistic）	0.000015			
Inverted MA Roots	-1.00			

不良贷款额对数与 GDP 对数间的 Prob = 0.0028 < 0.05，拒绝原假设，不良贷款与国内生产总值具有相关性，二者具体关系可以写成：

$$X_1 = 9.20 - 0.35 * GDP_1 \ (-1)$$

该式说明不良贷款规模与国内生产总值存在负相关关系，并且不良贷款余额对 GDP 的反应滞后一期，这正符合实际情况。

通过以上分析，我们可以清楚地看到，经济运行状况与银行贷款质量有着十分密切的相关性，经济发展的周期波动会直接导致银行贷款质量的波动。受国际金融危机、欧债危机的影响，2012 年全球经济增长仍然低迷，作为拉动中国经济发展“三驾马车”之一的出口受到很大限制，国内经济下行压力显著。外向型企业由于出口减少，产能、利润压缩，无法按期偿还前期贷款，形成银行不良贷款；国内经济下行，内部需求下降，企业盈利水平下降、偿还能力降低，进而导致银行不良贷款进一步增加。

（2）区域和行业发展直接影响不良贷款余额。

截至 2012 年年末，我国商业银行不良贷款余额为 4 929 亿元，较年初增加 547 亿元。从 16 家上市银行的年报中，我们可以看到，本轮银行不良贷款上升呈现“区域集聚、行业集群”特点，长三角地区、制造业和批发零售业为不良率上升的主要区域和行业。工商银行在长三角地区的不良率从 2012 年年初的 0.65% 升至 0.8%；招商银行制造业和批发零售业的企业不良贷款增量占贷款不良总量的 67%。经济增速的下行导致我国不良贷款规模整体扩大，而不良贷款上升呈现的“区域集聚、行业集群”特点与区域或行业企业的发展状况直接相关。

2012 年以来，我国以对外贸易为主的长三角地区不断出现中小企业经营停顿、资金链紧张甚至断裂情况，这是因为：一方面世界经济形势仍不理想，外贸出口需求不断下降；另一方面，东南亚国家的劳动力成本较低，国内企业本身的出口竞争力有所下降。在这种需求降低、成本上升的情况下，长三角地区出口导向型企业利润大大缩减，资金流动性降低，企业经营困难，信贷风险凸显，导致地区贷款质量下降。

从行业角度来看，2012 年以来，与基础设施建设相关的行业，如钢铁、建筑、建材、工程机械制造及基础零部件供应等行业随着经济增长放缓开始进入衰退期。2012 年上半年，钢铁、有色金属、建材、化工等行业利润均出现负增长，其中钢铁行业实现利润 664 亿元，同比下降 49.4%；化工业实现利润 1 558 亿元，同比下降 18.9%；有色金属行业实现利润 865 亿元，同比下降 13.9%；建材行业实现利润 1 403 亿元，同比下降 9%。相应地，这些行业不良贷款问题也较为突出。

过去我国制造业每年的增长幅度都不低于 25%，增速非常快，而现在随着出口迅速下降，制造业不断萎缩，产能过剩问题凸显，行业已经步入去产能化的过程。行业的消极表现使得行业信贷风险增强，贷款偿还问题突出，最终导致商业银行不良贷款攀升，并出现“行业聚群”特点。

（3）银行自身信贷风险管理水平有待提升。

尽管外部客观经济运行状况与企业发展情况可以在很大程度上对商业银行资产质量恶化做出解释，商业银行自身信贷风险管理也或多或少对银行不良贷款的上升产生一定影响。

近几年我国经济持续快速增长，部分风险偏好较强的银行同部分企业一样存在一定程度的盲目扩张。为抢占市场，不乏银行忽视信贷基本原则，放松了必要的风险管理，过多地将贷款投放到一些产能过剩领域、房地产领域以及一些主要依赖低成本、低价格和数量扩张的中低档出口领域，造成贷款集中问题。2012 年经济发生波动，市场需求回落，成本上升，这些领域受到国际经济危机和国内经济调整的冲击较大，企业现金流发生断裂，贷款期初隐含的信贷风险成为现实，导致银行资产质量恶化，不良贷款余额显著上升。

此外，银行的风险识别和业务操作问题同样导致不良贷款出现。如一些银行对借款人生产经营中存在的潜在风险不能有效识别，或者对一些欺诈行为不能及时识别，一旦借款人风险暴露，抵押物又不能及时处置，保证担保难以代偿，就形成了不良贷款；部分业务操作不到位的银行，在贷前对借款人的生产经营情况和还款情况等重要信息调查不全，贷款发放后对借款人不按合同约定的用途使用资金、抵押物发生贬损等问题未能及时发现，这些操作上的问题同样也会导致贷款发生劣变，信贷风险上升。

2.1.3 商业银行需高度防范潜在行业风险

商业银行不但要重视不良贷款出现增加的行业领域，对暂未出现不良贷款上升但蕴含潜在风险的行业，商业银行同样需要提高警惕，做好防范，其中典型的是地方政府融资平台和房地产。

2012年，在监管部门及时警示风险、清理整顿等政策下，房地产和地方政府融资平台并没有出现大规模坏账，不良贷款额也已得到控制，但从现行经济环境和行业特征来看，房地产和地方政府融资平台仍存信用风险隐患。

（1）地方政府融资平台风险隐患不可忽视。

近年来，地方政府为推动经济社会发展，通过融资平台吸纳大规模资金，据测算，其中80%通过银行信贷获得。而一旦政府融资平台发生信贷违约，银行将遭受巨大损失。因此，地方融资平台贷款一直是银行及监管层防范风险的重点领域之一。

目前，经过银监会对地方平台融资的不断规范，地方融资平台贷款规模约为9.3万亿，两年内只增长了2%，规模得到了控制，不良贷款额也未出现明显上升。例如，交通银行2012年地方融资平台贷款占比8.49%，同比下降了2.15%；中国银行地方政府融资平台贷款余额3 982亿元，同比减少23亿元，下降0.54%；招商银行地方政府融资平台贷款余额904.56亿元，同比减少237.27亿元，降幅达20.78%。

从银行的资产负债表内数据来看，地方政府融资平台规模目前已有所控制，但是，这些表内项目只是融资平台融资量的一部分，地方政府融资平台还采用城投债、基建信托、租赁、保险投资计划等表外融资方式。据中央结算公司数据显示，2012年全年地方政府债发行2 500亿元，较2011年增加500亿元；银行间债券市场发行的城投类债券累计达6 367.9亿元，较2011年增加3 805.9亿元，同比增长148%，增幅较2011年同期增长120%，这些都没有进入资产负债表的统计。因此数据上平台贷款的下降并不能完全表明银行对政府融资额的减少，而相关的表外业务还是存在较大风险隐患。

2013年，随着城镇化的深入推进，我国投资需求将会出现大幅上升，同时国内银行的配套金融服务也将随之上升，信贷规模将有所扩张，平台贷是否会产生系统性风险的问题变得不容忽视。

一直以来，平台贷信用风险都受到监管部门和银行的高度重视，这是由于：①一些地方政府平台债务存在管理不规范、信息不透明和偿还责任不明确等问题；②随着新型城镇化建设的推进，部分地方政府可能借基础设施建设等投资，通过融资平台吸纳资金，吸纳资金又未有效进行投资；③目前，政府还本付息主要依靠土地出让金收入，以及房地产相关的税费收入，地方政府偿债能力与房地产市场走势联系愈来愈紧密，未来房地产市场的不确定性，将对地方政府融资平台信用产生影响。

2013年4月，为防范融资平台变相融资，控制地方平台融资风险，银监会印发了《关于加强2013年地方政府融资平台贷款风险监管的指导意见》（也称“10号文”），除了重申地方政府融资平台贷款要“控制总量”外，文件也明确提出“隔离风险”的监管思路，要求监管部门和各家银行均要建立全口径融资平台负债统计制度。

在银监会严格监控的同时，地方政府融资的风险控制同样需要银行的配合，各商业银行不能一味力求规模的扩大而忽视贷款的质量。政府融资与社会紧密联系，因此需要各银行在今后发放相关信贷及融资时给予高度重视。

（2）房地产行业存在信贷风险隐患。

近年来，随着经济形势变化，房地产信贷规模不断扩大，同时不良贷款也逐渐增加，房地产信贷风险隐患长期存在。据统计，截至2012年年末，我国主要金融机构人民币房地产贷款余额12.11万亿元，同比增长12.8%，比上季度末高0.6个百分点；全年增加1.35万亿元，同比多增897亿元，全年增量占同期各项贷款增量的17.4%，比前三季度占比水平高2个百分点。

一直以来，房地产方面贷款在银行贷款的占比都比较大，商业银行对房地产变化也比较敏感，房地产贷款一方面为银行带来利息收入，另一方面也带来了信贷违约风险。据中国指数研究院统计数据显示，从16家上市银行房地产业贷款余额及占比来看，2012年上半年房地产业贷款余额共29.6万亿元，较2011年年末增加3.03%，其中，4家银行的房地产业贷款余额较2011年年末有所下降，11家银行的房地产业贷款余额占比较2011年年末有所下降，其中光大银行房地产业贷款占比最高，其占比达到了12.50%。

各家商业银行通过严格控制房地产贷款规模、加大排查和审批力度，使得房地产贷款增速有所下降，不良贷款增速放缓，贷款质量趋于良好，大多数银行房地产业不良贷款率控制在1%以内，部分银行房地产业不良贷款率只有0.4%。不过，由于房地产行业政策频繁推出，在限购、限贷的政策性限制下，调控的持续性继续延伸；另外，房产税、营业税等措施的实施将对行业形成更深层次的影响，未来房地产市场预期不确定，房地产信贷潜在的风险同样不容忽视。

2.2 业务同质化问题仍存在，金融创新亟待加强

中国银行业一直以来都是典型的高门槛、低竞争行业，不论大型商业银行还是股份制商业银行，基本上都是依赖吸收存款、发放贷款，从中获得利差，以赚取高额利润。商业银行的这种特殊性决定了其提供的产品和服务大多是同质性的。但是在金融市场不断开放，分业经营不断走向混业经营的背景下，差异化竞争策略才是我国银行业发展的必然趋势。不同的银行应该有不同的市场定位，应该有不同的特色，针对不同的客户群体提供不同的服务，形成自身的特色优势，

才能更好地发挥银行业在经济发展中的桥梁作用。

近年来，随着银行同质化问题的突出，我国商业银行已意识到差异化战略的重要性，努力实现自身的差异化、特色化发展，形成了一批独特的金融品牌和特色化产品，活跃了金融市场，一定程度上满足了不同方面、不同层次的金融需求。

如招商银行，其零售业务一直位列股份制商业银行榜首。2012 年上半年，招商银行零售客户存款余额突破 8 000 亿元，达 8 463.05 亿元，占客户存款总额的 35.93%；同时，其零售贷款规模也保持稳定增长，零售贷款余额 5 968.14 亿元，占客户贷款总额的 36.11%，较年初增加 398.79 亿元。凭借在零售业务方面的专长，招行的零售客户和存贷款规模不断上升，利润增长稳定，至 2012 年上半年招行税前利润达 94.39 亿元，零售利润占比达 32.13%，同比提升 4.44 个百分点。①

兴业银行率先看准并发力同业业务，作为国内首家同业资产规模超过贷款规模的银行，同业资产占比达到 39.62%。截至 2012 年上半年，兴业银行资产总额 27 804.51 亿元，增幅 15.43%，其中贷款较期初增加 747.53 亿元，增幅 7.60%。② 同业及其他金融机构存放款项增幅达 31.01%，远超 11.48% 的客户存款增幅，同业业务资产规模也同比增长 75.6%，比上年年末增长 33.5%，超过信贷规模同比增速，贡献收入达到 44.4%。正是主要受益于其同业业务的拉动，兴业银行 2012 年上半年净利润同比增长了 39.8%。③

尽管一些商业银行开始采取差异化转型战略，形成特色化经营，但从银行业整体来看，特别是在利率尚未完全市场化、人民币尚未国际化的条件下，银行经营的同质化仍然是制约行业发展的主要问题，银行业创新有待进一步加强。

2.2.1 收入结构同质化，过度依赖存贷差

在我国银行业中，“存款立行”是一条由来已久的规律。早期银行由于业务匮乏，盈利来源几乎全部靠存贷利差，因此扩大存贷款规模成为各商业银行的头等大事。随着金融的发展，银行业务相应扩展，银行业理应摆脱这种传统单一的、缺乏变通的业务经营模式，积极进行金融创新，开发新的金融产品和经营模式。然而，时至今日，我国的很多银行依然无法彻底摆脱依赖存贷差的旧模式。

相关研究显示，目前我国银行业仍以存贷款和传统中间业务为主导，财富管理、交易银行业务以及投行等新业务的发展相对滞后。以中国人民银行公布的中

---

① 数据整理自招商银行 2012 年半年报。
② 数据整理自兴业银行 2012 年半年报。
③ 《银行业差异化经营打造特色优势》，载于《金融时报》2012 年 9 月 5 日。

资全国性银行人民币信贷业务数据分析，各项存款占银行全部资金来源的80%左右，而各项贷款占全部资金运用也达到60%左右，可见银行业务依旧以传统的存贷款业务为主。从收入来看，以存贷利差获取的利息收入仍然占银行收入绝大比重。2012年，银行业利息收入占营业收入维持在80%左右，以传统业务为主的格局尚未改变。尽管近几年来，非利息收入占比由不及15%提高到了20%左右，但仍未从根本上改变利息收入为主的收入结构。例如：中国银行2012上半年，非利息收入占比30.94%，虽然高于平均水平，但是利息收入占绝大比重的结构仍未改变；工商银行利息收入占比达76.86%，建设银行净利息收入占比74.75%，农业银行净利息收入占比79.96%（见表2-2）。

表2-2　　2012年上半年主要银行利息收入占比情况

银行	营业收入（亿元）	利息收入（亿元）	利息收入占比
中国工商银行	2 654.9	2 040.6	76.86%
中国建设银行	2 270.1	1 696.9	74.75%
交通银行	736.4	583.9	79.29%
中国农业银行	2 097.3	1 676.9	79.96%
中国银行	1 796.3	1 240.5	69.06%
民生银行	514.6	378.7	73.59%
浦发银行	400.0	356.1	89.03%
兴业银行	412.2	346.1	83.96%
招商银行	571.2	436.4	76.40%
中信银行	441.7	369.3	83.61%
北京银行	133.1	117.3	88.13%
南京银行	47.7	38.4	80.50%
宁波银行	49.6	43.4	87.50%

资料来源：数据整理自中国银行、中国工商银行、中国建设银行和中国农业银行2012年半年报。

由此可见，无论是国有商业银行、股份制商业银行还是城市商业银行，以利息作为主要来源的收入结构仍未改变。这种收入结构与发达国家以中间业务为主的收入结构仍存在一定差距：美国银行业的非利息收入占比在20世纪50～60年代时就与我国当前水平相当，大致在20%左右，而现今这个比例已经上升到45%以上；日本的非利息收入也从上个世纪80年代20%左右的水平提高到目前接近40%；欧盟银行业的非利息收入比例在2008年金融危机前甚至达到50%，在当前也维持在40%以上。[①]

未来中国银行业面临的巨大挑战：日趋严格的资本约束，经济转轨、金融脱媒，利率市场化、息差不断收窄，汇率改革，宏观经济不确定性等正在不断挤压中国银行业的生存空间，金融机构之间竞争日趋激烈。商业银行依靠存贷利差取胜开始变得困难，改变收入结构，进行差异化经营成为银行的首要选择。

2.2.2 零售业务受追捧，产品同质化问题严重，风险不断暴露

2012年6~7月，央行对存贷款基准利率浮动区间进行两次调整，存款利率浮动区间的上限调整为基准利率的1.1倍，贷款利率浮动区间下限调整为0.7倍，利率市场化序幕拉开。在利率市场化的趋势下，曾是银行体系中最薄弱的零售银行业，成为众多商业银行重视的经营领域。

各大商业银行发布的2012年上半年年报显示：招商银行零售业务利润占比提高至30.8%，在已披露数据上市银行中为最高水平；工商银410亿的零售银行税前利润在已披露数据的上市银行中为最多，零售利润占比达到25.6%；光大银行零售银行业务利润也提高了10.9个百分点，达到21.4%；平安银行（与深发展合并后），2012年上半年零售银行营业收入高速增长，同比增长112.23%；民生银行增长46.05%。

当大多数商业银行把业务都集中转移到零售业务一个“篮子”时，竞争必然变得日益激烈。各家银行为提高零售业务量，纷纷向客户推广个人理财产品，理财产品数量快速增长。中国银行理财产品市场起步于2004年，当年12家商业银行发售了133款产品，募集资金规模不足500亿元人民币；2011年，共有94家商业银行发售银行理财产品超过2万款，募集资金规模流量不低于16万亿元；而从2012年前三季度来看，发售的银行理财产品23 858款，就已经远超了2011年的发行总量。[②] Wind资讯发布的2012年度银行理财市场报告也显示，2012年，共有120家银行参与发行银行理财产品，合计发行31 673款理财产品，同比增长31.16%。作为中国新兴的财富管理工具，银行理财产品市场募资规模已远远超过同业机构产品如证券投资基金、券商集合理财产品和信托产品募资规模的总和，[③] 可见我国银行理财业务发展之快。

然而，数量的高速增长并不意味着产品质量同样提高。看似设计“花样百出”的理财产品，实则同质化现象日趋严重，并且伴随着风险的加剧。

---

① 陈卫东、王家强：《全球银行业收益结构变化及对我国银行业的启示》，载于《银行家》2006年第12期。

② 数据整理自社科院《中国金融发展报告（2013）》。

③ 摘自《中国金融发展报告（2013）》。

据统计，目前我国商业银行推出的理财产品大部分只是将传统的业务和服务改头换面，在功能和投资方向上换汤不换药，大多数银行理财产品投资于债市或银行间市场，收益和投资期限相近，少有针对客户进行的个性化设计，无法突破限制带来创新，树立自己的特色。

银行业集体性向某些业务转型，使得同质化问题又不可避免地再次出现。商业银行应该不断研究市场变化的情况，调整自身产品的品种结构，针对不同客户需求，细分市场，结合自身以及特定的客户定位，创造性地开发真正富有特色、满足客户独特需求的金融产品。这才是避免产品同质化的发展方向。

2.2.3　发展布局趋同

银行业金融机构发展布局趋同主要表现为各大银行的网点设置过于集中，地区性密集。当前我国银行业仍在不断扩张发展，银行网点持续迅速增长，截至2011年年末，全国银行网点突破20万家，达到了20.09万家，当年新增网点7 023家[①]。分支机构、营业网点数目高速增加，并且2012年这种增长趋势仍在进行。

不过，大部分银行都将网点扩张瞄准在珠三角、长三角、环渤海以及内陆大型城市；全国绝大多数银行网点分布在沿海地区和发展较好的中心城市，欠发达地区则相对空乏。以民生银行为例，2012年先后在沈阳、长春、南京、杭州、昆明、珠海和香港等地新增设分支机构；而光大银行65%左右的网点集中分布在广东、福建、浙江、江苏、辽宁和山东。相比之下，中西部特别是广大西部地区以及农村，金融机构严重短缺。银行机构分布的趋同一方面导致了一些地区竞争过度，甚至恶性竞争，另一方面又导致一些地区出现金融真空，这种过度竞争与机构缺乏并存的局面体现了金融资源配置失衡，不利于区域经济协调发展，也不利于商业银行自身的发展。[②]

近些年来，我国商业银行飞速发展，一直在追求做大做强，资产规模不断扩大，盈利能力不断提高，业务结构日趋完善，风险控制能力也有所增强。但是由于我国银行没有完全市场化，监管制度、银行自身创新不足等原因，同质化问题仍然是我国商业银行所面临的重要问题，给商业银行的进一步发展带来诸多阻碍，也成为未来我国银行业需要突破的瓶颈。

为解决同质化问题，中国银行业未来发展趋势将是差异化转型。要想实现差异化转型，银行必须把注意力真正的转移到客户和市场上，按照客户需求设计自身的经营战略和经营格局，做到在战略上敢于有所为有所不为，在细分市场上树立自身的经营特点、禀赋优势和独特的风险偏好，找到自己最擅长的业务领域和

---

① 数据整理自中国银行业协会《2011年度中国银行业社会责任报告》。

② 唐双宁：《必须解决中国商业银行九大趋同问题》，载于《金融时报》2010年5月19日。

细分市场，研发并提供与之相适应的专业化产品，形成独特竞争优势和品牌形象，最终构建多元化的银行服务体系。

2.3 内部管理水平有待提高，风险管理能力仍需完善

2012 年，我国银行业案件率出现反弹，商业银行频繁曝出存款失踪、票据造假、员工腐败以及违规操作等案件。例如，银行业金融机构领导利用职权和制度漏洞将储户 1 000 万元存款非法转走，上千万元存款“不翼而飞”；银行行长伙同其他职员利用职务之便伪造金融凭证；银行领导伙同房地产商人非法吸收公众存款；部分金融企业的一些分支机构违规发放贷款和办理票据业务，向手续不全或资本金不足的房地产等项目发放贷款，违规办理无贸易背景的票据贴现业务，还有银行行长卷款数亿元举家出逃，伪造承诺函公章，骗取巨额民间资金后畏罪潜逃，等等。

此类案件的频频爆发充分暴露出我国银行业目前存在的内部控制管理问题，表明银行业寻求规模扩张的同时，内控管理仍存在缺陷。具体体现在：一是商业银行法人治理结构需要进一步完善，实际中存在权利制约失衡问题；二是有关内部控制的规章制度无法完全覆盖实际业务，各类规章制度之间缺乏足够的相互制约性和整合性；三是对于各级管理人员，特别是掌握一定决策权的管理人员，控制力度有待加强；四是在制度执行上，岗位自我约束机制尚不健全，严格的、经常性的检查和互相监督制度要继续贯彻执行；五是考核激励机制突出指标完成，忽视了内控管理要求。因此，建立健全内部控制以及全面风险管理机制，是目前我国商业银行改革发展当务之急。

2.4 客户服务意识尚显不足，服务能力建设有待提升

2.4.1 以客户为中心的服务理念仍未形成

作为服务行业，客户是银行业生存的根本和发展的核心。只有以客户为中心，提供优质、可靠的服务，银行才能持续经营，长久发展。在竞争日趋激烈、产品同质化严重的今天，维系客户、发展客户群，提升服务质量，已经成为商业银行经营的核心竞争力，也是银行业目前应该首先重视的问题。

银行经营货币的特殊性决定了其产品的相似性，这使得服务质量成为区别各个银行的重要指标。目前，各家银行已意识到服务的重要性，开始提倡“以客户

为中心”的服务理念，通过增强服务质量在银行业博取一席之地。但是在实际经营中，由于受传统服务思维影响，新服务理念的贯彻效果并不理想，银行以自身为中心，服务不到位的现象仍有出现。

从银行推出的各种金融产品可以看出，部分银行仍以自身利益和需求为中心，没有充分考虑市场和客户的需求，某些金融产品过于专业化，普通客户无法对产品作出正确判断；个别银行还存在信息披露不充分、风险提示不到位等不规范销售行为，导致风险边界模糊，客户不能很好地根据自身风险承受度选择产品；另外，商业银行业产品结构相对单一，无法满足客户差异化需求，也说明了目前我国银行业的服务需要进一步加强。

与其他企业一样，银行业的生存与发展也要以赢得客户，特别是优质客户群为基础。西方一些比较成功的大型商业银行都十分重视客户资源的建立，确立了“以客户为中心”的服务理念，其经营管理体制也都是围绕为客户提供最优质的服务来安排和设计的。而在目前经济下行和利率市场化存贷差缩减的情况下，增强“以客户为中心”的服务理念，提高客户忠诚度，进行长期持久的品牌建设，是我国银行做大、做强、可持续经营的基本原则。

2.4.2 员工业务素质有待提升

当前我国商业银行服务质量需要提高的一个重要方面是员工业务素质。主要是由于部分员工还没有树立服务意识，没有用服务业的标准提升自己的服务。

（1）服务技能有所提升但效率仍然较低。

一方面，随着银行业竞争的不断激烈，以及以规模竞争为核心的行业特点，各家商业银行不断增设机构网点，雇用更多的从业人员。然而，在员工数量增加的同时，服务技能的提升却很有限，特别是一些农村银行网点，服务人员中大多数没有接受正规高等教育或培训，服务技能相对落后、效率也比较低下；另一方面，随着金融不断创新，银行业务和产品种类不断增多，专业技能培训无法及时跟上，银行服务技能和效率得不到提升，许多银行员工对新业务及新产品知之甚少，无法满足客户需求。

（2）重大客户、轻小客户，服务态度反差大。

对客户群进行划分，针对不同客户提供不同产品是商业银行需要遵循的经营原则，但是，客户群的划分并不意味着服务态度的差异化。部分从业人员对普通小客户冷漠相待，无视客户的存在；对重要大客户则热情相待，主动交流，服务态度反差甚大，这对银行业在社会上的整体口碑造成了不良影响。

银行员工是构成银行的微观分子，员工的素质决定着银行的总体品质和服务质量。基层员工是银行与客户直接接触沟通的渠道，员工的形象代表着银行的形象，而客户对员工的评价则是对银行总体评价的重要组成部分。因此，作为服务业的商业银行应该以客户为核心，保证无论客户大小都得到同等质量的服务。良好的服务态度和服务质量是树立品牌形象的重要因素。

2.4.3 不合理收费仍然存在，定价机制有待完善

近年来，银行收费已成为社会关注的热点问题。针对我国商业银行不合规收费问题，银监会对此进行统一整治，要求各银行按照名录管理、统一定价、公开透明的原则，由总行总部统一制定服务收费价目名录。之后，各家银行梳理规范了服务价目，自主停止了一批收费项目，颁布了一些优惠政策。但是，由于受过去定价机制长期影响，银行不合理收费现象的完全杜绝仍需继续加强。我国银行收费不合理主要表现在以下几个方面：

（1）收费项目较多。

从部分银行公布的收费项目来看，大多数银行的收费项目多达百种。例如，在中国工商银行公布的2012年版《中国工商银行服务价目表》上，工商银行梳理规范后的收费服务项目有409项，其中16项是政府指导价，393项是市场调节价。其他大部分银行已明确公布的收费服务项目也均在400项以上，而银行的实际收费项目数量可能更多。据《银行卡收费不当问题调查研究》的数据显示，2003年10月1日出台的《商业银行服务价格管理暂行办法》明确规定的银行收费项目为300多种，而2012年2月颁布的《商业银行服务价格管理办法》中列出的收费项目已超过800种，10年时间增加了近2倍。

（2）自立项目收费。

这尤其表现在贷款发放等银行占据主导地位的业务中：银行利用自身发放贷款的强势权力，自立项目向贷款客户收取“自愿”委托服务费，或者规定贷款户办理其他业务从中牟利。这些自立项目收费之所以能够存在，是因为我国银行业存在着竞争不足、银行强势客户弱势的特点，贷款发放属于卖方市场。银行手握贷款审批权，居于主导地位，因而有向客户进行各种变相收费的动机与能力。

（3）收费透明度较低，价格信息不完全。

银监会2012年2月发布的《关于整治银行业金融机构不规范经营的通知》要求，自2012年4月1日起，各银行要按照名录管理、统一定价、公开透明原则，由总行总部统一制定服务收费价目名录，在网点和网站上统一公布或印制手册发布。然而，到目前为止，依然有少数银行尚未公布全部收费项目名录，未能做到收费前及时通知和提示，消费者并未充分享有获得价格信息和自主选择服务的权利。

（4）收费标准存在差异，定价机制有待完善。

同一种收费项目，不同银行的收费标准差别可能很大。例如，在信用卡年费

方面，每家银行都有各自的收费标准和免年费条件；不同银行 ATM 机异地跨行取款费用从单笔2 元到22 元相差11 倍；而信用卡挂失费则从20 元到60 元都有。对于这样的收费差异，银行未能给出合理的相关解释；而在定价时银行执行的标准以及确定价格的方式流程，各家银行也未作说明。定价不规范的原因一是部分定价权由总行下放导致定价混乱；二是我国银行业经营的竞争性、尤其是价格竞争相对不足，造成银行绝对控制定价权；三缺乏监督机制和维权机构，助长了银行不透明定价。

2.4.4 服务配置失衡，对农村金融支持仍显乏力

我国的银行业正在不断快速扩张，这从银行网点可见一斑：2009 年年末，全国银行业金融机构网点总数达 163 259 家，其中新增网点 269 家；2010 年年末，全国银行业金融机构网点总数达 19.45 万家，新增网点 1 514 家；到2011 年年末，全国银行网点突破20 万家，达到了 20.09 万家，新增网点 7 023 家。分支机构、营业网点高速增加，而 2012 年这种增长趋势仍在继续。[①]

然而，银行业快速的扩张有着强烈的区域倾向。大型全国性银行服务的区域范围虽然涵盖很广，但其主要阵地都集中在东部沿海省份和国内主要城市；一些发展较好的地方性城市商业银行，跨越地区建设分支机构时也往往首选发达地区。相对而言，中西部地区银行资源配置较少，且这本来就偏少的银行服务资源，通常也是集中在中西部经济较为发达的城市或地区，经济落后的乡镇、农村几乎得不到来自银行的金融支持。根据中国人民银行公布的《中国农村金融服务报告》的统计结果，中国目前还有近 9 000 个乡镇只有一个金融服务网点，有近 3 000 个乡镇市没有金融服务网点，即“零金融服务网点”。这说明我国银行业的空间配置存在着较为严重的失衡，而空间失衡的一大后果便是对农村地区金融支持的不足。

（1）农村地区银行业金融机构网点较少，地区间差异较大。[②]

据不完全统计，目前我国农村地区银行业金融机构网点只占全国机构网点总量的50% 左右，与此对应的农村人口占全国总人口 65% 左右，农村银行网点仍然不能满足农民对金融服务的需求，超过 60 万个行政村几乎没有银行网点。

此外，我国不同地区农村金融服务水平也存在着较大差别。在东部沿海的农村地区，各种银行业金融机构网点相对密集，而在西北部的农村地区，一般仅乡镇所在地才可能有一家银行网点。

（2）农村银行业的服务质量和效率较低。

农村的银行业金融机构不但网点少，而且金融服务人员也较少，且这些服务

---

① 中国银行业协会：《中国银行业服务改进情况报告》。
② 史永东、陈乾坤：《银行业如何更好地满足农村需求》，载于《光明日报》2012 年 2 月 27 日。

人员中大多数没有接受正规的高等教育或严格的岗位培训，服务质量和效率比较低下。

（3）银行业对农村提供的金融产品缺乏创新。

目前，银行业对农村提供的金融产品，大多是最基本的存贷款和一般的汇兑业务。而随着农村经济的发展和农村生活水平的提高，传统的金融产品和服务方式已不能满足农村的需要。农民除了对传统金融产品的需求外，在理财、保险及社会保障等方面也需要新的金融产品出现。而目前已有的农村银行业金融机构并不能满足农村对银行业金融产品的多样化需求。①

银行的服务网点设置和服务供给是与经济发展状况紧密相连的。商业银行选择发达地区是由于发达地区实体经济对金融产品和服务的需求更多，对单个银行自身来说会为银行创造更好的发展机会。但从整个银行业角度来看，银行机构分布的过度趋同会导致一些地区竞争过度，甚至恶化竞争，而另一些地区却出现服务供不应求，原本不发达的实体经济由于缺少金融体系的扶持将更加落后。这种局部过度竞争与局部机构缺乏并存的局面使得金融资源配置失衡，不符合我国经济转型期间提出的区域经济协调发展战略，同时也不利于商业银行的自身发展。

为保持农业农村发展的良好势头，商业银行必须进一步加强和提高农村金融服务水平，加大银行业金融机构网点在农村的建设，加强金融产品和服务方式的创新，满足“三农”对银行业服务的需求，更好地促进农村经济建设。

2.5 利差缩小形成经营压力，业务调整刻不容缓

近年来，中国银行业一直努力拓展非利息业务，中间业务在最近几年实现了超常规增长。但是，与世界成熟同行相比，中国银行业的利润来源仍然主要依靠传统的存贷款业务和与之相伴的存贷款利差。这种具有“中国特色”的经营模式给中国银行业带来了可观的利润，但也使得中国银行业丧失了业务创新的动力。随着金融不断发展和成熟，特别是利率市场化的推进，银行存贷利差正在不断缩小，由此带来的经营压力逐渐增大。

利差缩小的压力来自几个方面。

其一，我国正稳步推进利率市场化改革，一旦实现利率市场化，我国银行业发展将受到巨大影响，依靠“存贷差”维系的盈利模式将受到剧烈冲击，特别是部分中小银行将受到沉重打击。

① 史永东、陈乾坤：《银行业如何更好地满足农村需求》，载于《光明日报》2012 年 2 月 27 日。

其二，来自资本市场发展、金融“脱媒”加速的压力。由于我国资本市场发展相对滞后，导致在社会融资结构中，间接融资长期居于主导地位，资本市场作用相对不足。然而最近几年来，我国的资本市场取得了长足的进步，用十几年的时间实现了许多国家几十年甚至上百年才能达到的规模：2002 年年末，沪深股票市场仅有 1 223 家上市公司，总市值不足 3.8 万亿元人民币，但经过 10 年发展，截至 2012 年 11 月 12 日，沪深两市股票市场累计筹资 4.88 万亿元人民币，共有上市公司 2 494 家，比 2002 年年末翻了一番，总市值 21.3 万亿元人民币，比 2002 年年末增长了近 5 倍。同时债券市场发展也异常迅猛，据中国证券监督管理委员会公布的《中国证券期货统计年鉴 2012》数据显示，我国国债发行额从 2000 年的 4 657 亿元增加到了 2011 年的 17 100.1 亿元；企业债发行额从 2000 年的 83 亿猛增至 2011 年的 21 850.71 亿元。

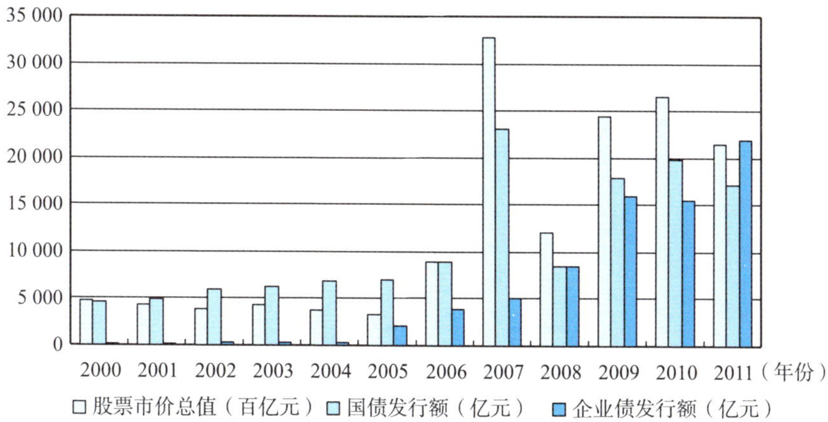

资料来源：《中国证券期货统计年鉴 2012》。

图 2－5　我国资本市场发展概况

资本市场的发展对银行业有一定的促进作用，但更为强烈的影响是对银行业经营形成竞争压力。资本市场的发展为经济体系提供了多样化的融资选择，且资本市场工具和利率更为灵活和市场化，具有很大竞争优势和发展空间，在一定程度上会挤占银行融资规模，倒逼利率更趋市场化，加剧银行业经营压力。

2013 年仍是我国商业银行发展的重要战略机遇期。利率市场化改革加快推进、直接融资市场迅猛发展、资产证券化试点重启等均在为银行经营带来压力的同时，更提供了新的转型空间。银行业只有摆脱对传统存贷业务的过度依赖，通过业务创新寻求多元化经营，根据自身定位将经营重心进行适应性调整，获得新的增强盈利能力的经营模式，提升核心竞争力，通过金融产品创新来应对多方压力和激烈的竞争，方能实现健康的、差异化的、可持续的发展。

第二篇

国内外宏观经济金融形势

2012年是银行业快速成长的一年。考虑到任何事物的发展都受到环境条件的影响，本篇的分析主要从与银行业运行息息相关的国内外宏观经济金融形势展开。中国经济经过30余年的飞跃式增长，发展重点逐渐由“速度”向“质量”和“效益”转变，经济结构的战略性调整成为大势所趋；涉及利率、汇率等多个指标的金融改革终将是大势所趋；中国银监会陆续出台多个监管新规，与国际化接轨的同时从国内银行业的真实情况入手，着重加强银行的风险管理能力。国际方面，美国财政悬崖风险、欧洲主权债务风险以及新兴市场经济体尾部风险使得世界经济复苏之路艰难异常，全球流动性过剩、资本流动不稳定性加剧，金融市场表现较为脆弱和动荡。

展望未来，尽管人口红利效应正渐行渐远，而新型城镇化以及各项制度改革红利的释放将成为拉动中国经济持续增长的潜在动力，在宏观政策的协调配合下，经济有望继续保持平稳增长的基本态势，这种温和降速环境，将有利于银行业结合自身实际，深入思考经营战略并积极加快转型。国外环境虽然依旧扑朔迷离，但加强金融监管国际合作的呼声日渐高涨，并对改变国际经济金融格局提出了要求，这些为我国银行业发展打开了新的空间。总之，未来国内外宏观经济金融形势于银行业而言，机遇与挑战并存，关键在于银行业能否认识到外部环境的变化趋势并及时作出应对。

3. 国内经济金融形势

3.1 国内宏观经济运行

3.1.1 数字回顾2012年国内经济发展情况[①]

2012年是国际经济形势比较复杂和国内改革发展任务艰巨的一年，面对欧债危机和国内需求不足的双重影响，我国经济调整的压力加大，通过改善宏观调控的各项政策措施的落实，2012年我国实现了国民经济运行缓中企稳、经济社会发展稳中有进的总格局。

（1）经济下行压力较大，增长率自2002年以来首次“破8”。

2012年，我国国内生产总值首次超过50万亿元，比上年增长7.8%。增速相比上年回落1.5个百分点，但仍明显快于世界主要国家和地区，对世界经济增长的贡献率继续上升（见图3－1）。

本轮经济下行是多重因素的叠加，从直接原因来看，既有外需收缩，也有内需放缓，拉动经济增长的“三驾马车”均出现不同程度的增速回落：全社会固定资产投资374 676亿元，比上年增长20.3%，扣除价格因素，实际增长19.0%，增长速度有所放慢；其中，固定资产投资（不含农户）364 835亿元，增长20.6%（见图3－2）。全年社会消费品零售总额210 307亿元，比上年增长14.3%，扣除价格因素，实际增长12.1%。全年货物进出口总额38 668亿美元，比上年增长6.2%（见图3－3）。其中，出口20 489亿美元，增长7.9%；进口18 178亿美元，增长4.3%；进出口差额2 311亿美元。

① 参考文献及资料来源：《2012年国民经济和社会发展统计公报》。

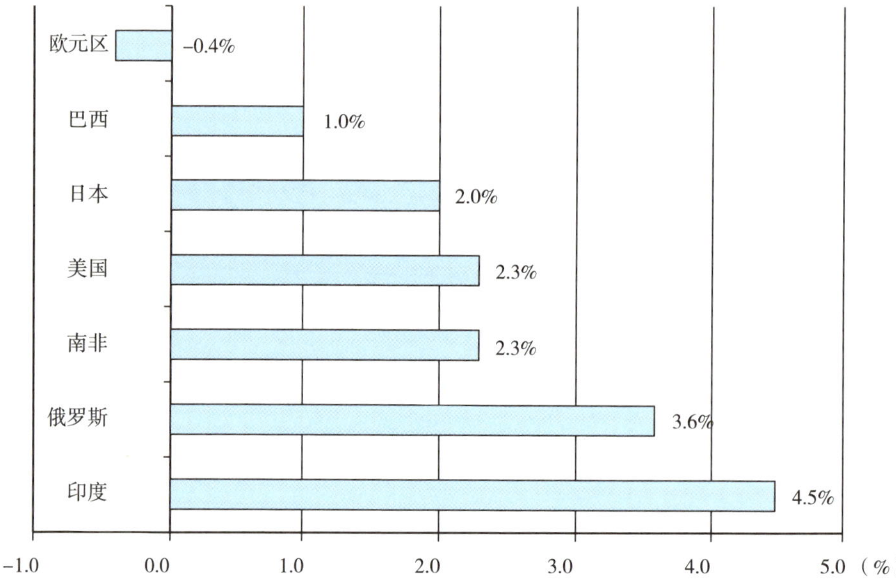

资料来源：《2012 年国民经济和社会发展统计公报》。

图 3－1　全球主要经济体经济增速

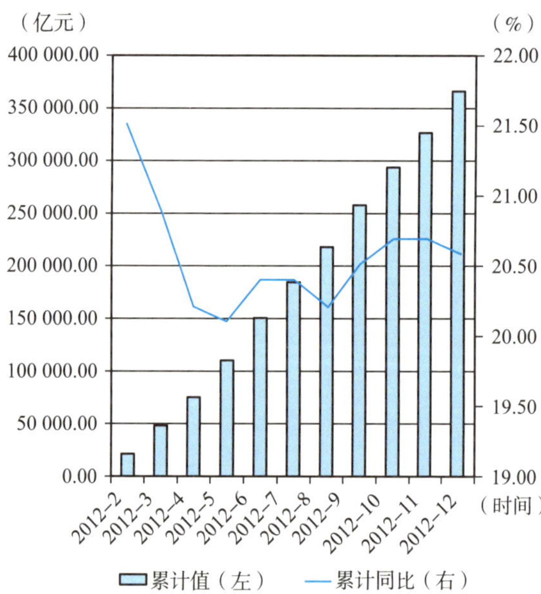

资料来源：Wind 资讯。

图 3－2　2012 年固定资产投资（不含农户）累计值与累计同比

(%)

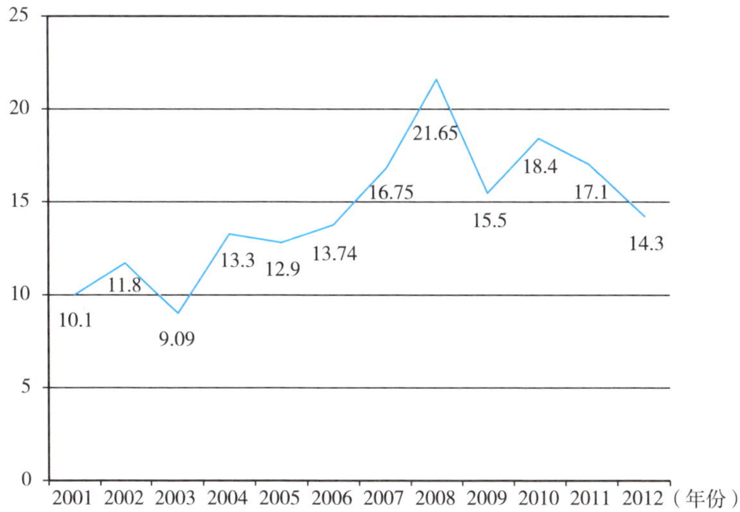

资料来源：Wind 资讯。

图 3-3　2001~2012 年中国社会零售总额增长率

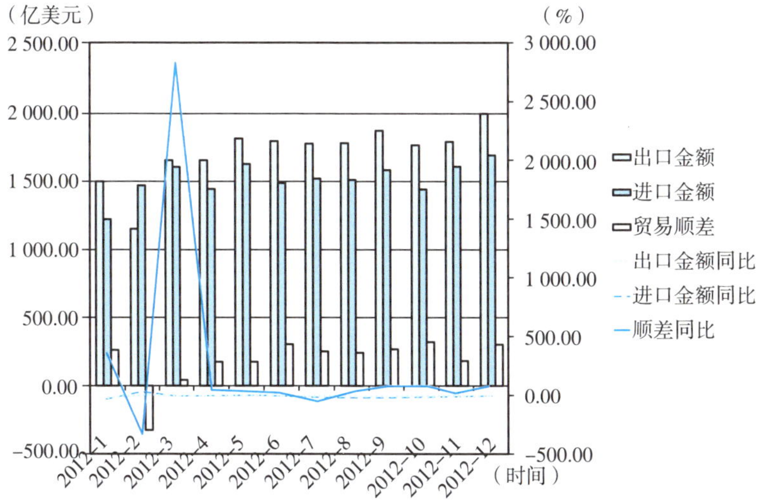

资料来源：Wind 资讯。

图 3-4　2012 年中国月份进出口金额、贸易顺差与同比增速

深层次原因则是我国经济结构的调整，本轮经济调整应该开始于 2007 年，到 2012 年二季度可以认为已经完成了 L 型中的一竖，从三季度开始走向 L 型中的一横。应当注意的是，7.8% 的经济增长速度与当前国内外经济环境是相适应的，没有出现过度下滑。

（2）经济结构调整取得积极进展。

2012 年我国第一产业增加值 52 377 亿元，增长 4.5%，占国内生产总值的比重为 10.1%；第二产业增加值 235 319 亿元，增长 8.1%，占国内生产总值的比重为 45.3%；第三产业增加值 231 626 亿元，增长 8.1%，占国内生产总值的比重为 44.6%。其中，第三产业占 GDP 的比重比上年提高 1.2 个百分点（见图 3-5）。

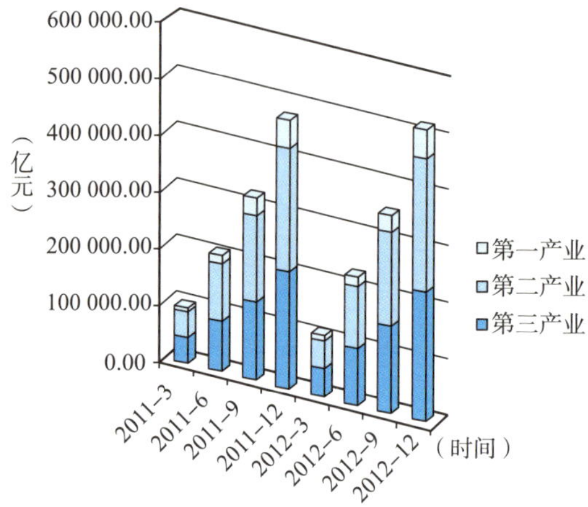

资料来源：国家统计局。

图 3-5　三大产业累计增加值

另外，轻工业增长 10.1%，略快于重工业的 9.9%，转变了长期以来重工业明显快于轻工业增长的格局。

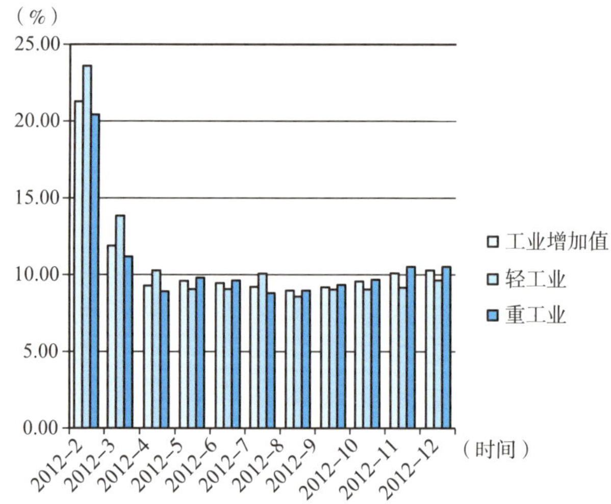

资料来源：Wind 资讯。

图 3-6　工业增加值及其构成同比增速

（3）CPI、PPI 增幅明显回落。

2012 年全年居民消费价格比去年上涨 2.6%，其中一季度 CPI 增幅跌破 4%

(3.8%)，二季度跌破3%（2.9%），三季度跌破2%（1.9%），四季度才有所企稳，CPI增幅的明显回落主要是由以下原因产生：一是食品价格增长进入周期性调整，2012年食品价格同比增长4.8%，比上年大幅回落7.3个百分点，拉动CPI增幅的回落；二是经济增长放慢、进口放慢和消费不足对非食品价格形成下降压力，导致CPI增幅放慢。但这并非理想状态，物价总水平过低不利于经济长期增长（见表3－1）。

表3－1　2012年居民消费价格比上年涨跌幅度　单位：%

指标	全国	城市	农村
居民消费价格	2.6	2.7	2.5
其中：食品	4.8	5.1	4.0
烟酒及用品	2.9	2.9	2.7
衣着	3.1	2.9	3.8
家庭设备用品及维修服务	1.9	2.1	1.5
医疗保健和个人用品	2.0	2.0	2.1
交通和通信	-0.1	-0.3	0.6
娱乐教育文化用品及服务	0.5	0.4	1.0
居住	2.1	2.2	1.9

资料来源：《2012年国民经济和社会发展统计公报》。

相比CPI，反应制造商出厂价平均变化的PPI增长的波动更大，受2012年前期产能扩张过多、中间需求明显减少、最终需求不足的综合影响，PPI自3月开始连续负增长，而且跌幅较大（见图3－7）。

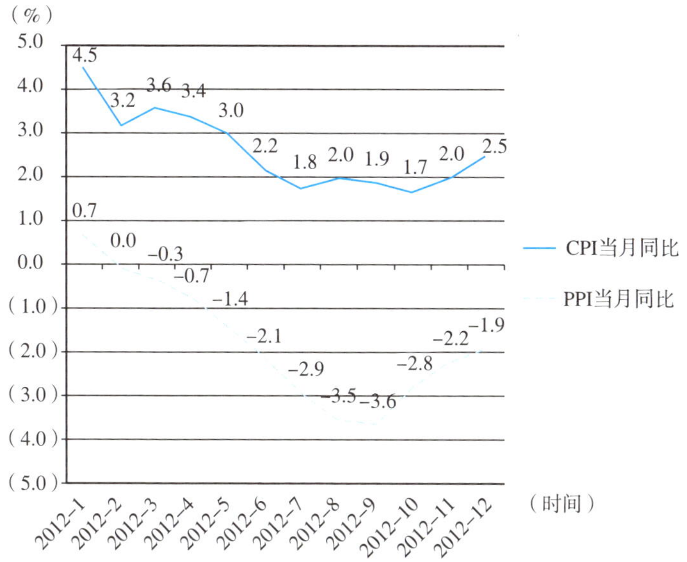

资料来源：国家统计局。

图3－7　2012年中国CPI和PPI同比增幅（月度）

（4）财政赤字有所扩大。

2012 年，全国公共财政收入 11.7 万亿元，增长 12.8%，增幅较 2011 年回落 12.2 个百分点，其中税收收入达 100 601 亿元，突破 10 万亿元，同比增长 12.1%；财政支出达 12.6 万亿元，增长 15.1%；财政赤字为 8 502 亿元，较 2011 年的 6 500 亿元有所增长。

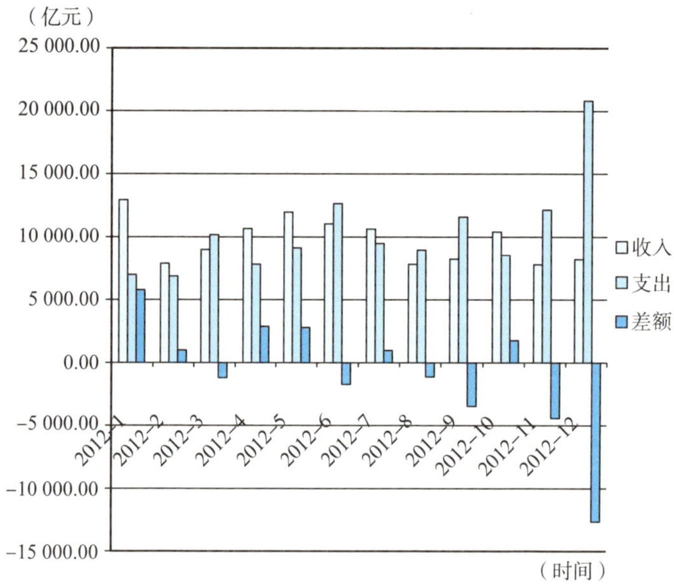

资料来源：Wind 资讯。

图 3 -8　中国月度财政收支及差额

（5）工业增长放慢，企业效益有所下降。

2011 年，我国全部工业增加值同比增长 10.7%；2012 年，全部工业增加值为 199 860 亿元，增长率为 7.9%，比 2011 年回落 2.8 个百分点。工业增长的速度放慢，为工业服务的服务业的增长也难以加快，经济总体增长潜力下降。

另外，2012 年，全年规模以上工业企业实现利润 55 578 亿元，增长率 5.3%，比上年回落 20.1 个百分点，利润放慢的现象比较明显。由央行统计的企业家信心指数和企业景气指数来看，自 2010 年以来，企业经营的整体环境呈下降趋势（见图 3 -9）。

（6）金融政策放松，房地产市场呈复苏态势。

2012 年上半年，金融货币环境维持 2011 年偏紧的态势，广义货币供应量 M2 一季度末增长 13.4%，5 月末增长 12.8%，其增长速度明显放慢，限购、限贷政策继续实施，房地产市场保持回落态势，房地产主要指标均出现回落迹象，个别指标甚至出现负增长，全国房价涨幅出现明显回落。

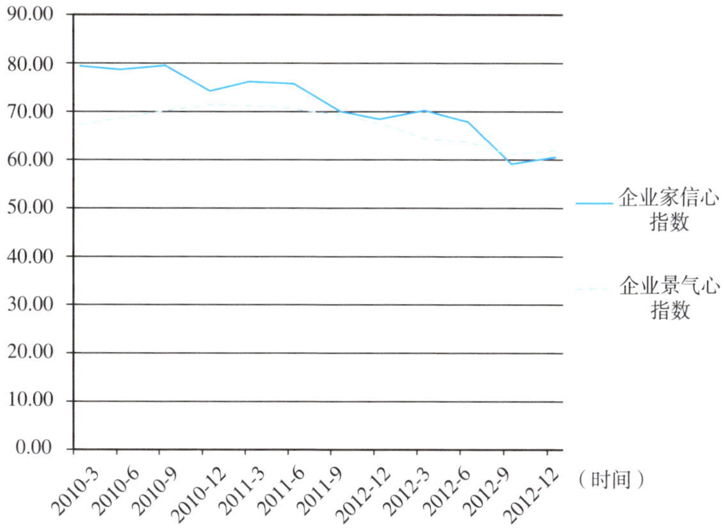

资料来源：Wind 资讯。

图 3－9　企业家信心指数与企业景气指数

而下半年以来，由于稳增长政策的出台，央行的货币政策明显放松，对虚拟性较强的房地产业提供了显著的支持，流向房地产的资金明显增加，房地产市场投资开发和销售恢复性增长明显，房价也出现上涨苗头（见图 3－10、图 3－11）。

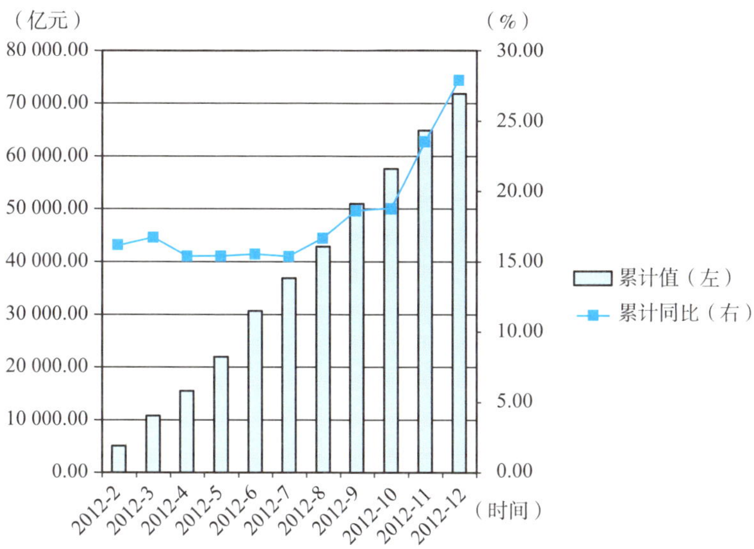

资料来源：Wind 资讯。

图 3－10　房地产投资累计值与累计同比

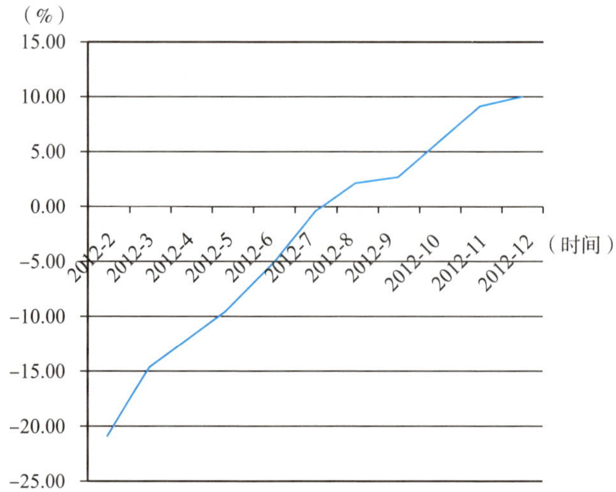

资料来源：Wind 资讯。

图 3－11　商品房销售增长率

3.1.2　经济运行的有利条件和不利因素

（1）经济发展的三大优势。

第一，经济规模实力雄厚、储蓄率保持较高水平。2010 年，我国经济总量超过日本，成为仅次于美国的全球第二大经济体；2012 年，在金融危机的冲击下，GDP 增速仍高于其他国家和地区，经济的抗风险能力得到提高，大规模经济体的优势开始显现。随着人口老龄化和社会保障制度的推进，储蓄率的降低是有限的，仍将保持高于其他国家的水平，较高的储蓄率能满足未来我国经济发展的资本需求。

第二，产业结构的调整。当前我国在努力夯实农业发展基础的同时，强调培育发展战略性新兴产业，把工业由大变强与发展服务业特别是现代服务业结合起来，推动信息化与工业化深度融合，发展结构优化、技术先进、清洁安全、附加值高、吸纳就业能力强的现代产业体系。产业结构调整带来的新兴投资需求将为经济发展提供新的动力。

第三，制度改革的实施。制度变革在经济领域主要体现在三个方面：放松垄断、金融改革、分配改革。放松垄断体现为经济活动的更多环节向民营资本开放，改善有效供给不足，形成更具效率的市场竞争环境；分配改革则有利于解决需求不足的问题，未来随着收入分配制度、社会保障体系等逐步建立，我国宏观经济增长必然转向依靠内需拉动特别是居民消费拉动；金融改革旨在提高资源的配置效率。

（2）经济发展的四大阻力。

第一，经济增长下行压力和产能相对过剩的矛盾加剧。我国经济增长对投资和出口的依赖程度较高，投资扩张除了用来满足工业化需求和城镇化需求，形成的过剩产能主要通过出口释放。当前国际市场低迷导致出口下降，国内需求也有所下滑，产能过剩的矛盾将逐步凸显。从行业看，不仅仅是依附于出口和房地产的重化工业如钢铁、水泥、煤炭、玻璃等过剩产能需要消化，甚至在风能、太阳能等新型行业产能过剩的情况也非常严重。

第二，人口老龄化加速，“人口红利”开始减少甚至消失。2012 年，我国劳动年龄人口绝对数量出现相当长时期以来的第一次下降，人口结构也发生转变，老年人口的比重占总人口的 14.3%，与上年末的 13.71% 相比又有攀升，这意味着我国的人口红利将进入逐渐收缩的态势中，过去我国参与国际竞争的劳动力成本优势将逐步衰减，经济的持续快速增长面临挑战。

第三，经济发展和资源环境的矛盾依然突出。粗放型的经济发展方式对资源的消耗极大，资源的使用率很低，造成大量浪费；经济发展的环境代价很高，高速增长的背后是生态系统的弱化和环境严重的污染。随着资源尤其是不可再生能源的过度消耗，未来发展中必将面临资源紧缺的难题；如果生态系统的承受力达到一定程度，会反过来阻碍经济的发展，并且环境的治理成本很高，治理过程往往需要很长时间，使得经济发展受到约束。

第四，地方政府偿债压力增大。地方政府债务相继进入还贷高峰期，受经济下行和财政收入增幅下滑的影响，将面临较大的偿债压力。同时，地方政府融资平台形成的隐性债务如社保资金缺口、政府担保等并未纳入地方政府预算管理，地方政府债务的风险状况不透明，缺乏相应的监督手段，这些因素将影响我国经济发展的质量。

3.1.3 2013 年中国经济政策取向

（1）经济结构战略性调整。

党的十八大报告中提出要适应国内外经济形势新变化，加快形成新的经济发展方式，把推动发展的立足点转到提高质量和效益上来。2013 年是转折之年，更加关注增长质量和效益，推进经济结构战略性调整，中国经济会出现“慢”节奏。

首先，改善需求结构，尤其是消费方面。注意培育新的消费增长点、推动形成更加合理的流通发展格局以促进消费；提高投资质量和效益、引导民间投资健康发展以扩大投资需求；提高出口产品附加值、打造出口产品品牌以提高出口产品质量。

其次，优化产业结构，加快淘汰高能耗高排放低附加值的落后产能，推进产业重组、技术进步、管理创新和优化布局，推动传统产业技术改造和设备更新，尤其要大力发展第三产业，让第三产业在国民经济中发挥更大的作用。

最后，积极推进城镇化，每一百分点的城镇化率，对应的都是上千万人口以及数以万亿元计的投资和消费，鉴于城镇化的巨大潜力，它可能成为2013年宏观经济政策的重要抓手。新型城镇化更强调消费结构升级、信息化、智能化的城镇化，把有序推进农业转移人口市民化作为重点，由重数量的外延式扩张到重品质的内涵式发展，具体措施如优化城市空间布局和规模结构、加快户籍制度改革、加大基础设施投入力度等。

(2)“积极财政、稳健货币”的宏观调控政策。

中央经济工作会议指出，2013年要继续实施积极的财政政策和稳健的货币政策，充分发挥逆周期调节和推动结构调整的作用。

在财政政策布局上落实为“结构性减税”，实行积极财政政策的同时完善结构性减税政策。多项税制改革涉及合理调整消费税税率结构、扩大“营改增”(营业税改增值税)试点范围、完善资源税等。作为结构性减税的重要内容，我国推出了营业税改增值税试点，这是自1998年分税制改革以来的最大税改动作，“营改增”从制度上解决营业税的重复征税问题，有利于创造公平竞争的税制环境，由于效果良好，预期2013年“营改增”将继续扩围。

货币政策作为一种总量调控政策，关键是要保持货币供给的稳定，过于宽松容易引发通货膨胀和资产泡沫，过于紧缩则会导致实体经济出血。从2012年下半年的宏观经济情况来看，货币供给基本处于比较适中的状态，在较好地抑制了通胀的同时保证了银行信贷和社会融资总量的增长，因此，在2013年继续保持稳健的货币政策是合乎逻辑的。

3.1.4 2013年国内经济形势展望

(1) 经济增长速度继续放慢，预计全年增长约7.5%左右。

政府将更加注重经济发展的质量和效益，经济结构的调整也将成为重点，因此，经济增长的速度会有所降低，但这种降低是以质量上的提高为前提的。

经济增长主要取决于消费需求、投资需求和出口需求（见图3-12)。考虑到政策的有利支持，如支持中小企业的税收政策、有质量的城镇化、部分保障房建成入住等会为消费需求提供增长动力，教育、医疗、养老以及配套产业将成为新的消费增长点，全年消费增长可能会稳中趋升。

投资需求主要分为基础设施投资、工业投资和房地产投资，一方面市场大环境低迷，政府收入放缓、企业缺乏投资的动力和信心，将抑制基础设施和工业方面的投资扩张；另一方面房地产投资继续受到政府的严格控制，楼市调控不会出现放松。因此投资增速可能出现轻微回落。

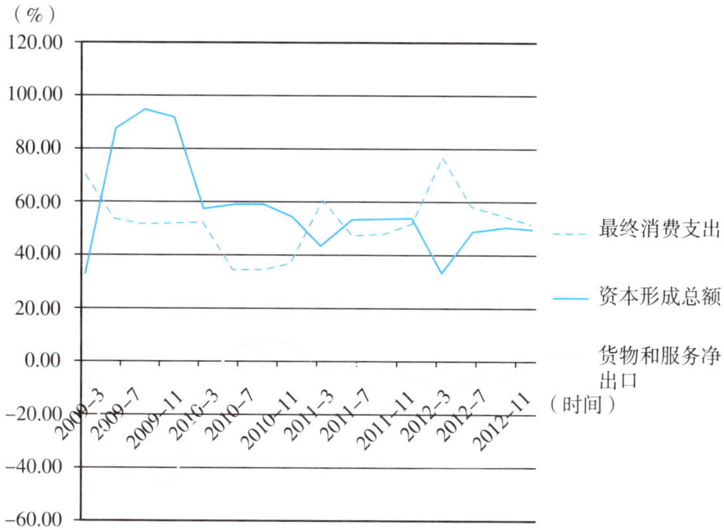

资料来源：Wind 资讯。

图 3-12　三大需求贡献率

国际方面，美国经济复苏后劲不足，欧债危机前景仍不明朗，世界经济低速增长的态势将延续；国内方面，劳动力成本、物流成本等大幅上升，人民币面临升值压力，出口优势将逐渐消失，2013 年出口很难实现新的突破。

综合以上因素，本中心预测 2013 年 GDP 的增长速度会继续有所下降，在 7.5% 左右波动，拉动经济增长的动力主要集中为内需与投资，经济增速的回落符合政府宏观调控的政策预期。

（2）物价有温和上涨压力，需从政策上把握控制通胀与经济增长的平衡。

首先，无论是美国的 QE4，还是日本的 QEX，发达经济体推行“量化宽松”政策，会加剧我国的输入性通货膨胀；其次，尽管农产品等重要商品供求结构基本平衡，但劳动力价格、土地价格、资源环境成本等生产要素价格未来将呈现上升趋势，生产成本的变化将推动物价的上涨；再其次，节能减排和资源价格改革也将推动水、电、气、油等能源价格走高；最后，2013 年中央经济工作会议提出“要适当扩大社会融资总规模，保持贷款适度增加”，表明政府政策对经济的刺激作用会有所增加，为实施较为宽松的货币政策预留了空间，也会对物价形成一定的上涨压力。

根据以上分析因素，2013 年的物价可能上升到 3% 以上，应该注意从政策上把握好控制通胀和经济增长之间的平衡，努力保持物价总水平的基本稳定，为改革和发展创造良好的环境。

（3）楼市回暖，房价稳中有升。

2012 年上半年，房地产市场一度低迷，但一季度结束之后出现回暖迹象，进入第四季度后，楼市“量价齐升”的现象尤为明显，年末出现的“翘尾”行情，使 2013 年的房地产市场备受关注。新型城镇化过程会为房地产市场发展带来新契机，住房的刚性需求将大幅增加，促进房价上涨，然而，2013 年房地产市场整体形势是更好还是更坏，除受自身供求、投机、预期等因素影响外，政府房地产调控政策的变化也起着关键作用，如国务院发布的《关于继续做好房地产市场调控工作的通知》中规定对二手房交易征收差额 20% 个税，短期内刺激二手房市场异常火爆。

住建部在全国住房城乡建设工作会议报告中表示，2013 年将继续严格实施差别化住房信贷、税收政策和限购措施，坚决抑制投机投资性住房需求，支持合理自主和改善性需求。这一报告基本上确定了房地产调控的基调以稳为主，同时明确指出支持改善性需求，避免楼市出现过大幅度的震荡，打破了业内放松调控政策的预期。

考虑以上因素，房地产价格将延续 2012 年平稳增长的态势。另外，根据政府多次透漏出的深化改革的信号和决心，预计房产税将会扩大试点，通过房产税来稳定房地产市场将成为政府房地产调控的重要手段。

3.2 国内金融业发展

3.2.1 2012 年中国金融形势回顾[①]

（1）货币供应量平稳增长。

2012 年年末，广义货币（M2）余额 97.42 万亿元，比上年年末增长 13.8%，未达到全年 14% 的目标；狭义货币（M1）余额 30.87 万亿元，增长 6.5%，回落 1.4 个百分点；流通中现金（M0）余额 5.47 万亿元，增长 7.7%，回落 6.1 个百分点。M2 和 M1 增速总体呈回升态势，为支持经济趋稳回升提供了有利的货币环境（见图 3－13、图 3－14）。

2012 年年末，基础货币余额为 25.2 万亿元，同比增长 12.3%，比年初增加 2.8 万亿元。货币乘数为 3.86，比上年年末高 0.07。银行体系流动性合理适度。金融机构超额准备金率为 3.3%，比上年年末高 1.0 个百分点（见图 3－15）。

① 参考文献：《中国货币政策执行报告：2012 年第四季度》。

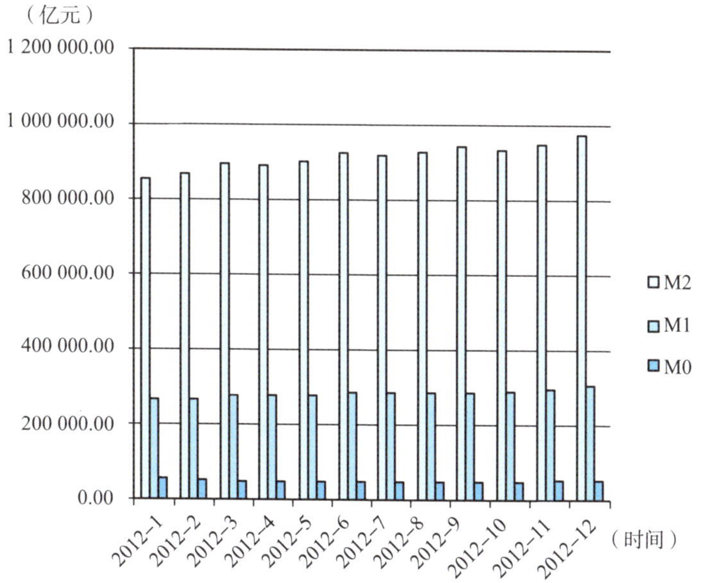

资料来源：中国人民银行网站。

图 3－13　2012 年各月份 M0、M1、M2 供应量

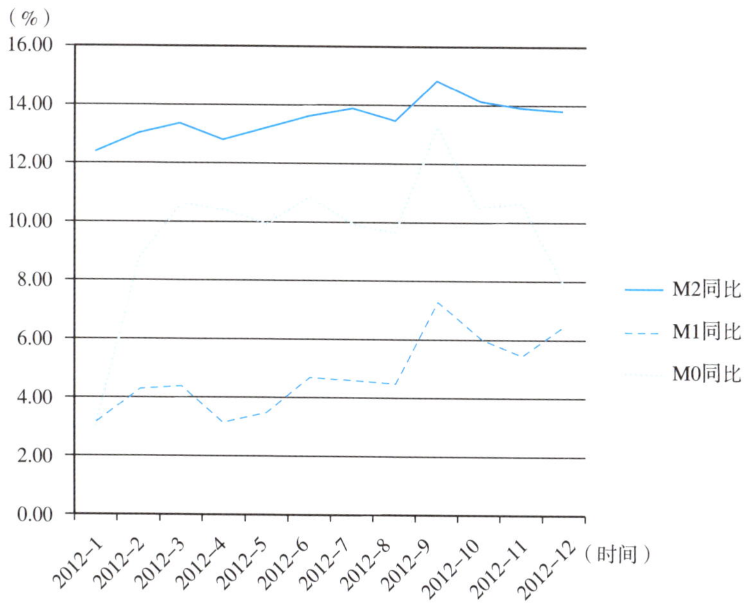

资料来源：中国人民银行网站经整理而成。

图 3－14　2012 年各月份 M0、M1、M2 同比增长率

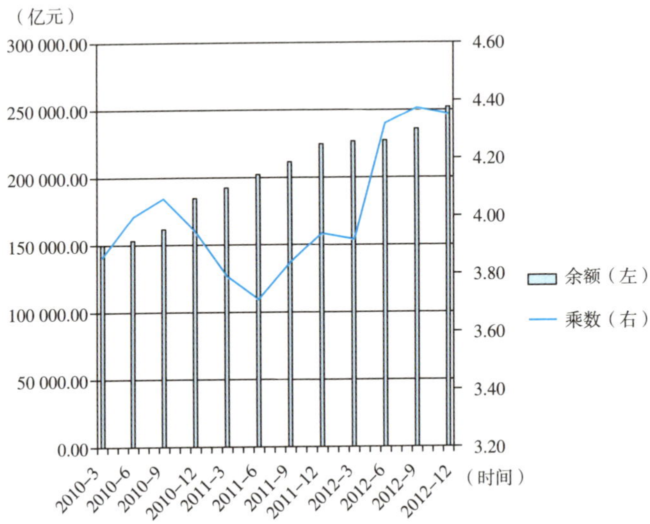

资料来源：Wind 资讯。

图 3－15　基础货币余额与货币乘数

（2）金融机构存款呈明显季节性波动。

2012 年年末，全部金融机构本外币各项存款余额为 94.3 万亿元，同比增长 14.1%，增速比上年年末高 0.6 个百分点。

人民币各项存款余额为 91.7 万亿元，同比增长 13.3%，增速比上年年末略低 0.2 个百分点（见图 3－16）。存款“季末冲高、季后回落”现象较为明显，季末月份平均增量达 2.3 万亿元，而季初月份均为下降，平均减少 5 115 亿元，这与金融机构重视季末考核要求以及表外理财快速发展有关。

外币存款余额为 4 065 亿美元，同比增长 47.8%，比年初增加 1 314 亿美元，同比多增 820 亿美元。

（3）金融机构贷款平稳增长。

2012 年年末，全部金融机构本外币贷款余额为 67.3 万亿元，同比增长 15.6%，增速比上年年末略低 0.1 个百分点，比年初增加 9.1 万亿元，同比多增 1.2 万亿元。

人民币贷款平稳适度增长。2012 年年末，人民币贷款余额为 63.0 万亿元，同比增长 15.0%。从机构分布看，中资全国性大型银行、区域性中小银行与农村合作金融机构贷款同比多增较来多（见表 3－2）。

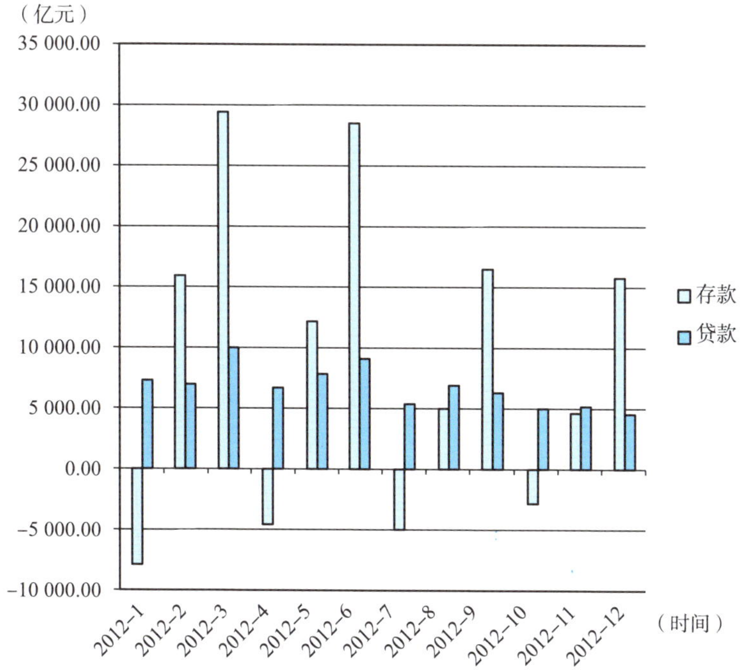

资料来源：中国人民银行网站。

图 3-16　金融机构新增人民币存贷款余额

表 3-2　　2012 年分机构人民币贷款情况　　单位：亿元

	2012 年		2011 年	
	新增额	同比多增	新增额	同比多增
中资全国性大型银行	38 784	1 323	37 461	-3 361
中资全国性中小型银行	23 202	619	22 583	-873
中资区域性中小型银行	13 214	5 884	7 329	2 039
主要农村金融机构	11 544	1 532	10 012	357
外资金融机构	777	-3	779	-849

资料来源：中国人民银行网站。

外币贷款增长较快。年末金融机构外币贷款余额为 6 836 亿美元，同比增长 26.9%。从投向看，对进出口贸易和“走出去”的支持力度较大，进出口贸易融资增加 924 亿美元，境外贷款与境内中长期贷款增加 517 亿美元。

（4）金融机构存贷款利率总体下行。

2012 年上半年，银行体系流动性总体充裕，贴现、债券筹资等市场化产品利率有所下行，带动金融机构贷款利率稳步下降。6～7 月份，央行连续两次下调存贷款基准利率，并小幅扩大利率浮动区间，金融机构贷款利率进一步下降，并于年末趋于稳定（见表 3-3）。

表 3-3　　2012 年 1～12 月金融机构人民币贷款各利率区间占比　　单位：%

月份	下浮	基准	上浮				
	[0.9, 1.00)	1.0	(1.0, 1.1]	(1.1, 1.3]	(1.3, 1.5]	(1.5, 2.0]	2.0 以上
1 月	4.79	26.22	22.33	25.51	8.76	9.22	3.17
2 月	5.53	27.59	23.12	23.76	7.98	8.61	3.40
3 月	4.62	24.95	21.12	26.99	9.48	9.41	3.43
4 月	5.03	23.06	20.76	28.92	10.10	8.98	3.16
5 月	5.35	24.08	20.51	28.90	9.73	8.31	3.12
6 月	7.92	25.08	19.94	27.87	8.90	7.66	2.63
7 月	9.51	24.38	19.74	26.78	9.13	7.61	2.85
8 月	11.61	22.66	19.64	26.45	8.30	8.33	3.01
9 月	11.31	24.57	20.16	25.18	8.13	7.67	2.98
10 月	10.88	26.80	20.15	24.30	7.28	7.53	3.06
11 月	11.70	25.74	19.43	24.52	7.64	7.71	3.26
12 月	14.16	26.10	18.41	22.87	7.58	7.84	3.04

注：2012 年 8～12 月统计数据的下浮区间为［0.7，1.0）。
资料来源：中国人民银行网站。

（5）人民币汇率弹性明显增强。

2012 年，人民币小幅升值，双向浮动特征明显，汇率弹性明显增强，人民币汇率预期总体平稳。年末，人民币对美元汇率中间价为 6.2855 元，比上年年末升值 154 个基点，升值幅度为 0.25%。根据国际清算银行的计算，2012 年人民币名义有效汇率升值 1.73%，实际有效汇率升值 2.22%（见图 3-17）。

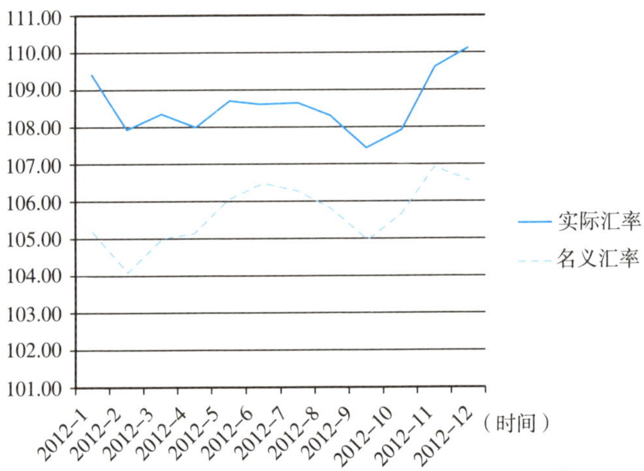

资料来源：Wind 资讯。

图 3-17　人民币汇率指数

3.2.2 2012年银行业经营新变化

（1）稳健货币政策影响银行资产负债规模和收益。

2012年以来，我国实施稳健灵活的货币政策。上半年总体偏紧，央行根据国内经济增长放缓、物价涨幅有所回落等变化，前瞻性地加强预调微调，两次下调存款准备金率各0.5个百分点，灵活开展公开市场双向操作，增强公开市场操作利率的弹性，发挥差别准备金动态调整机制的逆周期调节作用。下半年有所放松，两次下调存贷款基准利率，同时非对称调整金融机构存贷款利率浮动区间，根据流动性供给格局的变化，连续开展逆回购操作，保持流动性合理适度和市场利率平稳运行。

银行间回购、拆借市场交易活跃，成交量快速增长。2012年，银行间市场债券回购累计成交141.7万亿元，同比增长43.1%；同业拆借累计成交46.7万亿元，同比增长40.2%。大型银行在回购市场和拆借市场上均是供给资金的主体，融出资金量持续增加；而中小型银行、证券及基金公司和其他金融机构资金需求不断增加（见表3－4）。

表3－4　　金融机构回购、同业拆借资金净融出、净融入情况　　单位：亿元

	回购市场		同业拆借	
	2012年	2011年	2012年	2011年
中资大型银行	-550 748	-289 596	-73 486	18 514
中资中小型银行	242 558	118 134	5 112	-32 644
证券及基金公司	130 067	66 659	34 889	10 237
保险公司	53 270	24 926	—	—
外资金融机构	20 734	10 079	9 972	-9 571
其他金融机构	104 120	69 798	23 513	13 464

资料来源：中国外汇交易中心。

央行通过公开市场操作实现净投放，增加了金融市场的流动性，银行贷款议价能力有所下降，同时加大对贷款投放节奏的管理，货币政策适度微调，新增贷款规模回落。

稳健的货币政策在提高金融市场交易活跃度的同时，对银行的经营管理也产生一定影响。在允许存贷款利率上下浮动后，银行利差显著下降，银行间的竞争更加激烈，大型银行充分利用浮动区间，以提高对存款的竞争力，小型银行则由于资金较为紧张，为吸收存款，在利率上浮方面则更加积极。利率市场化使银行增强危机感和紧迫感，积极转变经营发展理念（如2012年银行理财

产品的发行数量达 28 239 款等），在更大市场范围内配置资源，开辟新的盈利增长点。

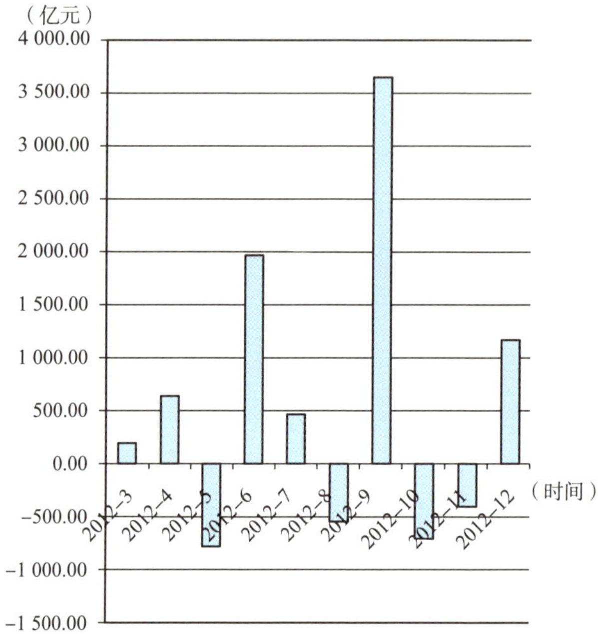

资料来源：Wind 资讯。

图 3 – 18　2012 年各月央行货币净投放

（2）监管新规加强银行风险管理能力。

《商业银行流动性风险管理办法（试行）》明确了对于商业银行流动性监管的四个主要指标，即流动性覆盖率、净稳定融资比例、贷存比和流动性比例。其中，流动性覆盖率（不得不得低于 100%，最晚 2013 年年底前达标）主要监控银行短期流动性风险，净稳定融资比例（不得低于 100%，最晚 2016 年年底前达标）则关注长期流动性风险，贷存比和流动性比例则延续了之前的要求，即商业银行的存贷比应当不高于 75%，流动性比例应当不低于 25%。同时要求银行持续开展流动性压力测试，并做好流动性风险的应急预案和资金储备。由此，商业银行积极加强资产负债匹配管理，减少对市场短期资金的依赖，增加高质量流动资产和长期稳定性资金，提高流动性风险管理的精细化程度和专业化水平。

银监会在《商业银行杠杆率管理办法》中规定任何商业银行并表和未并表的杠杆率均不得低于 4%，且明确达标期限：系统重要性银行 2013 年年底前达到最低杠杆率要求，非系统重要性银行 2016 年年底前达到最低杠杆率要求。最严格的资本口径、最大化的资产口径，将表外业务全额计入资产总额，并不得考虑信用衍生品（如CDS）等风险缓释因素，导致商业银行需要积极补充一级资本，并在一定程度上限制了商业银行开展表外业务、衍生品业务的积极性。

2012 年 6 月 8 日银监会发布《商业银行资本管理办法（试行）》，分别对监管资本要求、资本充足率计算、资本定义、信用风险加权资产计量、市场风险加权资产计量、操作风险加权资产计量、商业银行内部资本充足评估程序、资本充足率监督检查和信息披露等进行了规范。《办法》确立了四个层次的资本充足率监管要求，包括 8% 的最低资本要求（其中核心一级资本充足率不得低于 5%、一级资本充足率不得低于 6%）、2.5% 的储备资本要求、0 ~ 2.5% 的逆周期资本要求、1% 的系统重要性银行附加资本要求以及根据单家银行风险状况提出的资本要求。部分银行因此面临资本补充压力，严格的资本要求使得商业银行必须尽快调整业务模式，由高资本消耗型向内涵型转变。

（3）人民币国际化进程影响银行国际业务的发展。

从 2011 年跨境贸易结算试点全面推开、QFII 和 RQFII 的扩容到 2012 年日元与人民币直接兑换等措施，暗示着人民币国际化的进程加速。随着人民币在国际货币中的地位逐步提高，人民币国际化进入战略机遇期。

在人民币国际化进程加速的背景下，跨境贸易人民币结算的范围不断扩大，人民币对外直接投资的需求也大幅上升，这为中国商业银行国际化进程提供了新的动力。2012 年中国境内投资者共对全球 141 个国家和地区的 4 425 家境外企业进行了直接投资，累计实现非金融类直接投资 772.2 亿美元，中国企业在不断的走出去，中国银行业的海外客户基础也在不断扩大。随着客户对于跨境金融服务的要求不断增多，将有利于促使中国商业银行进一步构建更加完善的全球服务平台。①

中国银行业正加快构建全球一体化的服务体系，着力提高人民币跨境结算的全球支持能力，加快海外机构布局。表 3 -5 对我国部分商业银行的海外资产情况进行说明，充分体现出国际化经营在增加资产利润总额、提高中间收入等方面的重要作用。

表 3 -5　　　　中国部分商业银行的海外资产情况

银行名称	境外分支机构情况	境外资产	跨境人民币结算业务
中国银行	2012 年新设海外机构 15 个，目前 613 个海外机构已覆盖港、澳、台地区及 36 个海外国家	海外资产总额 4 988.58 亿美元，比上年年末增长 13.33%	全年累计办理跨境人民币结算业务 2.49 万亿元，同比增长 42%

① 参考文献：丁波、刘蕾蕾《中国银行业国家化的路径选择》，《农村金融研究》2013 年第 2 期。

续表

银行名称	境外分支机构情况	境外资产	跨境人民币结算业务
中国工商银行	工行境外经营机构分布在 39 个国家和地区，加上作为非洲主要银行——南非标准银行的最大单一股东，与其在非洲 18 个国家的金融机构建立了密切合作关系，形成了一个较为完善的国际化金融服务网络	境外机构的总资产已达 1 627.2 亿美元，较上年末增长 30.5%	全行跨境人民币业务总量超过 1.5 万亿元人民币，同比增长 67%
中国建设银行	建设银行海外一级机构共 14 家（如将二级机构及零售网点涵盖在内，机构总数 65 家），其中海外一级分行 9 家，海外代表处 2 家，海外子公司 3 家，覆盖 5 大洲 13 个国家及地区	海外机构总资产 878 亿美元，税前利润超过 5 亿美元	境外完成跨境人民币业务量 5 611 亿元，市场占比大幅提升
中国农业银行	12 家境外分支机构以及遍布全球 119 个国家和地区的 1 412 家代理行所形成强大的境外服务网络优势	境外资产总额 387.83 亿美元，全年实现净利润 2.88 亿美元，同比分别增长 95.5% 和 104%	境内外分行累计办理跨境人民币业务突破 1 万亿元，跨境人民币结算占国际结算的比重已超过 9%

资料来源：各大银行年报、官方网站。

一方面，如上所述，人民币国际化可以提高我国银行资产业务的营利性，与外资银行竞争的加剧能够促进其发展表外业务。另一方面，人民币国际化对银行的资本实力和盈利能力等都提出了更高的要求，进入海外市场，银行经营上将存在较大的不确定性，风险相对较高。人民币国际化对商业银行经营有利有弊，银行应积极推动自身建设，加强风险预警，抓住机遇进行业务创新探索，为其国际化提供强大的后盾支持和全方位准备。

3.2.3 金融业面临的机遇与挑战①

(1) 金融业面临的机遇。

首先，从国际方面来看，席卷全球的金融危机正悄然改变着世界经济金融格局，发达经济体受创严重，新兴市场国家特别是中国应对危机冲击的能力令世界刮目相看。由发达国家和发展中国家共同参与的 20 国集团机制应运而生，国际货币基金组织、世界银行等国际机构的管理由发达国家主导的局面开始发生变化，包括中国在内等新兴经济体的发言权增大。

其次，金融危机使各国对金融发展模式进行反思，并持续进行金融监管改

① 参考文献：《金融业发展和改革“十二五”规划》。

革，金融监管理念、方式发生了诸多变化。设立独立的宏观审慎监管机构或增强现有机构的宏观审慎监管职能成为趋势、加强国际监管合作的呼声日益高涨，新的监管理念为我国推进金融改革、完善金融监管体系提供借鉴经验。

再次，创新是金融业发展的永恒主题，是市场保持活力的重要源泉，金融监管可能在压抑某些金融创新的同时有效促进其他形式的金融创新。尽管我国金融业起步较晚，但若能借鉴危机教训，在世界经济格局变革的关键时期抓住创新机遇，加强自主创新、集成创新与消化吸收再创新，便有可能实现“后发优势”。

最后，当前我国的金融业发展取得了巨大成就，金融基础设施建设成效显著，金融服务水平明显提升，为下一步的改革奠定了坚实的基础。随着我国工业化、信息化、城镇化、市场化、国际化的深入发展和经济结构转型的加快，必然引发多样化的金融服务需求，我国多元化的金融机构体系和多层次的金融市场体系将进一步完善。

（2）金融业面临的挑战。

第一，金融危机导致全球金融失衡，国际金融形势的不确定性增强。危机的消极影响通过贸易渠道、金融渠道传递给其他国家，加剧了新型市场国家经济下滑的风险。不同国家之间的经济摩擦、贸易保护主义在加强，货币、金融政策的国际协调难度在增大，我国在国际金融治理方面将承担更多的责任。

第二，金融体系本身蕴含的风险有可能进一步发酵。2012 年我国的非银行融资体系如信托、理财产品等迅猛发展，监管的相对缺失使得积累的风险不容忽视。以理财产品为例，银行针对个人发行的理财产品规模达到 24.71 万亿元，同比增长 45.44%①，多数理财产品期限不足一年，有些仅为数周或数天，一旦资金周转出现问题，可能会引起风险的集中爆发。

第三，金融业的监管存在突出问题。金融体制的法制建设尚不健全，金融机构的市场退出法律存在严重缺位；监管的方式比较单一，主要是外部监管；监管手段存在缺陷，在具体的监管操作中时常出现无法可依、执法困难、操作随意性大等现象，导致金融监管的有效性大大降低。

第四，金融行业的整体竞争力有待增强：金融支持经济发展方式转变和结构调整的任务十分艰巨，对中小企业和“三农”等金融服务还存在一些薄弱环节；金融业粗放的经营方式尚未根本转变，国有控股金融机构公司治理仍需要进一步完善。如何深化金融改革、促进金融业快速稳定发展是对我国金融业的严峻挑战。

第五，房地产市场、地方融资平台蕴含的风险不可小觑。我国房地产市场与金融体系有着千丝万缕的联系，房地产泡沫破裂的风险可能传导至银行业系统，

① 资料来源：由普益财富联合西南财经大学信托与理财研究所发布的报告整理而得。

影响银行业的稳健经营。地方政府融资平台尽管有政府信用做担保，但由于缺乏自我约束和体制约束，法人治理结构、投资运作不规范等问题突出；据审计署统计，2013 年将有 53% 的地方债务到期，意味着我国进入地方债务偿还高峰期。房地产价格虚高和地方政府举债融资机制的不完善，构成了金融领域的潜在风险。

3.2.4 金融业进入战略转型期

（1）利率市场化进程加速推进。

推进利率市场化是《金融业发展和改革“十二五”规划》最大的政策突破之一。利率非市场化的情况下，银行的竞争是非价格竞争，只有在利率市场化以后，银行才会真正重视产品定价能力和风险管理能力，才能实现向真正的现代商业银行的转变。

第一，我国金融机构人民币存贷款基准利率及其浮动区间的两次调整是利率市场化的重要步骤，标志着利率市场化进入实质性阶段。从美国、日本等相对成功的利率市场化改革的经验中可以借鉴，利率市场化改革并非一蹴而就，必须综合考虑、循序渐进。因此，在宏观环境相对稳定时利率市场化会进一步向前推进。

第二，利率市场化是一个复杂的系统工程，需要多方面的配套结合，尤其是汇率形成机制改革、人民币国际化等。人民币汇率体制从事实上的钉住美元汇率发展到参考一篮子货币有管理的浮动汇率制。未来将进一步完善人民币汇率形成机制，增强人民币汇率双向浮动弹性，改进央行外汇操作方式，使市场供求在汇率形成中发挥更大作用。

第三，伴随利率市场化进程的推进，完善的存款保险制度、宏观审慎监管政策框架也在加快建立。在利率市场化条件下，利率的定价权由商业银行决定，如果没有存款保险制度，银行破产的风险最终将由政府承担。逆周期的宏观审慎政策框架能够有效防范系统性金融风险，《巴塞尔协议Ⅲ》的基本框架中便包含了加强宏观审慎管理、增强逆风向调节的诸多进展，作为 G20 成员，我国也始终高度重视加强在宏观审慎政策的制定和实施方面的探索。

这些改革的协调推进提高了我国金融深化的程度，改善了整体金融环境，是利率政策调整后金融市场有序运行的重要保障。

（2）社会融资结构多元化。

2012 年社会融资规模为 15.76 万亿元，比上年多 2.93 万亿元，增幅超过 20%。在融资规模继续上升的同时，社会融资结构也发生着改变，一边是银行新增贷款规模和信贷融资占比的下降，一边是非银行融资尤其是信托贷款和企业债券融资比重的上升。其中，银行业投放的人民币贷款增加 8.2 万亿元，占社会融资规模的 52.1%，同比低 6.1 个百分点；信托贷款增加 1.29 万亿元，占比

8.2%，同比升6.6个百分点；企业债券净融资2.25万亿元，占比14.3%，同比高3.7个百分点。

在融资方式多元化发展中，引起社会各界广泛关注的当属影子银行的迅速壮大。此次金融危机后，全球意识到在金融监管体系之外还存在着与传统金融业务类似，但不受任何机构监管，资产负债表也并未体现的金融体系，它们处于传统金融业务笼罩之下，却又因为创新绕过了监管，所以被称之为“影子银行”。事实上，面对影子银行体系的快速发展，一方面不应害怕风险，只要整体资金运用产生的收益可以完全覆盖成本就没有问题；另一方面要防止大面积违约，即防止风险的大量累积而形成系统性风险。能够合理评价风险才能使金融体系更有弹性和竞争力，这是发展多种融资方式、壮大资本市场规模的关键。

“十二五”规划提出要加快多层次金融市场体系建设，显著提高直接融资比重，积极发展债券市场，当前我国信贷市场和债券市场此消彼长的背后，表明我国社会融资格局正进入重塑阶段。本中心预测，2013年的新增贷款可能达到9万亿元，社会融资规模增速按15%～20%计算，可能达到16万亿～18万亿元，伴随着金融市场的发展和金融创新深化，社会融资对信贷的依赖将不断降低，直接融资的比重未来还将继续提升。

（3）混业经营趋势加强。

受利益驱动、金融全球化以及信息技术的发展等多方面因素影响，金融混业经营是世界金融发展的大趋势，也是中国金融改革的最终目标之一。《金融业发展和改革“十二五”规划》指出，引导具备条件的金融机构在明确综合经营战略、有效防范风险的前提下，积极稳妥开展综合经营试点，提高综合金融服务能力与水平。这一方面预示着政策层面有意培养大型中资综合化金融集团，另一方面也为商业银行继续拓展综合化经营提供了可选路径。因此可以期待，商业银行综合经营将可能获得更多政策支持。

随着国内金融市场的开放以及金融机构跨市场、跨行业经营行为的增多，金融业正迈向混业经营阶段。2012年11月，证监会批复了18家期货公司首批资产管理业务牌照，期货资产管理的开闸丰富了投资者投资渠道的选择；同月，证监会发布了《证券投资基金管理公司子公司管理暂行规定》，允许基金公司设立专业的子公司，开展专项资产管理业务；2013年伊始，监管层政策不断出台，保监会发布《关于保险资产管理公司开展资产管理产品业务试点有关问题的通知》，保险资产管理“一对N”即将开闸；证监会正式发布《资产管理机构开展公募证券投资基金管理业务暂行规定》，允许券商、险资、私募及PE等机构开展基金业务，金融机构混业经营提速。

混业经营是未来我国金融业发展的必然趋势，但分业经营向混业经营的转变是各种金融要素的重新组合，需要立法、证券市场、监管机构等诸多方面的配合，因此，我国由分业经营走向混业经营的道路还很长，在此过程中，会逐步出现监管机构对分业经营管制的放松及代表混业经营的新的金融产品。

（4）互联网金融正在崛起。

作为一种互联网与金融业相结合的新兴事物，互联网金融正蓬勃兴起，冲击着传统的思想观念，潜移默化影响着金融市场的格局，无论是在支付方式上，还是在信贷方面，互联网金融都在以极快的速度发展。

从支付方式看，第三方支付的出现在很大程度上解决了互联网交易中的资金安全和资金流动问题，其涉及的行业涵盖了基金、保险、网购、公共事业费用代缴等银行业的传统业务领域，由于这种新型支付方式的快捷性和方便性，我国第三方互联网在线支付市场交易额保持快速增加，2012 年全年交易额规模达 3.8 万亿元。①

从信贷领域看，以阿里巴巴的小额贷款为代表。“阿里小贷”作为阿里巴巴的金融业务，通过创造“小贷 + 平台”的融资模式，为淘宝和天猫上的用户提供“订单贷款”和“信用贷款”两项业务，开辟了一个新的金融业务领域。目前，阿里巴巴集团正计划对金融业务进行重新组合，可能涉及支付、小贷、担保以及保险业务，将引起一场金融的革命。

与此同时，互联网金融的发展改变了银行的传统地位，银行业面临前所未有的机遇与挑战，促使银行在经营模式上的反思。银行在不断完善电子银行和网上商城等平台的同时，也积极探索开拓互联网金融新模式。

随着信息科技的快速变革，网络交易代替传统交易、网络支付（尤其是移动支付）代替传统支付、网络市场代替传统市场将成为金融服务发展的新方向，互联网金融代表着金融业创新发展的趋势，必将在金融市场上掀起新的潮流。

① 资料来源：易观智库。

4.

国际经济金融形势

4.1 全球经济形势概览

4.1.1 2012年世界经济总体形势回顾

2012年世界经济复苏道路坎坷。欧债危机恶化使本已脆弱的经济复苏态势再陷困境，发达经济体经济增长率持续下滑，新兴市场和发展中经济体增速放缓，最终导致全球经济向下滑行，财政紧缩、金融动荡、市场脆弱令投资、就业、制造等许多经济指标无好转迹象。

（1）世界经济增长率有所下降。

国际货币基金组织（IMF）在其发布的《世界经济展望》报告中预计，2012年世界经济增长率为3.3%，低于2011年的3.8%。其中，发达国家增长1.3%，比上年回落0.3个百分点；新兴市场和发展中国家增长5.3%，低于上年0.9个百分点；欧元区经济出现衰退；金砖国家俄罗斯、中国、印度、巴西和南非的经济增长率均低于上年（见表4－1）。

表4－1　2010～2013世界经济增长趋势　单位：%

地区	2010年	2011年	2012年	2013年
世界经济	5.1	3.8	3.2	3.5
发达国家	3.0	1.6	1.3	1.4
美国	2.4	1.8	2.3	2.0
欧元区	2.0	1.4	－0.4	－0.2
日本	4.5	－0.8	2.0	1.2
新兴市场和发展中国家	7.4	6.2	5.1	5.5
世界贸易	12.6	5.9	2.8	3.8

资料来源：IMF世界经济展望，2013年1月，其中2013年为预测值。

（2）全球贸易颇受影响。

经合组织（OECD）的数据显示，2012 年第一季度全球主要经济体商品贸易额仅微幅增长，第二季度世界贸易量环比增长不足 0.3%，增长放缓，第三、第四季度呈现温和增长态势，尤其是第四季度，七国集团和金砖五国的进出口总额环比分别增长 1.2% 和 1%（见表 4－1）。

表 4－2　　2008～2012 年世界贸易实际增长率　　单位：%

经济体	2008 年	2009 年	2010 年	2011 年	2012 年
世界贸易总量（货物和服务）	2.3	－12.5	13.9	5.9	2.8
出口					
先进经济体	0.9	－15.2	13.0	5.6	2.1
新兴和发展中经济体	4.3	－7.8	15.3	6.6	3.6
进口					
先进经济体	－1.1	－14.4	11.0	4.6	1.2
新兴和发展中经济体	8.6	－10.5	18.3	8.4	6.1

资料来源：IMF 世界经济展望，2013 年 1 月。

4.1.2　全球流动性趋于宽松

（1）各国采取过度的经济刺激计划。

为应对席卷全球的金融危机，各国政府纷纷采取扩张性的财政和货币政策等经济刺激措施，防止经济过度衰退。

由于短期利率接近零，传统的货币政策已近失效，美国开始“量化宽松”政策。2008 年 10 月启动了第一轮量化宽松政策（QE），注入 1.7 万亿美元；二次量化宽松注入经济体 6 000 亿美元；2012 年 9 月，美联储决定将从 9 月 15 日开始每月购买 400 亿美元的机构抵押贷款支持证券（MBS）——即 QE3，且并没有设置期限；12 月 12 日，美联储决定在年底“扭转操作”到期后，每月新增 450 亿美元长期国债购买规模，并首次将利率政策与失业率等具体的经济指标挂钩。

为解除市场对欧债危机的担忧，2011 年 7 月，欧元区领导人达成增加资金总额为 4 400 亿欧元的欧洲金融稳定基金灵活性的意向协议，鉴于欧债危机继续深度恶化的趋势，2012 年 9 月，欧洲央行启动了新一轮量化宽松政策：在二级市场无限量购买三年期以内主权债券的直接货币交易计划（OMT）。

2011 年 3 月 11 日，为应对地震海啸带来的危机，日本央行从 3 月 14 日到 22 日先后 6 次通过公开市场操作向短期货币市场注资，注资总额达 40 万亿日元，约合 5 000 亿美元。在 2012 年 9 月 20 日，日本央行又宣布了 10 万亿日元规模的量化宽松政策。

发展中国家和新兴经济体也纷纷采取减税、降息、增加政府投资等措施积极应对危机。2012 年，巴西央行连续 7 次降息将基准利率水平降至 7.5%，通过放松流动性试图挽救经济下滑。印度央行降息 50 个基点，为近 3 年来首次下调基准利率，同时将银行的法定流动比率从 24% 下调至 23%，现金存款准备金率下调 25 个基点至 4.5%。韩国央行于 7 月和 10 月下调基准利率各 25 个基点至 2.75%。此外，南非、菲律宾、越南、哈萨克斯坦、匈牙利等也分别下调基准利率。

（2）国际货币体系存在严重缺陷——美元独大格局。

布雷顿森林体系解体后，美元与黄金脱钩，成为不受发行量约束的国际信用货币。以纯粹信用本位制为基础的现行国家货币体系具有内在不稳定性，具体表现为“特里芬难题”，即全球化带来了对国际储备货币需求的不断扩大，但由于国际货币体系存在对美元的过度依赖，美元的过度扩张必然带来货币的不稳定性以及最终崩溃的可能性。

世界各国依赖美元主导的单一货币体系，导致新兴市场经济体积累大量美元外汇储备，引发汇率大幅波动和资本流动失衡。美国巨额的经常项目逆差导致各国外汇储备增加，各国央行在获得美元储备的同时需投放基础货币，基础货币的增加通过各国国内及国际金融机构的信贷创造，形成全球性的货币供应。

全球流动性膨胀的根源在于国际货币体系的制度安排，美国几乎是在毫无限制的情况下，对外提供流动性的高倍数扩张。而欧元的诞生加剧了这一局面的严重性。

（3）全球流动性宽松的危害。

美欧等国家向市场投入的巨额资金大量流入金融系统和资本市场，对实体经济提振作用有限，使得大宗商品价格上涨，美元出现贬值。当前发达国家呈现经济依旧低迷、需求不足、失业率居高不下和经济前景预期暗淡等问题。

全球流动性过剩提高了进口商品，特别是能源的价格的上涨。由于世界经济结构长期处于失衡状态，美国长期巨额“双赤字”，大量美元流向国际金融市场，形成全球资产价格泡沫，使得各国在一定程度上存在输入型通货膨胀。

美元作为世界主要储备货币和结算货币，美联储发行的新币 70% 流出美国，进入新兴经济体形成热钱，寻找投机套利机会，充斥和冲击各国资本市场、房地产市场等有利可图领域，抬高资产价格，严重冲击和扰乱各国金融秩序。

4.1.3 美国经济复苏后劲不足

自次贷危机引起全球金融危机以来，美国经济衰退之快、幅度之大、影响之巨是各界始料不及的。尽管美国实施空前力度的救助措施较快地摆脱了经济险境，并自2009年第三季度经济开始企稳回升，但实际GDP平均年增长率仅2.2%，经济复苏显得较为疲软乏力（见图4－1）。

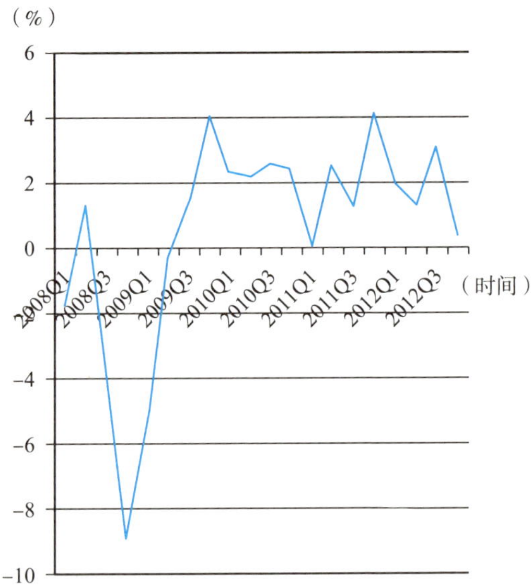

资料来源：美国商务部网站。

图4－1 美国GDP增幅年率（季度）

2012年，美国前三季度的经济增长率分别为2%、1.3%、3.1%，波动性较大，第四季度大幅回落至0.4%，经济复苏乏力主要有以下因素引起。

（1）居民消费信心不足。

尽管经济有所复苏，但保证美国消费的三大要素：收入、家庭负债率以及地产市场的财富效应，都难以支持个人消费的强劲增长。当前美国失业率较高，居民收入增长缓慢，家庭资产负债率依旧在去杠杆过程中，地产市场表现低迷，使得个人消费难以持续增长。此外，美国的量化宽松政策加快了国内CPI上涨幅度，加速房地产市场的再度泡沫化进程，这种负面影响对消费者信心造成打击（见图4－2）。

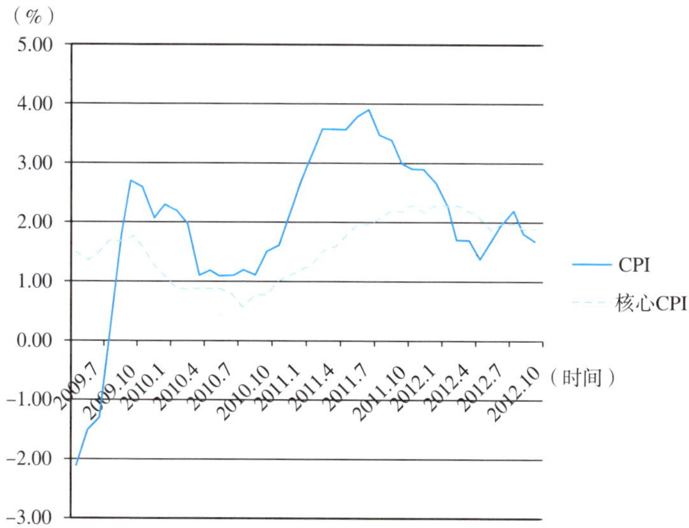

资料来源：Wind 资讯。

图 4－2　美国 CPI 与核心 CPI

消费是增长的动力，信心是消费的源泉，而信心则来自于对美国市场的预期。目前美国增长势头不稳定，消费者信心指数在 2012 年年末下滑，消费增速在下降，对整个 GDP 的贡献在减弱（见图 4－3）。

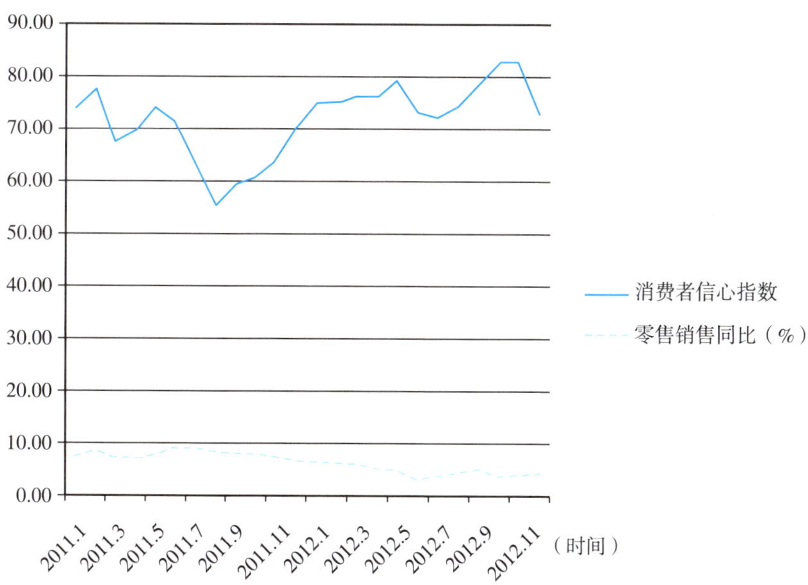

资料来源：Wind 资讯。

图 4－3　美国消费者信心指数与零售销售增长率

(2) 国内私人投资显著放缓。

2012 年，美国国内私人投资显著放缓，由第一季度的 6.1% 显著放缓至第二季度的 0.7%，第三季度则只有 0.5% 的微幅增长。其中，非居民住宅投资增速下滑明显，由第一季度的 7.5% 下降到第二季度的 3.6%，第三季度则呈现 1.3% 的负增长；非居民住宅投资中的建筑投资收缩最为显著，由第一季度的 12.9% 下降至 0.6%，第三季度则收缩了 -4.4%；软件及设备投资从第一季度的 5.4% 微跌至 4.8%，第三季度呈现零增长。低迷的企业投资可能反映出，随着美国财政悬崖的逼近，在政策面存在较大不确定性及海外需求放缓之际，企业不愿增加开支的暂时观望心理。

(3) 财政悬崖暂时性解除。

自美国次贷危机爆发至今，美国政府先后实施了五次大规模的财政刺激政策，财政刺激方案有效稳定了金融市场与实体经济，副作用也相当明显，联邦政府财政赤字不断攀升，政府债务与 GDP 之比超过 90%。美国财政悬崖即是美国也是世界经济面临的一道坎。

财政悬崖涉及两方面内容，一是小布什总统时期 10 年期减税政策在经过一次两年延期后，到 2012 年年底再度到期，是否延长；二是美国国债上限将于 2012 年年底触顶，若两党不能再 2013 年之前达成新共识，国会将启动自动减赤机制，即在未来 10 年内削减联邦政府开支合计 1.2 万亿美元。

美国国会在 2013 年 1 月 1 日通过了“财政悬崖”议案。尽管美国坠入“财政悬崖”的警报暂时得以解除，但由于它解决的只有增税问题，美国财政问题的另一方面，即减少开支和增加税务的问题没有涉及，因此并未完全消除未来财政政策的不确定性。伴随着财政悬崖的暂时性解除，其对企业、消费者的积极性影响也只是暂时性的得到缓解，并没有从根本上得以解除。

(4) 就业市场长期低迷。

美国经济自 2009 年第三季度恢复增长以来一直处于温和扩张之中，但新增就业速度却没有达到吸纳人口增长所需的至少每月 15 万个。到 2012 年美国内失业率为 7.8%，仍处在 2001 年以来的高位。失业率的下降很大程度上是由劳动参与率降低引起的，目前劳动力市场仍未摆脱低迷状况，且长期失业（失业持续时间在 27 周及以上）问题尤为突出，接近一半的失业人口已经有半年甚至更长时间没有工作（见图 4-4）。

4.1.4 欧债形势不容乐观

2012 年，欧洲经济异常低迷，欧元区核心国家经济走弱，重债国经济持续衰退，失业率创历史新高，严重制约了消费能力和信心。目前，欧债危机出现了由希腊等“外围国家”向意大利、西班牙等“核心国家”蔓延、从公共部门向

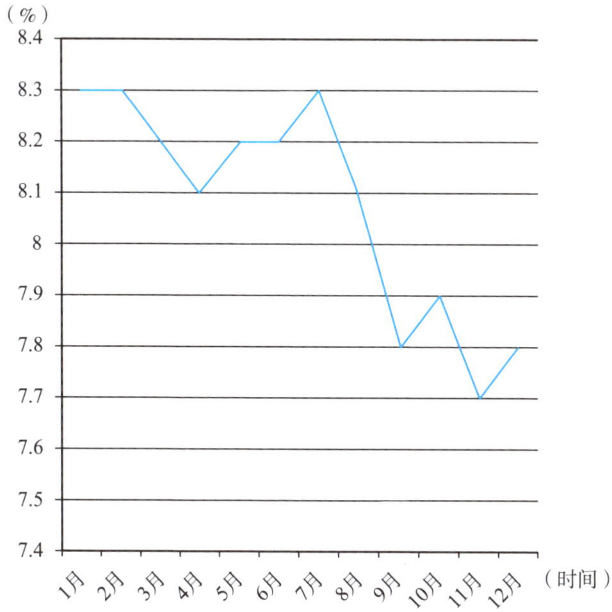

资料来源：美国劳工部网站。

图 4－4　美国 2012 年各月份失业率

银行业蔓延、从西欧地区向东中欧地区蔓延的趋势。

（1）欧债危机已影响至欧元区核心国家。

欧债危机严重阻碍了欧洲经济复苏的脚步，已显现出向欧元区核心国家蔓延的态势。意大利和西班牙的外部融资成本大幅上升：受悲观情绪影响，投资者正在抛售部分欧元区国家的国债，导致意大利长期国债收益率飙升至 7% 以上，西班牙长期国债收益率也在 6% 左右的高位徘徊。国债和银行发行的债券大部分为银行体系持有，债务危机存在自我实现的风险。高额国债收益率将使两国债务形势更加严峻，债务的紧张形势也使德、法等国家受到影响。

德国 2011 年 11 月发行总值约 60 亿欧元的政府债券，仅有 39 亿欧元被市场投资者认购，德国央行被迫买下其余部分，此次拍卖是欧元问世以来德国最不成功的一次国债发售，反映了投资者对欧元区经济前景的悲观预期。同时，市场开始担心法国的主权评级，并细致评估法国部分银行破产的可能性。据欧洲央行估计，欧元区债券市场的波动程度已超过 2010 年 5 月欧元区危机集中爆发时的水平。

（2）欧洲银行业风险正在不断升级。

对私人部门所持希腊债务进行 50% 的“减记”，约为 1 000 亿欧元，已给欧洲银行业带来很大损失。而欧盟峰会要求提高银行业的资本充足率在 2012 年年中之前达到 9%，这进一步加剧了欧洲银行业的“贫血”状态，欧洲银行业资金缺口约为 1 150 亿欧元①。而欧洲主要银行持有大量的意大利国债，一旦意大利出现问题，将对整个欧元区银行体系形成较大冲击，可能由此爆发银行业危机，并引发全球金融危机。德国政府在 2012 年对商业银行进行解困，成功地填补了 53 亿欧元的资金缺口，保持了核心银行稳定的经营业绩的同时，也反映了银行业的巨额风险须由政府来买单。

（3）债务危机出现了向中、东欧地区蔓延的态势。

许多中、东欧国家的银行由欧洲一些实力较弱的银行控制，如希腊银行控制着中、东欧 15% 的具有系统重要性的金融机构。如果欧元区债务危机继续升级，西欧国家银行可能从中、东欧撤资，从而引发中、东欧银行业的危机。2012 年 1 月 12 日，欧元区国家收紧了对东欧地区的信贷。奥地利央行下令，限制奥地利银行向东欧国家放贷；作为债务风险最高的东欧国家，匈牙利国债收益率突破 8.7%，已向国际货币基金组织（IMF）和欧盟提出寻求金融救助的正式申请。

欧债危机形势一波三折，对实体经济的影响日益加深。受欧债危机困扰，2012 年欧元区 GDP 增长率为 -0.6%，欧盟 GDP 增长率为 -0.3%；欧元区失业率持续上升，经济处于持续萎缩状态（见图 4-5、图 4-6）。

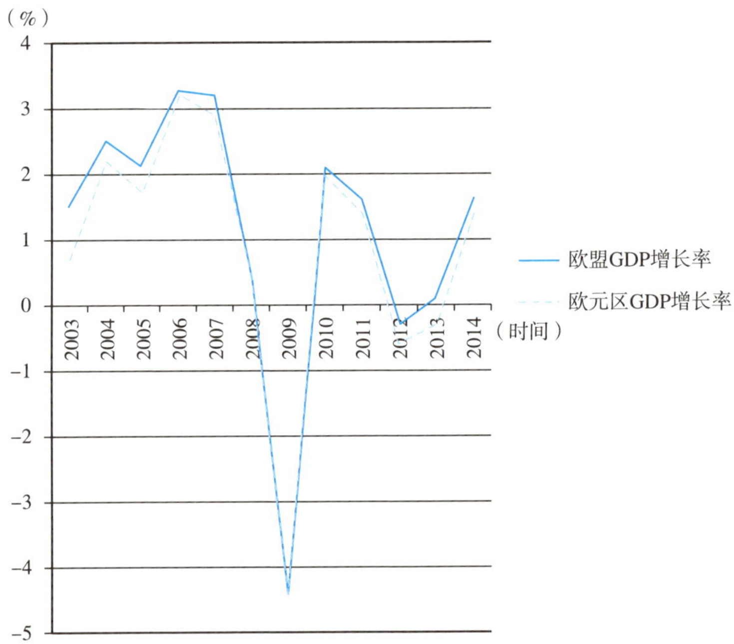

资料来源：欧盟统计局，其中 2013 年、2014 年数据为预测值。

图 4-5 欧盟与欧元区 GDP 增速

① 资料来源：欧盟银行管理局。

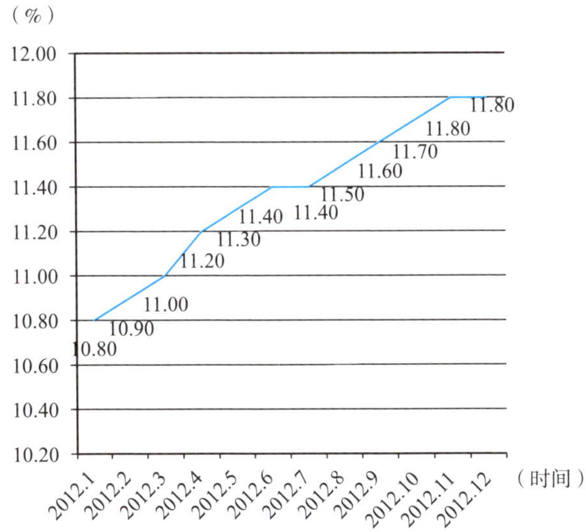

资料来源：Wind 资讯。

图 4－6　欧元区失业率

4.1.5　日本经济再度陷入衰退

（1）日本经济的总体形势。

2012 年日本为拉动经济增长，进行灾后重建推动了消费和投资需求的释放，总体经济在发达国家中的表现还不错。但是，随着私人消费需求疲软、固定投资下降、日中关系的紧张以及欧债危机蔓延、全球经济放缓，日本经济再度陷入衰退。由下图中看出日本经济在 2012 年后半年不景气程度很高，主导经济的制造业一直在下滑（见图 4－7、图 4－8）。

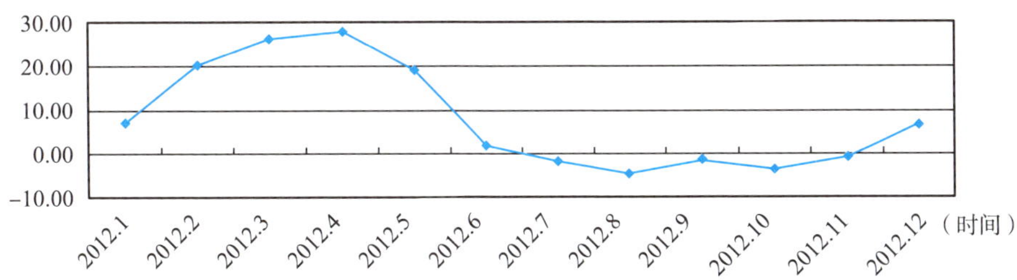

图 4－7　日本的经济景气指数

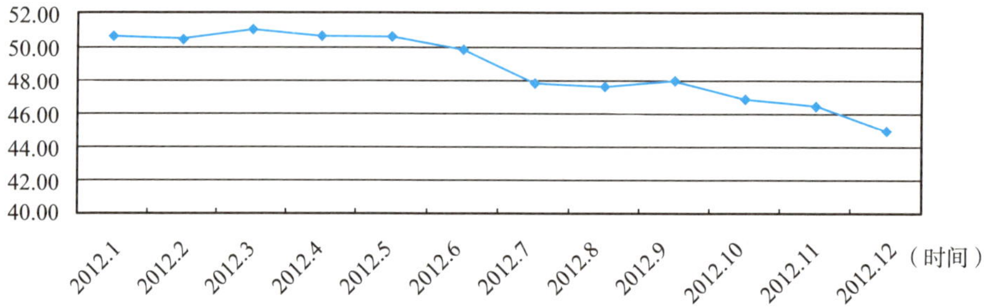

资料来源：Wind 资讯。

图 4 –8　日本的制造业 PMI

（2）衰退原因的分析。

首先，日本经济萎缩的主要原因在于几十年来深受通缩的影响，从 2012 年 CPI 趋势图中可以看到物价上涨率平均为负值，以及日本人口老龄化趋势的加剧（见图 4 –9）。根据最近的统计，日本 65 岁以上老人近 3 000 万人，占日本总人口的比例为 23%，而且每年都在增加，但是日本的总人口却在下降。老龄化会带来通货紧缩，楼市进入熊市，股市下挫，经济发展停滞。

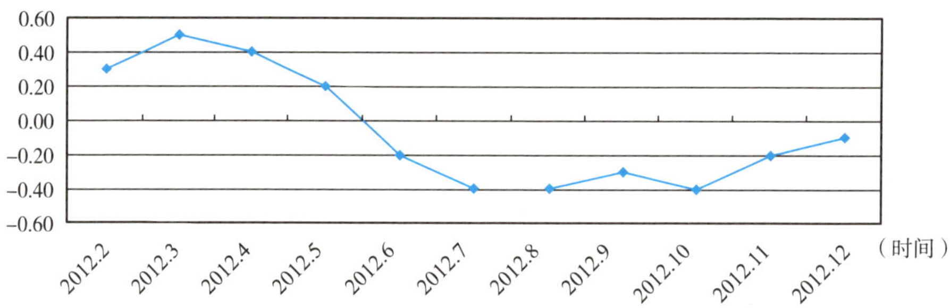

图 4 –9　日本的 CPI

其次，日本经济面对的海外市场难以拉动国内经济增长。目前全球经济在金融危机后发展速度放缓，同时欧债危机的持续恶化，给世界经济的复苏蒙上了阴影。加上日元走强，使其出口大幅下滑。2012 年第二季度，内需为当季经济增长贡献了 0. 4 个百分点，而外需贡献度是负 0. 1 个百分点；第三季度，日本外需对经济负增长的贡献度为 0. 7 个百分点，在过去的一年半中一直处于贸易赤字的状态。

最后，政权的频繁更迭，以及在日本政府债务总额相当高的压力下难以削减债务给经济复苏带来了更多的不确定性。2012 年年底，日本债务占 GDP 比重为 235%，美国的负债占 GDP 的比率约为 98%，欧元区成员国中这一比率最高的希腊为 159%，可见在发达经济中日本的是最高的，债务具有不可持续性。但政府为了采取扩张的经济政策，增加公共支出，只能采取发债或增税的方式。2012 年日本出台法案，将在 13 年内分阶段将消费税率从 5% 提高至 10%。此举会更加抑制消费需求。

4.2 国际金融业发展简析

4.2.1 国际银行业格局发生显著变化

次贷危机演变为全球金融危机，对全球经济产生了深远的影响，特别是引致国际金融业整体格局的调整，对国际银行业未来的走向产生持久影响。伴随欧债危机的爆发、蔓延以及全球金融监管的深化，这种影响仍在继续。2012 年全球银行产业的运行和竞争格局演变的主要特征如下。

（1）全球银行产业复苏缓慢。

英国《银行家》杂志公布的 2012 年全球 1 000 家大银行排名显示，在前 200 家银行中，只有 60 家银行的品牌价值实现微幅上升，其余 140 家银行的品牌价值都有下降，其中部分银行的评级相应地进行了下调。例如美国银行在 2011 年排名第一，品牌价值 340.76 亿美元，而在 2012 年排名第三，品牌价值降为 229.10 亿美元，其评级由 AAA－下调为 AA＋。中国银行在 2011 年排名 17，品牌价值为 132.57 亿美元，而在 2012 年排名 15，品牌价值为 128.57 亿美元，其评级由 AA＋下调为 AA－。英国巴克莱银行品牌价值由 2011 年的 173.58 亿美元下降为 135.52 亿美元。

（2）欧美银行仍占据主导地位。

2011 年公布的全球 1 000 家大银行排名中前 50 家银行有 32 家欧美银行，占比达 64%；2012 年前 50 家银行中有 35 家欧美银行，上升了 6 个百分点。在前 10 家银行中，除了排在第 9 位、第 10 位的巴西和中国的银行，前 8 位都是欧美银行，在前 10 强中美国主流银行占据了 5 席。可见欧美银行在全球银行业中仍占据主导地位（见表 4－3）。

表 4－3　2011～2012 年全球 1 000 家银行排名节选　单位：百万美元

2012 年排名	2011 年排名	银行名称	国别	2012 年品牌价值	2012 年评级	2012 年市场价值	品牌价值/市场价值	2011 年品牌价值	2011 年评级
1	3	汇丰银行	英国	27 597	AAA	122 741	22%	27 632	AAA
2	2	富国银行	美国	23 229	AA＋	133 473	17%	28 944	AA＋

续表

2012年排名	2011年排名	银行名称	国别	2012年品牌价值	2012年评级	2012年市场价值	品牌价值/市场价值	2011年品牌价值	2011年评级
3	1	美国银行	美国	22 910	AA +	50 527	45%	34 076	AAA –
4	4	桑坦德银行	西班牙	19 969	AAA –	59 551	34%	26 150	AAA
5	5	大通银行	美国	18 964	AA +	67 064	28%	19 150	AA –
6	9	花旗银行	美国	18 639	AA +	63 133	30%	17 133	AA
7	13	美国运通公司	美国	18 231	AAA –	53 475	34%	15 529	AA
8	12	法国巴黎银行	法国	16 809	AA +	42 347	40%	16 643	AAA –
9	6	布拉德斯科银行	巴西	15 692	AAA –	55 368	28%	18 678	AAA
10	10	中国建设银行	中国	15 464	AA	174 952	9%	17 092	AA
11	8	中国工商银行	中国	15 164	AA +	223 355	7%	17 194	AA
12	7	巴克莱银行	英国	13 552	AA +	26 845	50%	17 358	AA
13	11	伊塔乌银行	巴西	13 171	AA	73 534	18%	16 655	AA
14	14	德意志银行	德国	12 906	AA +	33 175	39%	15 169	AA +
15	17	中国银行	中国	12 857	AA –	120 074	11%	13 257	AA +
16	18	摩根大通银行	美国	11 602	AA +	49 589	23%	13 241	AA –
17	19	俄罗斯联邦储备银行	俄罗斯	10 772	AA +	54 723	20%	12 012	AA +
18	23	中国农业银行	中国	9 929	A +	132 157	8%	9 283	A +
19	16	高盛集团	美国	9 332	AA +	44 788	21%	13 406	AAA –
20	28	皇家银行	加拿大	8 647	AA +	67 734	13%	7 069	AA +

资料来源：《银行家》杂志。

（3）新兴经济体银行业发展加快。

1990年，发达国家银行在全球前1 000家大银行中的数量、资产和资本占比分别高达89.5%、86.3%和86.2%，占绝对统治地位；到了2011年降为55.7%、80.3%和74.7%。反观新兴市场的对应数字，则从1990年的22.7%、13.7%和13.8%；到了2011年则进一步上升为44.3%、19.6%和25.2%。

新兴市场地区一些银行因较好的经济快速增长、经济结构优化，而且市场开放、运营环境持续改善等利好因素而业绩大幅提升。新兴市场银行业在全球的地位将保持强劲上升的趋势。在2011年，前50家银行中新兴经济体银行有9家，占比达18%；而在2012年，前100家银行中有35家，占比35%。

世界金融的第二重心开始向亚洲倾斜，全球银行业格局转变势态明显，由欧盟、亚洲、美国构成三级主导格局。以2012年度全球银行前10强为例，美国、欧洲、新兴经济体各占5、3、2个席位，基本反映了三级主导格局（见表4－4）。

表4－4　　2011年各主要国家/地区在1 000家大银行中的表现

国家/地区	上榜数量（家）	总资产（10亿美元）	税前利润（10亿美元）	一级资本（10亿美元）	ROA（%）
全球	1000	101 641.0	709.0	5 434.0	0.69
欧洲	294	49 037.2	192.4	2 179.0	0.39
英国	20	9 705.4	36.1	449.3	0.37
德国	36	7 768.8	12.2	239.9	0.16
法国	7	8 696.3	47.0	309.4	0.54
意大利	22	3 329.6	13.9	158.8	0.42
西班牙	25	4 546.6	30.4	249.3	0.67
亚太	345	31 330.7	287.9	1 673.7	0.92
日本	102	11 928.1	43.2	561.2	0.36
澳大利亚	10	2 642.0	28.6	117.0	1.08
中国	101	10 999.6	149.8	619.5	1.36
韩国	9	1 313.2	9.6	85.2	0.73
印度	32	1 476.7	19.9	88.2	1.36
美洲	243	10 311.3	190.4	1 341.1	1.04
美国	218	5 639.1	123.1	1 077.9	
加拿大	10	2 961.9	29.7	140.0	1.01
巴西	12	1 638.0	36.3	116.5	2.16
墨西哥	3	72.3	1.3	6.7	1.81
中东	83	2 194.8	26.2	180.4	1.20
非洲	30	767.0	11.7	54.9	1.53

资料来源：《银行家》杂志。

（4）中资银行发展空间巨大。

2011年，前50位有6家中资银行；2012年也有6家中资银行在前50名之内，包括第10位的中国建设银行、第11位的中国工商银行、第15位的中国银行、第18位的中国农业银行。除了中国工商银行，其他5个的排名都有所上升。在前20名中，这四大银行占据了亚洲前4甲。可见中国银行业在全球1 000强银行俱乐部的地位得到了巩固。

虽然我国银行业目前总体评级不高，但中国工商银行和中国建设银行的总市值分别为2 233.55亿美元、1 749.52亿美元，远远超过排名在它们前面的前9家银行，中国银行和中国农业银行等银行的市值也是远远高于全球前50强银行。因此，我国的银行在未来有很大的发展潜力。

4.2.2 新版巴塞尔协议出台，国际监管改革持续推进

巴塞尔协议所提出的监管要求和监管方法体现了银行监管中的先进理念和银行风险管理的最佳实践经验，始终代表着国际银行业监管的方向和趋势，它既是指导各国银行业监管的核心原则，也是评价各国银行业资本充足水平和银行监管当局监管能力的国际性标准。

（1）巴塞尔协议的演进——银行监管改革的持续推进。

1988年7月，巴塞尔银行监管委员会通过了具有标志性意义的《关于统一国际银行资本衡量和资本标准的协议》，习惯称为《巴塞尔协议Ⅰ》。该协议早期主要针对成员国10国集团银行实行资本充足率监管，但随着时间的推移这项举措被全球银行业所普遍接受，成为全球银行业共同遵守的准则，巴塞尔协议自身的演进也反映了银行监管改革的持续推进。

《巴塞尔协议Ⅰ》反映出监管理念的根本转变。一是监管视角从银行体外转向银行体内；二是监管重心从母国与东道国监管责权的分配转移到对银行资本充足性的监控；三是注重资本金监管机制的建设。资本金监管的生命力在于它突破了单纯追求资本金数量规模的限制，建立了资本与风险两位一体的资本充足率监管机制。

2004年6月，巴塞尔银行监管委员会颁布了《统一资本计量和资本标准的国际协议》，也被称为《巴塞尔协议Ⅱ》。新资本协议从操作层面正式引入了全面风险监管的理念，充分考虑了银行可能面临的多种风险，风险敏感性也更大，较为全面地考虑了引起风险的多种因素，并力求把资本充足率与银行资产面临的主要风险紧密地结合在一起，在评判资产风险的计量方法上也为银行提供了多种选择，从而提高了资本监管的风险敏感度和灵活性。《巴塞尔协议Ⅱ》标志着以指标为核心的数量型监管模式正在逐步向以风险管理为核心的质量监管模式过渡。其最主要的特点则是建立了有效资本监管的三大支柱，即“最低资本要求、监管当局的监督检查、市场约束”，进一步丰富了资本监管的手段，从多个维度对银行风险管理能力提出了要求。

2012年12月发布的《巴塞尔协议Ⅲ》，既延续了《巴塞尔协议Ⅰ》和《巴

塞尔协议Ⅱ》以风险为本的监管理念，又超载了传统资本监管框架，确立了银行资本监管新标杆和新高变。《巴塞尔协议Ⅲ》更多地加强了《巴塞尔协议Ⅱ》银行监管体系中的资本充足率监管，其监管理念更倾向于风险的监管防范，更关注银行的资本质量与抗周期性风险的能力。该协议规定的最低资本金要求以及流动性监管新标准也被视为全球金融监管改革的核心。

（2）对《巴塞尔协议Ⅲ》主要内容的解读。

金融危机暴露了现行国际金融监管体系的内在缺陷，并在全球范围内引起了对既往监管理念、监管方式和监管有效性的深刻反思。后金融危机时期，国际金融监管体系正在进行重大调整。

2010 年 7 月 26 日金融危机暴露了现行国际金融监管体系的内在缺陷，并在全球范围内引起了对既往监管理念、监管方式和监管有效性的深刻反思。后金融危机时期，国际金融监管体系正在进行重大调整。

《巴塞尔协议Ⅲ》规定，截至 2015 年 1 月，全球各商业银行的一级资本充足率下限将从现行的 4% 上调至 6%，由普通股构成的“核心”一级资本占银行风险资产的下限将从现行的 2% 提高至 4.5%。各家银行应设立“资本防护缓冲资金”，总额不得低于银行风险资产的 2.5%，各国可根据情况要求银行提取 0% ~ 2.5% 的反周期缓冲资本，以便银行可以对抗过度放贷所带来的风险。此外，还提出了 3% 的最低杠杆比率以及 100% 的流动杠杆比率和净稳定资金来源比率要求。

《巴塞尔协议Ⅲ》的资本监管标准反映了国际社会对加强资本监管的共识和决心。该协议将资本监管的风险覆盖范围进一步扩大，而其最显著的变化则体现为提高资本金比率和引进“反周期”资本要求。

提高资本金比率，新规定将迫使银行为更大规模放贷和投资留出更多资本拨备。而且核心资本要求被大大提升，原先附属资本概念被弱化，监管者要求银行提高所持资本的质量，即要求银行将其资本结构中能够随时吸收损失的最高要素的普通股权益作为其第一级资本的最重要组成部分，从而迫使银行降低或是放弃对一些高风险资本类型的依赖。《巴塞尔协议Ⅲ》最大特征是，在银行业监管的核心价值观的选择上，安全已经远远超越了效率，银行将面临更加严格的监管环境，有助于打造一个更稳固的银行体系。

《巴塞尔协议Ⅲ》引入了“反周期”资本要求的概念，协议要求各银行须设立不低于风险资产 2.5% 的资本留存缓冲，其目的在于确保银行持有缓冲资金用于在经济金融危机时期“吸收”损失，以便银行能应付经济逆境带来的风险。

《巴塞尔协议Ⅲ》对最低一级资本比率要求在数量和质量上的大幅提升以及提出的“反周期”资本的新要求，可以清晰地反映出该协议中所蕴含的逆周期资本监管思路。所谓逆周期资本监管，是指资本监管要求随着经济周期不同阶段的转化而变。在资本数量方面. 经济扩张时期，商业银行应累积较多的资本以应对经济衰退时期的需要；在经济衰退时期，可以适当降低对商业银行资本的监管标准，促使商业银行增加信贷投放，推进经济的复苏。在资本质量上，经济扩张时期，商业银行资本结构中核心资本的占比应较高；在经济衰退时期，可以允许商业银行在资本补充上相对较多地依赖附属资本。

《巴塞尔协议Ⅲ》反映出全球金融监管理念开始从过度崇尚自由化和市场化转向加强监管，金融监管从严的趋势逐渐显现，资本监管、流动性监管、信息披露等方面的监管标准都大大提高，在注重微观审慎监管的前提下，更加强调宏观审慎的监管原则，金融监管范围也更为全面。

(3)《巴塞尔协议Ⅲ》对我国银行业的影响。

首先，按照新协议的要求计算资本充足率，会使我国商业银行的资本充足状况下降，资本充足率水平偏低将是我国银行长期面临的一个难题。

其次，随着金融市场的发展和金融创新的不断涌现，现代商业经营中市场风险和操作风险在银行管理中日益突出。而我国对于风险资产及资本充足的监管，主要是考虑信用风险，基本上没有考虑市场风险、汇率风险、价格风险以及在操作和技术等方面的风险。因此按照新协议的要求，我国银行必须由单一信用风险管理转向实行全面风险管理。而实行全面风险管理要求银行对信用风险、市场风险和操作风险实行统一的风险计量、控制和报告，需要在定性与定量相结合的基础上开展统一协调的管理工作。目前，我国大多数商业银行还达不到这一要求，难以实现有效的全面风险管理。

再次，由于我国整个社会信用制度欠发达，国内的信用市场尚处于发展阶段，中介性的信用评级机构很少。目前主要有中诚信和大公信用评级两家，参与信用评级的企业主要是为了发行债券，评级企业只有 200 家左右。由于国际化程度不高，我国企业获得国际承认的外部评级数目就更少了。那么在目前的信用评级条件下，如果按照新协议采用的标准法，我国商业银行的大多数资产都是未评级的，风险权重达到 100%。对于 BB 级以下企业的资产，风险权重为 150%，那么信用较差的企业将会倾向于未评级一组，这样在标准法下对银行的风险管理是不利的。

最后，新协议在银行监管方面特别强调了监管制度的灵活性和针对性，因为不同国家不同银行的经营状况、风险管理能力以及技术水平等方面是不尽相同的，所以对银行进行监管时，要充分考虑这些差异，区别对待，避免整齐划一。因此我们要根据各银行所处的具体情况，提出针对性强、灵活性大的方案，进行分类监管，这必然会增强银行监管工作的难度和复杂性。这是新协议对我国银行以后的监管工作提出的重大改革之处。

第三篇

影响银行业经营的重大因素

在全球经济金融市场格局深刻变化，中国经济金融体系深度改革的趋势下，中国银行业的经营环境日益复杂，中国银行业未来的发展正面临着城镇化、利率市场化、金融科技化、融资多元化的机遇和挑战。

城镇化是党的十八和“十二五”规划中的重要部署，在新农村建设过程中，基础设施建设、消费信贷、土地流转等都蕴含着巨大的信贷需求，为银行提供了一定机会。但是银行要想在城镇化过程中获利就必须根据各地城镇化建设的不同情况，找准金融支持切入点，避免盲目进入，警惕成为政府城镇化的提款机，要利用产品研究和创新严格控制风险。

利率市场化是对内金融改革的重要任务，在2012年已经取得了一定的进展。在银行风控水平和公司治理能力不强的前提下，市场化过程中可能会出现道德风险和逆向选择的问题，因此我们认为在利率市场化的同时可以适度降低银行业准入门槛，而且建立存款保险制度、有效发挥宏观审慎监管的作用也是题中之意。

融资多元化既是利率市场化的结果，但同时又会加速利率市场化的实现，它是满足现代金融需求的必然，但其灵活多变的特点，也会对银行存款、贷款形成双向分流、双向脱媒压力。多元化融资会让金融覆盖面更广、整体金融服务效率更高，需要鼓励，银行也应当积极顺势而为，不过，严守风险、坚持稳健或将是商业银行守住其市场地位的一件法宝。

金融科技化是在第三方支付平台引领的互联网金融强势登场后对银行传统支付产业产生极大冲击的现实中，银行不得不迎合的金融业深度变革。互联网金融在降低银行业交易成本、提高客户覆盖率、解决风险控制问题方面有巨大的优势，银行要避免成为金融业“恐龙”，就必须主动顺应这一趋势。

本篇将详细阐述以上几点对银行业未来发展有重要影响的“四化”因素，以期为中国银行业在金融业深度改革、银行业亟待转变盈利模式的发展趋势中提供参考。

5.

“四化”因素影响银行业经营发展

5.1 城　镇　化

随着我国城镇化率的不断提高，城镇也越来越受到关注与重视。加快推进城镇化进程，是党的十八大作出的重要部署。在 2012 年 11 月党的十八大召开期间，“城镇化”、“城乡发展”等词被多次提及，城镇化发展进程也得到了密切的关注。未来中国要坚持走中国特色新型工业化、信息化、城镇化、农业现代化道路，推动信息化和工业化深度融合、工业化和城镇化良性互动、城镇化和农业现代化相互协调，促进工业化、信息化、城镇化、农业现代化同步发展。①

城镇化的快速发展给银行业务拓展带来了巨大的市场机遇，银行业也为城镇化建设提供了重要的金融支撑，与此同时城镇化的迅猛发展也不可避免地给银行业带来了相应的金融风险。因此，把握机遇、提供支持、防范风险，成为银行业在城镇化建设中开展业务的重要着力点。

5.1.1　我国城镇化建设的进程和方向

城镇化是指伴随着经济增长，由产业结构非农化而引发的生产要素由农村向城市流动和集中，在城市体系不断升级的同时，农村的生产方式、生活方式逐渐与城市接轨、最终实现城乡一体化的过程。衡量城镇化进程的一个最主要的标志，就是“农转非”，即由农民转变为市民的规模。改革开放以来，我国城镇化水平得到了大幅提升，近十年中国城镇化进程明显加快，城镇化率每年大约提高 1 个百分点，并在 2011 年首次超过 50%（见表 5－1）。据此速度预计，到 2020

① 资料来源：摘自中共十八大报告。

年，中国城镇化率将超过60%。

表5-1　　1978年以来我国城镇化水平　　单位：%

年度	城镇化率	年度	城镇化率
1978	17.92	1995	29.04
1979	18.96	1996	30.48
1980	19.39	1997	31.91
1981	20.16	1998	33.35
1982	21.13	1999	34.78
1983	21.62	2000	36.22
1984	23.01	2001	37.66
1985	23.71	2002	39.09
1986	24.52	2003	40.53
1987	25.32	2004	41.76
1988	25.81	2005	42.99
1989	26.21	2006	44.34
1990	26.41	2007	45.89
1991	26.94	2008	46.99
1992	27.46	2009	48.34
1993	27.99	2010	49.95
1994	28.51	2011	51.27

资料来源：《中国统计年鉴（2012）》。

（1）我国城镇化发展的阶段特征。

我国城镇化发展自1978年改革开放以来可以分为两个阶段。

①第一个阶段（1978～2000年）。

我国农村改革的逐步推进使得农业劳动生产率得到提高，农村出现了剩余劳动力，具备了向城镇部门或者非农业领域转移的条件，1984年，国家允许农民进城务工的政策出台，开启了政府对劳动力流动政策的改革。

这段时期我国走的是一条依托小城镇的农村城市化道路，有效地克服了城市建设资金不足和就业容纳能力低的限制，在不利的城市化初始条件下，推动了城镇化进程的发展。

这段时期我国城镇化的特点为：首先是小城镇优先发展策略，政府出台的多项政策都有意识地向小城镇倾斜，保障小城镇的发展优先权。其次是人口迁移模式的多元化。这一时期的人口迁移趋势总体上是农业人口向非农产业转移，但在空间位置上，表现为两种模式，一种是就地转移，也就是农村城镇的扩张或者新的城镇的产生；另一种是向城市转移，结果是城市的扩张。

从我国的城镇化进程看，1988 年之前我国人口流动更多表现为就地转移，进入 20 世纪 90 年代以后，随着城市改革的推进，向城镇集中的农村劳动力逐渐成为主流。

②第二个阶段（2001 年至今）。

党的十六大和十七大的召开使城镇化发展模式开始发生重大转变，与新型工业化道路相匹配，多元化协调型的城镇化发展模式成为指导城镇化实践的重要方针。

这一时期城镇化的主要特点为：首先，摒弃优先发展小城镇的传统理念，强调大、中、小城市和小城镇的协调发展。党和政府在 2001 年的“十五”发展规划中首次对传统的抑制大城市发展的基调进行了转变，2002 年党的十六大报告、2005 年党的十六届五中全会、2007 年党的十七大报告均对我国新时期的城镇化模式转换指明了方向。

其次，强调以人为本，注重城镇化建设的全面性、协调性和可持续性。主要体现是加快转移劳动力在城镇中的就业平等权、城市居住权和市民基本权利，弱化传统的城市就业市场的二元分割制度。同时，城镇化由粗放型建设模式转向集约型模式，城镇化建设开始注重以土地为代表的自然资源的节约型使用以及对环境资源的保护。

（2）我国区域城镇化的布局特征。

我国的区域城镇化布局呈现出两个特点。

①经济较发达的地区城镇化率较高。

2011 年，我国城镇化率为 51.27%。表 5－2 的左侧为超过全国平均水平的省份，右侧为低于全国平均水平的省份，城镇化率较高的省份主要是由大部分东部地区省份构成，中部地区的经济较发达的省份如黑龙江、湖北、内蒙古和吉林的城镇化率也超过了全国平均水平，西部地区仅有一个直辖市重庆市的城镇化率超过了全国平均水平。

表 5－2　　2011 年我国各省市城镇化率　　单位：%

省份	城镇化率	省份	城镇化率
上海	89.3	江苏	61.9
北京	86.2	福建	58.1
天津	80.5	内蒙古	56.62
广东	66.5	黑龙江	56.5
辽宁	64.05	重庆	55.02
浙江	62.3	吉林	53.4

续表

省份	城镇化率	省份	城镇化率
湖北	51.83	四川	41.83
山东	50.95	广西	41.8
海南	50.5	河南	40.57
宁夏	49.82	甘肃	37.15
山西	49.68	云南	36.8
陕西	47.3	贵州	34.96
青海	46.22	西藏	22.71
江西	45.7		
河北	45.6		
湖南	45.1		
安徽	44.8		
新疆	43.54		

资料来源：《中国统计年鉴（2012）》。

从构成的省份看，东部沿海地区，经济相对发达，城镇化水平普遍较高，城乡融合的程度也较高，尤其是环渤海地带、长江三角洲和珠江三角洲地区显得更为突出。在中西部地区，城镇化发展速度相对缓慢，城镇数量较少，规模较小，城镇化水平较低，城乡分割的二元结构仍然较为明显。

②城镇化率较高的省份增速较慢。

2005～2011 年，我国 31 个省市的城镇化率平均增速为 1.3 个百分点。我国城镇化率最高的上海市年均城镇化水平仅增长 0.04 个百分点，北京年均增速为 0.52 个百分点，城镇化水平在 60% 以上的 7 个省份，只有江苏省年增速超过 2 个百分点，其他 6 个省的城镇化率增速均低于全国平均水平；中部地区的两个增速较低的省份吉林省和黑龙江省的城镇化率也高于全国水平；西部地区除了新疆和西藏外，年均增速均超过平均水平（见表 5－3）。

表 5－3　　2005～2011 年我国各省市城镇化率增速　　单位：百分点

东部		中部		西部	
北京	0.52	山西	1.51	重庆	1.96
天津	1.08	内蒙古	1.88	四川	1.77
河北	1.58	吉林	0.18	贵州	1.61
辽宁	1.07	黑龙江	0.68	云南	1.46
上海	0.04	安徽	1.86	西藏	－0.79
江苏	2.36	江西	1.34	陕西	2.01

续表

东部		中部		西部	
浙江	1.26	河南	1.98	甘肃	1.42
福建	2.12	湖北	1.73	青海	1.39
山东	0.19	湖南	1.42	宁夏	1.5
广东	1.16			新疆	1.27
广西	1.64				
海南	1.06				

资料来源：根据《中国统计年鉴（2012）》整理得出。

（3）我国城镇化发展的问题和现状。

①人口城镇化滞后于土地城镇化。

我国城镇化中存在明显的“重物轻人”倾向，过于重视城市空间拓展，忽视人口城镇化水平提高。自1996年以来，城镇建设用地面积从1.3万平方公里扩大到5.7万平方公里，增长了338%；但同期城镇人口从2.99亿增加到6.22亿，增长了108%，部分城镇人口仅仅实现了空间集聚和生产方式转变，没有实现生活方式转变。自2003年以来，土地城镇化快于人口城镇化20个百分点。从2001年开始，中国的土地城镇化增速均快于人口城镇化速度（除2009年外），也即城镇建成区快速增长，但是集聚的人口则明显滞后。[①] 当前我国城镇人口中包含了1.67亿社会保障水平较低的农民工，大部分农民工只是个体进城，多数家庭成员仍然居住在农村，2009年农民工带眷系数仅为0.22，农民工仍然大规模往返于城乡之间，没有成为完整城镇人口。

②资源浪费严重。

我国城镇化主要依赖于廉价的土地、能源投入，对生态环境影响较大。目前我国人均建设用地已经达到130多平方米，远远高于发达国家人均82平方米和发展中国家人均83平方米的水平；而且，“隐性”土地浪费严重，劳动人口和供养人口空间分离的方式导致土地资源浪费严重，进城务工人员在城镇居住却在农村大量修筑房屋，造成了我国农村人口比率大规模下降的同时农村建设用地面积不降反增。而且，我国城市建筑能耗相对较高，与相同气候条件的西欧和北美国家相比，我国住宅单位采暖能耗多50%～100%。

③城镇化滞后于工业化的局面已改观。

从发达国家的经验看，城镇化与工业化的发展是比较协调的。如日本在1947～1975年的工业化加速阶段，工业化水平从28%提高到36%，同期城镇化水平从28%增加到35%，增加了47个百分点。韩国在1960～1981年的工

① 巴曙松：《新阶段城镇化带来投资需求》，国研网数据库。

业化加速阶段，工业化水平从20%提高到39%，同期城镇化水平从28%提高到36%，增加了28个百分点。

从经济发展阶段看，城镇化与工业化应当协调发展。我国自改革开放20多年来，工业化有了显著提高，尽管城镇化推进迅速，但不仅滞后于发达国家水平和世界平均水平（见表5-4），同时滞后于经济发展水平，从城镇化率与工业化率的关系来看，城镇化约滞后15个百分点左右。

表5-4　城市人口比重　单位:%

国家或地区	2000年	2005年	2008年	2009年	2010年
中国	35.8	40.4	43.1	44.0	44.9
世界平均	46.7	48.7	50.0	50.4	50.9
美国	79.1	80.8	81.7	82.0	82.3
英国	89.4	89.7	89.9	90.0	90.1
日本	65.2	66.0	66.5	66.6	66.8
韩国	79.6	80.8	81.5	81.7	81.9

资料来源：《国际统计年鉴（2012）》；世界银行WDI数据库。

2003年我国的城镇化率第一次超过了工业化率，2008年实际上已经高于工业化率2.74个百分点。2009年，我国的城镇人口已经达到了6.22亿人，城镇化率提高到46.6%，比2008年提高了近1个百分点，我国的城镇化率已经逐步接近中等收入国家的平均水平，城镇化长期滞后于经济社会发展的局面已经得到改观（见图5-1）。

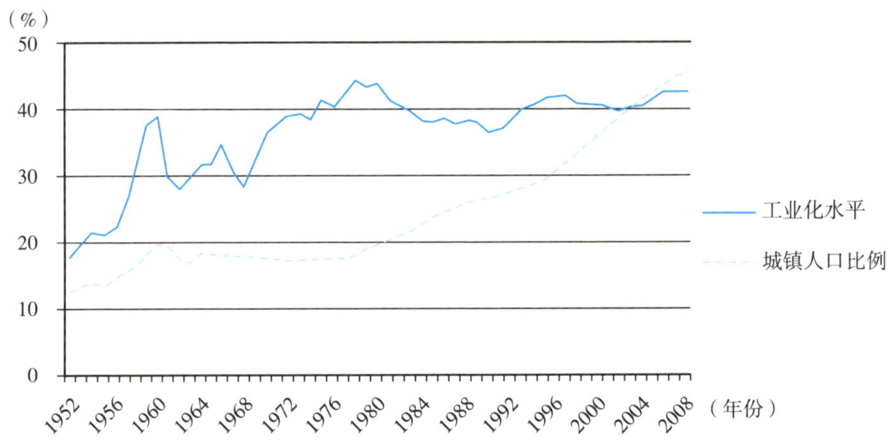

注：工业化水平为工业生产值占国民生产总值的比重。
资料来源：根据《新中国60年统计资料汇编》数据整理得出。

图5-1　我国城市化水平与工业化水平的差距

（4）我国未来新型城镇化的发展方向。

从国际经验看，城镇化率处于30%～70%时期，是城镇化快速发展阶段。目前，我国已进入中等收入国家行列，我国的城镇化率刚刚超过50%，未来几十年我国最大的发展潜力就在新型城镇化，新型城镇化将是带动经济增长的重要引擎。

新型城镇化区别于传统城镇化，是指资源节约、环境友好、经济高效、社会和谐、城乡互促共进、大中小城市和小城镇协调发展、个性鲜明的城镇化。新型城镇化更加重视城镇化质量，强调适度和健康的城镇化发展速度，其目标指向应是“适度的城镇化增速”、“投资环境的改善”和“人居环境质量的提升”。

①与工业化协同发展的城镇化。

新型城镇化从城乡分割的现实出发，注重工业反哺农业、城市支持农村；注重城市公共服务向农村覆盖、城市时代文明向农村扩散，让城镇化的进程成为促进农业增效、农民增收、农村繁荣的过程，以形成城乡互补、共同发展的良好格局。

新型城镇化适应工业化的要求，有效发挥促进工业化的作用，实现工业化与城镇化相辅相成、互相促进。同时，为农业和农村的发展创造更有利的条件，使落后的二元经济结构转变为工业化城镇化协调推进、城市和农村协调发展的一元化现代化结构。

②资源节约环境友好的城镇化。

新型城镇化与城市生态化相结合，走环境友好的城镇化道路，走发展和智力同步的道路，按照“资源节约和环境友好”的要求，努力发展低耗经济、低碳经济、循环经济，节能减排，保护和改善生态环境，按照城市标准，对垃圾、污水、噪声等污染物进行达标处理和控制，增加绿地、林地面积，突出城市生态建设，推动城市与自然、人与城市环境和谐相处，建设生态城市。

③因地制宜、路径多样的城镇化。

实现从传统工业化到新型工业化的转变，就是按照资源集约的要求，注重产业的合理布局与配套集群发展；注重做大做强新兴产业，尤其是现代服务业；注重生产工艺流程创新升级，推动城镇向数字域、信息域、智能域、知识域方向发展，促使城镇地理空间优化、中心城市与卫星城镇共同繁荣，造就城镇宜居宜业宜游的环境。

④转移劳动力市民化的城镇化。

只有劳动力的非农业化和劳动力的空间转移不是真正意义上的城市化，仅有人口的集聚和产业的优化而没有生活质量的提升、人居环境的优化也称不上高质量的城镇化。要改革城镇人口社会管理制度，逐步建立城乡统一的居住地登记体制，让外来常住人口在医疗、教育、养老、失业救济等方面与城市人口享受平等的权利，赋予外来落户人口以完全的“市民权”。

5.1.2 城镇化过程中银行业面临的发展机遇

对银行业而言，城镇化在地域上联系着城镇和农村，在产业上联系着工业、服务业和农业，在促进经济发展上联系着投资和消费，既是金融支持经济结构调整的重点和引擎，也是银行业实现自身转型发展所仰仗的动力，给银行业发展带来新一轮的机遇和挑战。

(1) 城镇化过程中的聚集效应。

聚集效应是城市最本质的特征，也是影响城镇化进程的最重要的经济规律。聚集效应是指由于劳动和资本等生产要素的集中所产生的高效益。城市化的发展是追求聚集经济效益的结果，城市化的快速发展必然会带来规模和聚集效应。城市化对金融发展的作用正是通过聚集效应实施的。[①]

①城市聚集效应会带来企业聚集。

城市化是伴随着工业化发展起来的。工业化过程中企业大量聚集于城市，城市聚集效应提高了工业企业的经济效益，驱使其扩大企业规模，以带来更多的经济利益。在企业的规模扩张中，资金是首要考虑的问题。因此，企业大规模扩张形成的对资金的强烈需求在很大程度上促使金融业的产生与发展。

②城市聚集效应会带来人口聚集。

城市化伴随的第二产业和第三产业的发展，大大增加了就业机会，从而加快农村剩余劳动力的转移，带来城市人口聚集。人口聚集会带来多方面的影响。

首先，职工在领取工资后收入中的一部分必然用于消费，这将促进当地工业和服务业的成长，并使城市中的另一部分人的收入增长，从而导致消费的进一步增长。消费—收入效应所带来的对货币交易、投机需求以及对金融服务的需求正是金融机构发展的根本原因之一。

其次，人口聚集会增加对基础设施和公共服务设施的需求。随着城市化带来的人口扩张，城市开始出现交通拥挤、水资源稀缺等现象。我国法律规定不能发行地方市政债券，我国的基础设施建设资金主要来自于财政支出。在财政资金短缺时，我国的国有金融机构就承担起“第二财政”的重任，这也在一定程度上扩大了国有金融机构的规模。

最后，人口聚集带来城市宜居土地面积短缺，城市房屋紧俏，城市住房价格与收入之比渐高，这在一定程度上带来了房地产行业的空前发展。房地产行业具

① 许丽英：《中国金融发展与城市化进程》，载于《中国软科学》2006 年第 10 期。

有资金需求量大的特点。房地产行业的空前发展，以及按揭贷款的增加都在一定程度上促进了金融业的发展。

③城市聚集效应会带来资本聚集。

城市化的过程是第一产业比重逐渐减少，第二产业和第三产业比重逐渐增加的过程。在此过程中资本越来越多地集中在企业中，企业间交流合作不可避免，因此企业间往来从根本上要求成立一个票据结算机构。另外，各种要素、资源在城市内的集中以及社会分工和专业化水平的提高必然导致资源流向生产效率更高的部门，完成资源的再配置过程，提高城市经济系统的生产效率，并且有利于产业结构的优化和多元化，此过程也离不开金融体系的支持。因此，只有成熟和发达的金融体系才能更好适应产业发展的特殊要求。

综上所述，城市化通过人、财、物的聚集，加大了城市经济中的资金需求，促进金融体系的稳定快速发展。

（2）城镇化建设给银行业带来发展机遇。

城镇化将给商业银行带来较大发展机遇。从产行业层面看，在基础设施建设领域、土地和房地产开发领域、产业升级和集聚领域、以现代服务业为主的第三产业，以及个人信贷业务领域方面，城镇化建设都将给商业银行带来巨大商机。从区域层面讲，城镇化程度相对不足的中西部地区必将成为城镇化建设的重点。商业银行在信贷资源的区域配置上，可向中西部地区发展条件较好，正在或可能形成新的城市群和新的增长极的区域适当倾斜。

①基础设施建设领域。

城镇化进程的基础条件是城市基础设施和公共服务设施的完备，包括：市政基础设施（水、电、路、气、暖、通信、环保）、公共服务设施（教育、医疗、文化、科技）、生产性基础设施（工业园区、市场体系、旅游设施）等。城镇化建设的快速发展意味着这些领域将成为银行业务发展的重要方向。

根据历史经验数据，新增基础设施建设投资伴随着城镇化的提高而不断提升，两者的相关性在1995～2011年间达到0.9。假设城镇化率继续保持每年1个百分点的增长，则2015年城镇化率将达到55%，同时产生的基建资金需求将为11.2万亿元。2020年城镇化率将达到60%，则2012～2020年间共产生27.8万亿元的基建投资需求。仅2011～2015年轨道交通资金需求达到8 000亿～10 000亿元。目前已经有28座城市的轨道交通规划通过国务院审批，33个城市完成了轨道交通规划。按照地铁建设每公里的造价平均4亿～5亿元计算，则2011～2015年规划的2411公里新增里程地铁所需的资金需求将达到8 000亿～10 000亿元，2016～2020年将至少产生1万亿元的融资需求。[①]

① 巴曙松：《新阶段城镇化带来投资需求》，国研网数据库。

以国家开发银行为例，2012 年新增煤电油运、农林水、通信和公共基础设施建设贷款为 3 382 亿元，2013 年一半以上的新增贷款将投向城镇化及配套建设。如果按照城镇化基本完成阶段城镇化率 70% ~80% 计算，我国城镇基础设施投资还有很大空间。根据历史数据，银行贷款约占城镇固定资产投资总额的 25%，大规模基础设施建设的资金需求为银行业带来了潜在的发展机遇，给商业银行的信贷结构调整提供了契机，促进商业银行的信贷投放由传统工商企业更多地转向城市基础设施建设。这样既有利于信贷风险防范，更有利于扩大优质信贷市场。

②土地和房地产开发领域。

随着城市化进程的日益加速，“城市经营”① 正在成为一种全新的城市建设理念。城市经营的核心是运营城市空间资源，建立与完善土地储备制度②、合理调控与配置土地资源。而这种城镇化过程中的人口流动与集聚、土地流转和综合利用必然带来土地、住房方面的巨大需求，商业银行可择优支持土地整理及储备、园区开发、商品房和保障性住房项目等。

首先，商业银行参与城市经营过程有利于银行业务范围的进一步拓展。银行通过提供对房地产开发、建筑施工、个人住房消费贷款的全过程、全方位、多功能、差别化的一条龙优质金融服务，能在时间上和空间上从市场、政策、客户群体、政府支持、管理经验等方面获得更广泛、快速的发展机遇，占据具有很大潜力的土地金融业务市场。

其次，银行业参与城镇化建设中的土地经营业务有利于银行调整信贷结构，化解信贷风险。商业银行开办的土地储备贷款等土地金融业务收益较稳定，土地抵押加财政担保方式下的贷款风险较小。而且贷款主体资金需求相对集中，便于管理。此外由于土地资源的不可再生性、自然增值性和级差地租等特点，以土地作为抵押的金融风险远比其他生产经营行业贷款风险小，投资收益高。我国已实施土地制度改革的城市土地金融实践证明，贷款逾期不良率均未超过 2%，反而通过土地经营给贷款银行带来了巨大的沉淀资金存款和银行效益。

在房地产开发方面，我国城镇居民住宅消费将在今后相当长的时期内保持较

---

① 城市经营，或称“经营城市”，是计划经济向市场经济过渡时期的一种创新理论。于 20 世纪 90 年代提出，我国大连、青岛等地率先引入这一概念，总结出具有地方特色的经营城市。经营城市即政府在市场经济条件下，运用市场营销手段对城市各类资源、资产进行资本化的运作与管理，优化城市功能和环境，提升城市的区域价值。土地经营是经营城市的核心要素，城市政府通过经营土地，盘活城市存量资产，促使城市资产重新配置和优化组合，从而建立多元化的投融资渠道，不断扩充城市建设的资金来源。

② 土地收购储备制度是指由政府依照法定程序，运用市场机制，按照土地利用总体规划和城市规划，通过收回、收购、置换和征用等方式取得土地，进行前期开发和存储后，以公开招标、拍卖出让方式供应土地，调控各类建设用地需求的制度。

快的增长局面，成为我国消费市场中的主流产品，房地产业已经成为国家扩大内需、拉动国民经济增长的主要手段之一，具有良好的发展前景。从银行自身业务发展来看，国外商业银行房地产贷款占其全部贷款的比重一般在30%以上，而我国商业银行目前的住房信贷业务与国外商业银行相比还有很大差距，蕴含着较大的提升空间。

③产业升级和集聚领域。

城镇化对区域产业结构的演变具有支撑、拉动、载体等作用。城镇产业结构和服务设施随着城镇化的发展和城镇规模的不断扩大完善，这又将会促进工业化的集约发展和产业结构的演进，从而导致产业结构多元化和高度化，促进产业升级和集聚。

传统产业的改造提升、战略性新兴产业和企业集聚发展是实现新型城镇化的必要保障，而产业升级与金融业支持密不可分。商业银行可以借助国家支持新兴产业的契机，通过为农业产业化，节能环保、循环经济项目，技术较成熟、以内需为主的战略性新兴产业以及产业集群化（产业园区）项目等技术型企业发放贷款来优化自身贷款结构。

以城镇化带来的战略性新兴产业为例，建银国际正在从行业研究、Pre－IPO、IPO、Post－IPO等多方面加大对新兴产业的投入力度，力争孵化和培育更多如腾讯、阿里巴巴式的世界级企业；北京市科委与北京银行合作，成立了中关村海淀园支行、健翔支行等科技型中小企业特色支行，同时，北京银行向北京市科委支持的符合战略性新兴产业发展方向的优质企业和重点项目提供200亿元意向性融资授信额度，其中向生物医药企业提供50亿元专项授信额度。这些都表明，战略性新兴产业的发展给商业银行带来了重大机遇。①

④现代服务业为主的第三产业。

三次产业在城镇化建设过程中所起的动力作用是不相同的：第一产业是城镇化的基础动力，第二产业是城镇化的核心动力，第三产业是城镇化的后续动力。工业化带来的是城市规模的扩张和城市数目的增多，即城市化在量上的扩张，第三产业的发展则是促进了城市化软硬件设施的完善和人民生活水平的提高，即主要表现为城市化在质上的进步。

第三产业大多是劳动密集型和知识技术密集型产业，能吸纳较多的劳动就业（见表5－5）。从表5－5可以看出，2005～2011年我国第三产业吸纳劳动力的速度逐年上升，就业比重呈不断上升的势头。从产值比重来看，第一产业、第二产业产值比重将呈现下降趋势，与此相应第三产业将呈上升趋势。这说明我国现在

---

① 孙汉鼎：《发展战略性新兴产业中商业银行面临的机遇与挑战》，载于《金融发展研究》，2011年第2期。

正处于加快城市化的发展时期，第三产业的进步将成为我国经济发展的第一推动力。

表 5 - 5　　2005 ~ 2011 年我国产业结构变化和城市化水平　　单位:%

年份	第一产业		第二产业		第三产业		城市化水平
	就业比重	产值比重	就业比重	产值比重	就业比重	产值比重	
2005	44. 8	12. 1	23. 8	47. 4	31. 4	40. 5	43. 0
2006	42. 6	11. 1	25. 2	47. 9	32. 2	40. 9	44. 3
2007	40. 8	10. 8	26. 8	47. 3	32. 4	41. 9	45. 9
2008	39. 6	10. 7	27. 2	47. 4	33. 2	41. 8	47. 0
2009	38. 1	10. 3	27. 8	46. 2	34. 1	43. 4	48. 3
2010	36. 7	10. 1	28. 7	46. 7	34. 6	43. 2	50. 0
2011	34. 8	10. 0	29. 5	46. 6	35. 7	43. 4	51. 3

资料来源：根据《中国统计年鉴（2012）》整理得出。

第三产业中服务业的快速发展是我国城镇化过程中的突出特征。为适应城镇化、市场化、信息化、国际化等的需要，金融保险、房地产、信息咨询、电子商务、现代物流、旅游等一大批现代服务业呈加速发展态势。2005 ~ 2011 年，金融业在第三产业增加值中所占比重由 8. 1% 上升为 12. 2% ，提高了 4. 1 个百分点。

服务业是城镇就业最大的容纳器，发达国家服务业产值和就业比重都在 70% ~ 80% 以上，而我国目前只有 43% ，发展潜力巨大。目前从贷款总量来看多数银行对服务业的贷款占到了贷款总量的 40% 以上，少数股份制银行和城市商业银行甚至达到 60% 左右。在城镇化带来的第三产业比重不断上升、服务业不断发展的浪潮中，商业银行应抓住机遇，择优大力支持商业、餐饮、旅游、文化产业及其他生产生活性服务业。

⑤个人信贷业务。

在个人信贷业务方面，城镇化也将给商业银行带来较大机遇。城镇化建设的过程中会释放出潜在的消费能量，促进居民新的投资和消费需求，由此产生的居民消费信贷需求将直接为商业银行带来巨大的商机。

城镇化对消费的拉动作用可以通过以下两个方面体现：第一，城镇化可以有效扩大城市消费群体，增加居民消费。据统计，2011 年我国农村居民人均消费支出为 5 633 元，城镇居民人均消费支出为 18 750 元，这表明从乡村到城市，居民消费明显增加。第二，城镇化可以提高农村居民消费水平。农村人口逐步转为城镇居民，有助于推进农业适度规模经营，对增加农民收入和提高农民消费水平具有明显效果。从表5-6中可以看出，同期城镇居民家庭人均年总收入显著高于农村，通过城镇和农村人均年度消费支出与相应时期的人口数据同样可以明显看到城镇居民消费总量和增长速度远高于农村居民消费。

表5-6　　　　中国城镇与农村居民人口及生活水平（2005~2011年）

年份	城镇居民			农村居民		
	家庭人均年总收入（元）	人均年度消费支出（元）	人口（万）	家庭人均年总收入（元）	人均年度消费支出（元）	人口（万）
2005	10 493	9 593	56 212	3 255	2 657	74 544
2006	11 760	10 618	58 288	3 587	2 950	73 160
2007	13 786	12 130	60 633	4 140	3 347	71 496
2008	15 781	13 653	62 403	4 761	3 901	70 399
2009	17 175	14 904	64 512	5 153	4 163	68 938
2010	19 109	16 546	66 978	5 919	4 700	67 113
2011	21 810	18 750	69 079	6 977	5 633	65 656

资料来源：根据《中国统计年鉴（2012）》整理得出。

农村人口向城镇转移之后，随着生活方式的变迁和生活质量与生活水平的提高，必然会减少自给消费，而提高商品消费的支出比例，对购置大宗生产、生活用品和精神方面的消费都产生巨大的需求，将带来相应的银行消费业务。此外，随着城镇化的建设，农民由农村迁移到城镇，其生活习惯，消费意识都可能会发生根本性的变化，金融服务需求明显增强。目前，在新农村规划的城镇地区，不但是存、贷款和结算业务量成倍增长，银行卡、网上银行、电子银行、个人理财、第三方存管的需求也非常旺盛。城镇居民可支配纯收入的增长和人口聚集效应所形成的人们消费倾向、消费观念、消费方式、消费结构的变化，将为商业银行在支持城镇化建设中找到新的市场拓展方向。据测算，农村人口转变为城镇人口后，人均收入会增加3.1倍，从而释放出大量的购房需求和消费需求。商业银行应及时跟进个人信贷投放，择优支持个人按揭贷款和消费贷款。

5.1.3　加强银行业对城镇化建设的金融支持

面对城镇化建设带来的种种商机，当前银行业需要着眼长远，把握机遇，加快对城镇化建设带给银行业务拓展影响的分析研究，抓好统筹安排。根据当前我国城镇化建设的总体趋势，充分发挥银行信贷资金的巨大作用，为城镇化建设提供更多更优质的金融支持和服务。

（1）进一步加强城镇基础公共设施建设的支持力度。

基础设施建设是城镇化进程中涉及面最广，种类最多，经营形式最多样化的环节。这些建设项目大多具有资金需求大，建设周期长及风险相对较小的特点，成为商业银行竞争的对象。

以中国工商银行为例，为抓住以上项目机遇，工商银行采取了一系列切实可行的措施。

首先，明确了竞争对象。工行将自身的市场拓展重点立足于“三大板块”，即电力、交通和城建。在电力方面，抓住电力体制改革及西电东送的有利时机，全力支持三大水电基地建设和骨干电网改造等项目，适度参与一些符合国家政策及工商银行信贷政策的中小型水电梯级开发项目和重点火电项目建设，争取获得最大的市场份额。在公路项目业务拓展方面，择优支持其中车流量大、建设条件好和资本金落实到位的高等级公路项目，对已经建成的公路开展优质公路项目贷款的置换，积极提高市场占比。

其次，加强项目营销。建立对城镇基础公共设施业务拓展的“快速反应通道”，实行省、市、县三级联动。县支行发挥信息资料收集和反馈的功能，市分行发挥纵向和横向的协调联系作用，省分行立足专业优势，加强指导、督促和管理作用，发挥整体优势。

此外推广和应用客户经理制度。城镇化建设是一项复杂的系统工程，为加快这一市场的拓展，工行设立专职的客户经理，负责项目营销的规划、市场调研、客户关系管理维护和产品提供。同时，建立责、权、利相结合的考核奖惩机制，明确职责，健全考核指标体系。

（2）推动城市土地经营管理及城镇房地产开发。

当前政府部门不断强化城市土地经营管理，积极实施城市经营战略，为房地产市场的进一步规范发展提供了契机。商业银行应加快发展住房信贷业务，促进信贷结构的调整。

首先，要积极支持优质土地开发和房地产开发。加强与各地土地储备中心的联系，通过土地储备贷款积极为经营城市提供金融服务，尤其是抓好省级高新技术产业开发区和科技园区，促进银行信贷资金在城市经营中的协调运转。重点竞争在当地市场综合实力领先的房地产开发企业，对客户提供差异化优质服务，适度支持中小型优质开发企业和成长性企业。

其次，要实施分类发展战略。当前，房地产市场应围绕城镇开发建设、促进投资、拉动经济增长的主线，以满足广大中低收入居民家庭住房需求为出发点。因此，住房信贷业务要严格控制高级公寓和高档住宅等领域，鼓励和积极支持经济适用房开发建设，密切关注写字楼及商用房的供需关系，保持住房开发贷款和个人住房贷款的合理比例，从而加快城市化进程，以促进房地产和住房信贷业务的发展。

（3）加快支持中小企业发展、提高城镇工业化进程。

由于长期受到信用环境和中小企业自身发展局限等问题的影响，融资问题成为困扰中小企业和商业银行的一道难题。在城镇化进程中，商业银行应从以下方面抓好中小企业市场的拓展。

一是要转变经营理念，树立为中小企业服务的思想。当前，中小企业发展有利于壮大和发展区域经济，有利于推进新型工业化进程。同时能够降低商业银行的同业竞争成本，有利于分散信贷风险。因此商业银行应当摒弃只重视抓大企业，忽视中小企业的发展，做到“大中小齐头并进”，择优寻找、培育和扶持一批有市场、有效益、有潜力和有信用的中小企业客户群体。

二是采取有效措施切实解决中小企业融资难问题。解决中小企业资金“瓶颈”，商业银行要针对中小企业贷款金额小、需求急的特点，在市场准入条件上进一步放宽标准，降低贷款下限；在贷款审批上，要下放一定额度的审批权限，缩短审批时间，减少审批环节；在贷款利率上，要允许根据实际情况来浮动贷款利率，满足不同贷款企业的需求；在贷款品种上，要根据中小企业的发展情况，适时推出符合企业需求的贷款业务品种。

三是努力改进对中小企业的金融服务。加强与中小企业的联系和沟通，促进双方信息对称。商业银行充分掌握和了解企业有关信息，不但可以减少贷款风险，还有利于开展有针对性的服务。要不断完善对中小企业结算、汇兑、转账和财务管理、咨询评估等配套服务，加快中小企业资金流通。

（4）积极发展个人消费信贷业务。

随着城镇化进程的加快和城乡居民生活水平的不断提高，人们的消费目的、消费行为、消费结构及消费方式都发生了深刻的变化，已从单一的温饱型转变为复杂多样型消费，从而为商业银行开展个人消费信贷业务创造了良好的条件。

发展个人消费信贷业务，一是要积极引导，促进消费观念的转变。逐步实现由自我积累型消费转变为有信用支持的适度超前消费，需要商业银行的大力宣传和舆论的积极引导，同时要转变重批发信贷业务，轻零售信贷业务的观念，支持居民购买住房和大件耐用消费品，拓宽服务性消费领域。

二是加强营销，积极拓展个人消费信贷市场。要通过对市场进行细分，根据不同的收入水平划分不同的消费群体，对现有贷款品种分类排序，把市场潜力大、风险低、效益高的个人消费贷款作为业务营销的重点，大力发展个人住房消费、汽车消费和教育消费等信贷业务。

三是简化手续，提高工作效率。在保证有效控制和防范贷款风险的前提下，简化个人消费贷款手续，在贷款担保形式、范围和审批环节等方面更加灵活多样。可对信用程度高、个人收入高而稳定的优质客户开展大额信用贷款，最大限度地满足客户的金融需求，为顺利开展个人消费信贷业务打好基础。

（5）加快金融业务创新，适应城镇化投资融资体制改革需求。

城镇化建设中最难的就是资金问题，各级政府也正逐步提倡在城市投资融资体制改革的基础上，充分吸收社会资金和引进外资等多渠道、多元化的投资体制。商业银行要不断加快信贷业务创新，适应这种变化的需要。

一是要发挥好商业银行的主渠道作用。城镇化建设进程中政府财政资金相对不足，银行信贷资金在间接投资融资中始终将发挥主渠道的作用。商业银行要积极为经营城市提供优质金融服务，对采用BOT和TOT方式①的城建经营模式提供必要的资金支持。随着股票和债券等直接融资方式的不断增多，商业银行要充分利用各种资源优势，为各类投资基金提供咨询、评估和相关的金融服务。

二是进一步加强对信贷资源的有效配置和利用。对东部沿海地区、中部发达地区和西部地区要实行分类管理、区别对待，贷款规模和计划下达要体现区域特点，集中信贷资源支持重点城市建设项目。

三是加快创新信贷业务品种。商业银行要不断加快金融创新步伐，积极试办以城市有效资产作为抵押的信贷业务，以经营城市的各种有效收费作为抵押，办理抵押贷款业务。积极探索和推行新的贷款品种，提供个性化信贷服务，满足不同优质客户对信贷产品的不同需求。

5.1.4 城镇化建设中的金融风险防范

城镇化建设为商业银行加快业务发展提供了很大的市场空间，但市场在产生机遇的同时往往也会带来相应的风险。银行业是高风险行业，商业银行必须在城镇化建设过程中同时做好市场拓展和风险防范。

（1）强化项目贷款风险防范。

在城镇化建设中，基础设施类贷款占了很大比例，此类项目贷款具有期限长、金额大的特点，因此风险管理显得尤为重要。加强项目贷款的风险防范，一是要严格贷前调查。选择合适的项目，认真分析每一个项目风险控制点。二是把好贷款投放关。在完全落实项目有关担保条件后发放贷款，尤其是项目资本金要

---

① BOT（Build-Operate-Transfer），即建设—经营—转让，是指政府通过契约授予私营企业（包括外国企业）以一定期限的特许专营权，许可其融资建设和经营特定的公用基础设施，并准许其通过向用户收取费用或出售产品以清偿贷款，回收投资并赚取利润；特许权期限届满时，该基础设施无偿移交给政府。

TOT（Transfer-Operate-Transfer），即移交—经营—移交。TOT是BOT融资方式的新发展。它是指政府部门或国有企业将建设好的项目的一定期限的产权和经营权，有偿转让给投资人，由其进行运营管理；投资人在一个约定的时间内通过经营收回全部投资和得到合理的回报，并在合约期满之后，再交回给政府部门或原单位的一种融资方式。

先于银行的贷款到位。同时，严格按照项目进度或工程进展安排贷款，实行专款专用，防止挪作他用。三是切实加强贷后管理。要加强对贷款的监测和检查，发现问题及时发出预警，并及采取风险转移措施。四是增加风险控制手段。针对项目贷款的特点，要多渠道落实风险防范措施，如对公路建设，除要求用收费权抵押外，必要时还要求政府担保，增加一道风险控制防线。

（2）密切关注房地产行业可能潜在的金融风险。

要高度关注房地产过热可能产生的经济泡沫现象。当前国内房地产存在的主要问题主要有以下四点：一是部分地区房地产开发投资存在过热现象，投资速度以4倍于国内经济增长率的速度急剧增长，商品房空置率远远高于国外空置率的警戒线；二是供求结构失衡，高档住宅公寓的开发供大于求，而经济适用住房则供不应求；三是部分地区房价居高不下，全国房价上涨势头不减；四是"假按揭"① 情况有所突出，既占压了银行资金，容易形成银行不良资产，又造成了房地产的虚假繁荣。因此，要定期收集宏观经济及房地产投资、居民收入与消费水平变化等信息资料，重点加强对房地产市场走势和重点区域房价和地价变化的跟踪研究，从定性和定量两方面分析房地产市场供需整体走势和结构变化，及时反映房地产业和房地产金融风险状况，避免城镇化进程中房地产开发过热带来的银行金融风险。

（3）加强对中小企业信贷政策的研究分析。

中小企业由于自身原因，其经营管理水平和诚信度仍需提高。从组织结构上考虑，商业银行应重点支持产权明晰并且已经建立现代企业制度的优秀民营企业和中小城市股份制企业；从产品结构来考虑，银行业应重点支持符合国家产业政策、专业化程度高及科技含量高、创新能力强的中小企业；从资本及资金方面来考虑，商业银行应重点支持自有资本充足、资产负债率较低、长期盈利能力高的企业。要通过对中小企业信贷政策的分析研究，切实引导信贷资金投向；又要防止盲目投入带来的风险。

（4）建立健全消费贷款的风险防范机制。

一是要建立和完善个人信用系统。商业银行内部要充分利用信用卡和个人住房信贷等个人信用资料，并以此为基础进行补充和完善，建立个人客户信用信息资料库。二是完善个人消费信贷风险管理制度，从贷前调查、贷时审查和贷后检查等几个环节明确责任，规范操作，严格把关。三是把个人消费信贷与保险结合起来防范风险，当借款人不能偿还贷款时，由保险公司负责赔偿贷款本息。

---

① 假按揭是指开发商为资金套现，将暂时没有卖出的房子以内部职工或开发商亲属的名字购下，从银行套取购房贷款。假按揭是一个风险转嫁过程，开发商提前收回成本，变现利润，银行在其中承担了全部的风险。

5.2 利率市场化

2012年以来，我国利率市场化进程加速，利率市场化改革已成为金融改革中的重要环节，对于银行业而言，这既是挑战，也是机遇。从世界各国的历史经验来看，绝大多数经济体在进行利率市场化改革的过程中，均出现了金融不稳定现象。本篇将借鉴美国的利率市场化经验，从多个角度全面分析利率市场化将对我国银行业形成的影响。

5.2.1 利率市场化改革的美国经验

美国从1970年开始推行利率市场化，到1986年完成，历时16年。改革的方式为逐步放开存贷款利率上下限，采取的次序为：先大额后小额，先长期后短期。美国利率市场化改革的核心在于存款利率的市场化，于20世纪70年代放开了大额存单利率，80年代通过立法加快了改革进程并最终完成改革（见表5-7）。

表5-7 美国利率市场化改革历程

年份	内容
1970年	放开10万元以上、3个月以内短期定期存款和10万美元以上、90天内大额可转让存单利率
1973年	放开所有大额短期存单利率
	取消1 000万美元以上、5年以上的定期存款利率上限
1978年	允许存款机构开设1万美元以上、6个月的货币市场存款账户
1980年	通过《存款机构放松管制与货币管制法》，承诺分阶段取消Q条例
1981年	允许商业银行开设支付利息的储蓄账户
1982年	允许存款机构开设2 500美元以上、90天的货币市场存款账户
1983年	允许存款机构引入超级可转让存单
	取消所有定期存款利率上限，商业银行和储蓄机构可自行决定30个月以内期限的存款利率
1986年	取消NOW账户利率上限，取消存折账户利率下限，利率市场化改革完成

美国利率市场化改革的成果是显著的，但也对银行业带来了负面影响。利率市场化改革引发了严重的银行业危机，即美国历史上著名的“储贷危机”。储贷协会是美国政府实施住房政策的重要机构，其“短借长贷”的资产负债结构使其对利率变化较为敏感。在进行利率市场化改革之后，市场利率的上升导致储贷协

会的存款增长率急剧下降，资金成本不断提高，最终导致储贷机构全面崩溃。在1987～1991年的4年中，美国平均每年倒闭326家银行及储蓄机构，最高的一年达到531家，占当时机构总数的3.4%。

利率完全市场化之后一到两年的时间内，资金价格市场竞争加剧，利差空间下降，促进了美国银行业的改革转型。商业银行的盈利模式发生了明显改变，利息收入占比不断降低，而中间业务占比逐渐提高。从银行盈利能力来看，虽然利率市场化在短期内可能导致盈利能力降低，但从长期来看，利率市场化引起了美国银行业盈利能力的整体提高。商业银行金融创新能力的提高也是美国利率市场化的重要成果，金融机构对于筹措低成本资金和进行风险规避的需求刺激了新型金融产品的出现，美国相继出现了货币期货市场、股票优先购置权市场、国库券期货交易市场、欧洲美元期货市场等新兴市场。诸如可转让定期存单、可转让支付账户命令、货币市场互助基金等金融工具创新均产生于利率市场化改革时期。

除美国外，世界范围内其他较为典型的利率市场化改革案例包括日本、韩国、中国香港、阿根廷等。在这些地区，利率市场化改革均对当地的金融业格局形成了深远的影响，引发了银行业的改革。

5.2.2 我国利率市场化改革历程回顾

为刺激投资、拉动经济增长，我国长期压低利率，导致官方利率与真实利率脱节，二元利率结构明显。这一结构导致了“金融脱媒”现象出现，银行存款出现流失，阻碍了投资效率的提升；同时，银行经营水平的提高、监管的改进以及金融市场的完善都需要在利率市场化改革的过程中不断进行，因此利率市场化是我国金融改革的必然选择。从宏观层面而言，利率市场化有助于改变我国银行业的垄断局面，并降低银行业高盈利，从而向实体经济释放更多资金，提高我国金融市场的资金配置效率。从微观层面讲，利率的市场化将促使商业银行进行自身经营管理的改革，转变当前依赖于资产规模扩张的盈利模式，增强银行抵御风险和增加盈利的能力。

我国利率市场化改革始于1996年，采取渐进式的总体改革思路，先外币，后本币；先贷款，后存款；先长期，后短期；先大额，后小额。目前，我国货币市场、债券市场和境内外币存贷款的利率已基本实现市场化，2012年6月以来，央行两次调整扩大存贷款浮动区间，进行非对称降息，将金融机构存款利率浮动区间的上限调整为基准利率的1.1倍，将金融机构贷款利率浮动区间的下限调整为基准利率的0.7倍，这标志着我国利率市场化已进入改革深水区（见表5－8）。

表 5－8　　我国人民币存贷款利率市场化进程

1987.1	以国家规定的流动资金贷款利率为基准上浮贷款利率，浮动幅度最高不超过 20%
1996.5	贷款利率的上浮幅度由 20% 缩小为 10%，下浮 10% 不变，浮动范围仅限于流动资金贷款
1998.10	对小企业的贷款利率最高上浮幅度由 10% 扩大到 20%；农村信用社贷款利率最高上浮幅度由 40% 扩大到 50%
1999.4	贷款利率浮动幅度再次扩大，县以下金融机构发放贷款的利率最高可上浮 30%
1999.9	商业银行对中小企业的贷款利率最高上浮幅度扩大为 30%，对大型企业的贷款利率最高上浮幅度仍为 10%，贷款利率下浮幅度为 10%
1999.10	中国人民银行批准中资商业银行法人对中资保险公司法人试办五年期以上（不含五年期）、3 000 万元以上的长期大额协议存款业务，利率水平由双方协商确定
2003.11	国家邮政局邮政储汇局获准与商业银行和农信社开办邮政储蓄协议存款
2004.1	将商业银行、城市信用社的贷款利率浮动区间上限扩大到贷款基准利率的 1.7 倍，农村信用社贷款利率的浮动区间上限扩大到贷款基准利率的 2 倍
2004.10	不再设定金融机构（不含城乡信用社）人民币贷款利率上限；城乡信用社人民币贷款利率浮动上限扩大为基准利率的 2.3 倍
	中国人民银行决定允许金融机构人民币存款利率下浮，实现了“放开下限，管住上限”的既定目标
2012.6	进一步扩大利率浮动区间，将金融机构存款利率浮动区间的上限调整为基准利率的 1.1 倍，将金融机构贷款利率浮动区间的下限调整为基准利率的 0.8 倍

利率市场化的继续顺利推进需要诸多条件。首先，商业银行作为改革的重要主体必须具备较强的自主定价能力和经营管理水平。其次，银行业的宏观审慎监管必须加以完善，只有保证监管的跟进，才能将伴随改革而来的风险和损失降到最小。此外，发达的金融市场也是利率市场化的必备条件。未来的我国利率市场化改革将以实现存贷款利率的市场化为主要内容，包括进一步扩大存贷款利率浮动区间、推出挂钩 Shibor 的定期存款品种等，小额短活期存款利率上限的放开将最终标志改革基本完成。

当然从长期来看，利率市场化并不是简单的放开存贷款利率，更重要的是发展多层次完善的金融市场体系，尤其是债券市场，通过债券市场形成的利率才是真正市场化的利率水平。只有培育一个成熟完善、具有足够深度广度的债券市场，以及有效的利率传导机制，才能确保利率合理反映市场资金的真实需求状况。因此，在未来继续放开利率的同时，也应更加注重对于我国债券市场的完善。

而且，本中心研究认为，利率市场化和降低银行业准入门槛是一枚硬币的两面，应同步进行。如果降低金融机构准入的同时不进行利率市场化，那么金融业将可能形成“吸金黑洞”，导致全社会资本争先恐后进入经济领域；若在利率市场化的同时不降低金融机构准入门槛，则有可能导致利率市场化之后利率水平不降反升。

5.2.3 利率市场化对我国银行业的短期影响

短期来看，利率市场化改革将导致利差收窄，使我国商业银行盈利水平遭受冲击，我国商业银行盈利能力下滑的趋势在短期内将持续，甚至诸多经营调整落后、实力较弱的中小型银行将面临一定的经营危机。该部分将结合美国等国家的经验，分析利率市场化将对我国银行业产生的影响；并将以经营管理水平较为突出的美国富国银行为例，对未来我国商业银行的改革方向进行预测。

（1）存贷款利率上升，利差收窄。

利率市场化将对利率走势产生两方面的影响：一是官方利率与真实利率之间的二元结构将逐渐消失；二是利率波动将加剧。国际经验表明，在实施利率市场化之后，虽然利差波动幅度和频率将加大，但并不必然会收窄，而是呈现差异化的走势。

美国在实行利率市场化的最初3~4年，银行利差下降幅度达到18.9%，在1973年、1974年和1979年利差均呈现负值；此后，利差逐渐上升，并恢复到利率市场化之前的水平，目前，美国存贷利差保持着3%~5%的较高水平。日本、中国台湾等国家或地区在实行利率市场化的最初几年，利差也呈现了10%~20%的下降幅度，其中，日本利差下降幅度较大，且目前仍保持1%左右的低利差水平（见图5-2）。

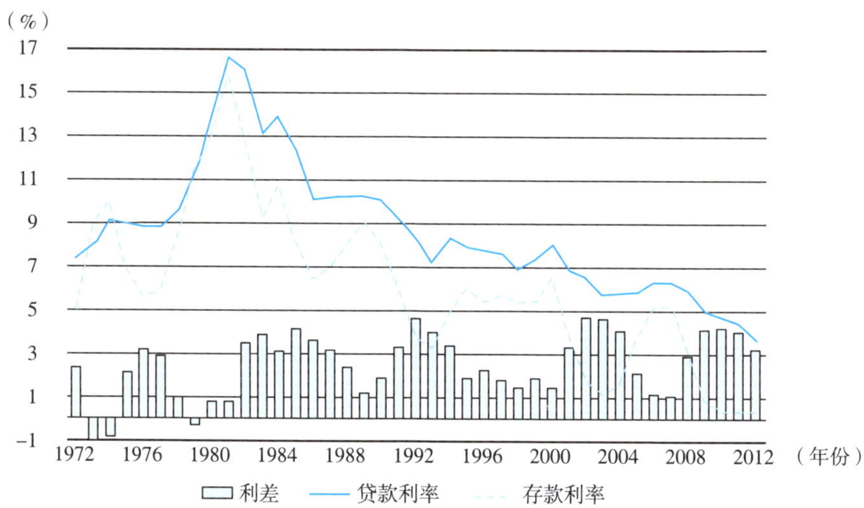

资料来源：Fed。

图5-2 美国存贷款利率及利差

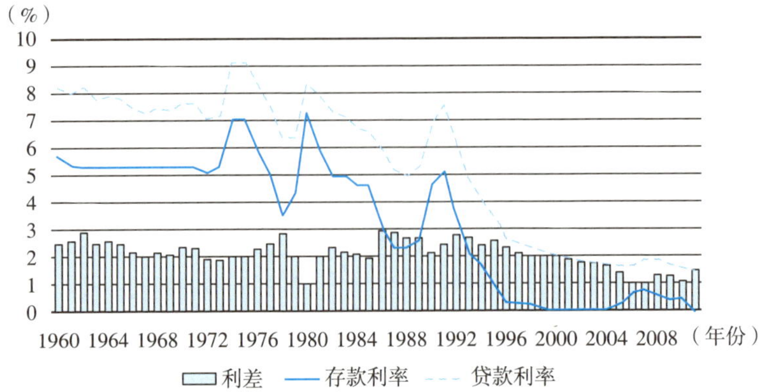

资料来源：世界银行。

图 5－3　日本存贷款利率及利差

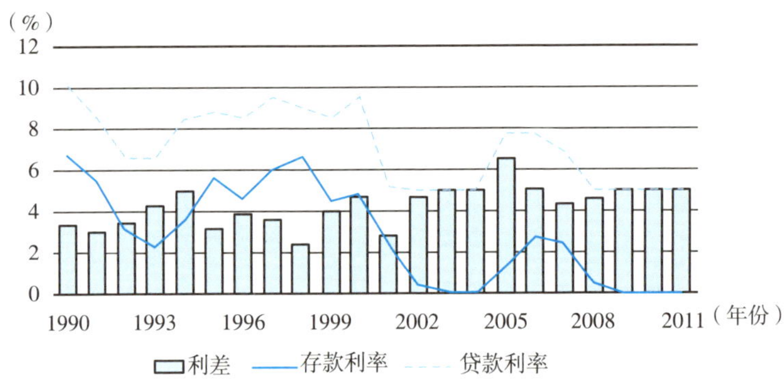

资料来源：世界银行。

图 5－4　中国香港特区存贷款利率及利差

为了刺激宏观经济增长，我国长期压低存款利率，导致存款利率明显低于其实际水平，在进行利率市场化改革过程中，存款利率将不断接近真实利率水平。在 2012 年央行两次降息后，我国大部分股份制商业银行和城商行均选择将一年期以下存款利率上浮到顶，有 80% 的城商行选择将各期存款利率均上浮到顶，股份制银行和城商行的利率上调幅度要明显大于大型国有商业银行。

从民间借贷利率、信托产品及理财产品收益率等数据可以看出，我国目前资本相对稀缺，实体经济对资金的需求仍然较为旺盛，贷款的市场利率显著高于官方利率，从民间融资成本来看，温州民间综合利率水平在 20% 以上，远高于贷款市场的官方利率。因此即使放开贷款利率的下浮空间，我国商业银行贷款利率也不会出现明显的下降趋势。

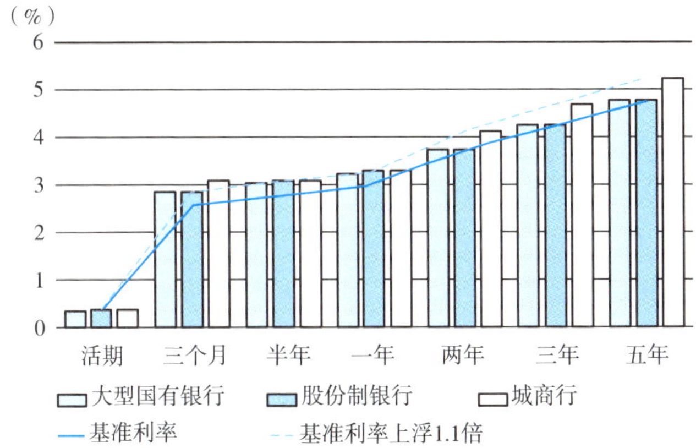

资料来源：Wind。

图5－5　两次降息后我国商业银行存款利率水平

因此，利率放开之后，我国存贷款利率均趋于上升。但是，由于我国目前贷款利率市场化程度高于存款，因此，存款利率的上升幅度将大于贷款利率的上升幅度，从而导致利差收窄。也就是说，基准利率的调整对于银行业贷款收益的影响将大于对其成本的影响，将对银行业利差形成较为明显的负面影响，从而使得银行业的总体资产收益率下降。

目前来看，虽然近几年我国商业银行存贷利差有下降趋势，但仍保持在3%左右的较高水平，在未来，银行利差水平将继续下降。据推算，在利率市场化改革的初期，银行业净息差将呈现较大程度的下降，幅度将达到10%～20%。

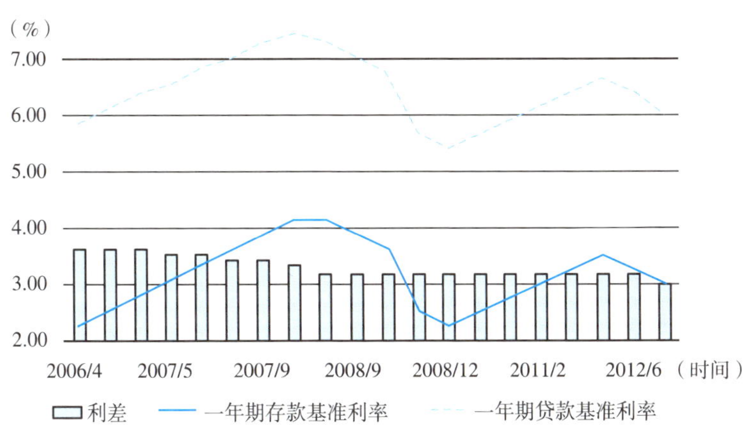

资料来源：www. xinhua08. com。

图5－6　我国一年期存贷款基准利率及利差

（2）银行资产负债结构改变。

①揽储压力增大。

一定程度上来讲，利差的收窄来自商业银行的“高息揽储”和“竞争放贷”。存款是商业银行的重要资金来源，实行利率市场化之后，商业银行之间将进行激烈的存款争夺，拉高存款成本。

由上文对我国各类银行存款利率的不同水平分析可知，股份制银行和城商行的揽储压力要明显高于大型国有银行。大型银行拥有明显的规模优势和客户优势，在利率放开之后，中小银行可以通过提高利率来弥补相比于大型银行的劣势，但是，更高的存款利率也提高了中小银行的资金成本，增加了其经营风险。就近几年不同类型银行的发展而言，大型银行基本上保持了贷款增长与资产增长的一致性，而中小银行的贷款增速则明显高于其资产增速。

②开拓多元化资金渠道。

在高息揽储的同时，商业银行也需要进行金融创新，积极开拓多样化的资金渠道，降低资金成本。因此，相比于存款而言，其他资金来源的占比将有所上升。从美国的经验来看，在1970年开始实行利率市场化改革之后，存款占比从91%下降到1986年的82%，到2008年则下降到72%。相关机构根据2011年数据进行测算的结果表明，存款利率每上浮10%，上市银行的ROE将平均下降约1.4个百分点（见图5-7）。

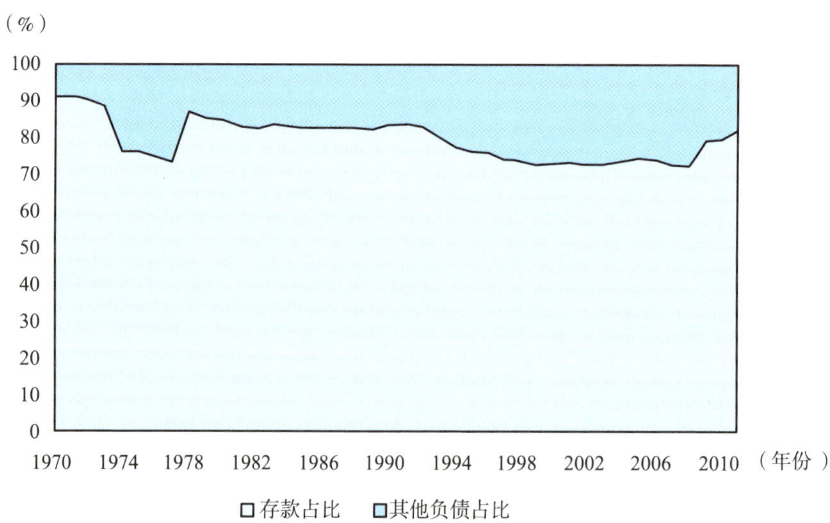

资料来源：FDIC。

图5-7　美国商业银行1970~2011年负债结构变化

③亟待完善资产负债管理水平。

目前，我国商业银行的资产负债管理本质上仍属于资产负债比例管理，随着商业银行业务的不断拓展，这一管理模式的缺陷也逐渐显现。资金成本的上升将迫使商业银行进行主动的资产负债管理，提高贷款业务占比，在占比上升的同时，贷款业务的结构也将发生重要变化，商业银行将提高对高收益行业的贷款（见图 5 - 8）。

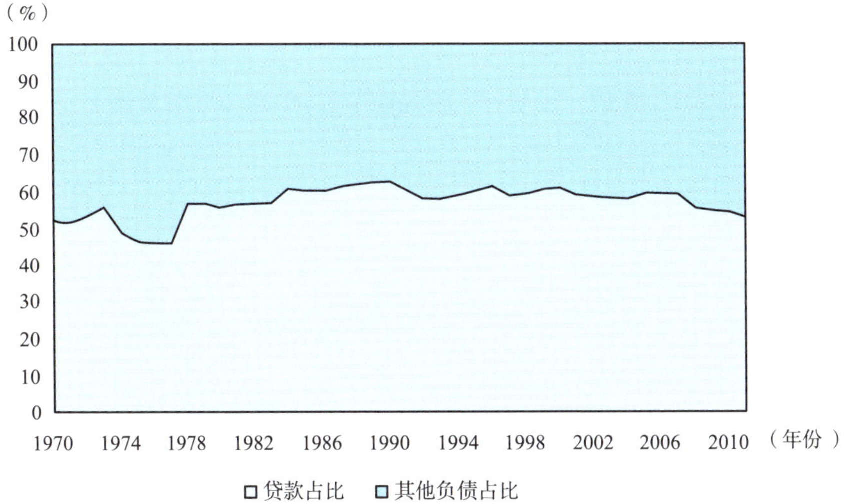

资料来源：FDIC。

图 5 - 8　美国商业银行 1970 ~ 2011 年贷款占比变化

在资产负债管理方面，富国银行将社区银行与大型银行的优势相结合，一方面大力发展个人信贷和小企业信贷，保持较高的资产收益率，另一方面，充分利用其作为大型银行广泛的分销网络，获得了充分的客户优势。在利率市场化改革过程中，富国银行总体仍呈现持续增长的态势，其总资产年均增长 12.3%，净利润年均增长 14.2%。

（3）银行盈利水平遭受冲击，大力发展中间业务。

目前，我国商业银行盈利增长仍主要来源于经济增长带动的规模增长和利率管制所带来的存贷利差，2012 年我国商业银行利息收入占总收入比重超过 80%，而部分中小银行由于营业规模、网点等的限制，业务范围更为狭小，利息收入占总收入的比重甚至超过 90%。随着存贷利差的收窄，商业银行的盈利能力将受到冲击，盈利水平将出现不同幅度的下降。自 2009 年银行业净息差迅速收窄以来，虽然贷款的增长在一定程度上起到了“以量补价”的作用，但利息收入的减少仍对我国银行业净利润产生了 10% 左右的向下拉动作用。从短期来看，我国商业银行的 ROE 和 ROA 指标均可能出现一定程度的下降，而中小型商业银行受冲击程度将大于大型商业银行；据往年数据测算，存款利率每上浮 10%，商业银行的 ROE 将相对下降 1～2 个百分点。此外，由于我国商业银行信贷基础庞大，因此即使是微小的利差变化，也会对银行业造成较大的冲击。

利差的收窄将导致净利息收入在总收入中占比的下降，以及中间业务占比的提高。1970 年以来，美国商业银行非利息收入呈现明显的增长趋势，非利息收入占总收入比重为 12.1%，到 1992 年增长到 20.45%，到 2011 年达到了 31.87%。就绝对值来说，从 1970 年到 2011 年，美国商业银行总收入增长了 18 倍，利息收入增长了 14 倍，而非利息收入增长了 49 倍（见图 5－9）。

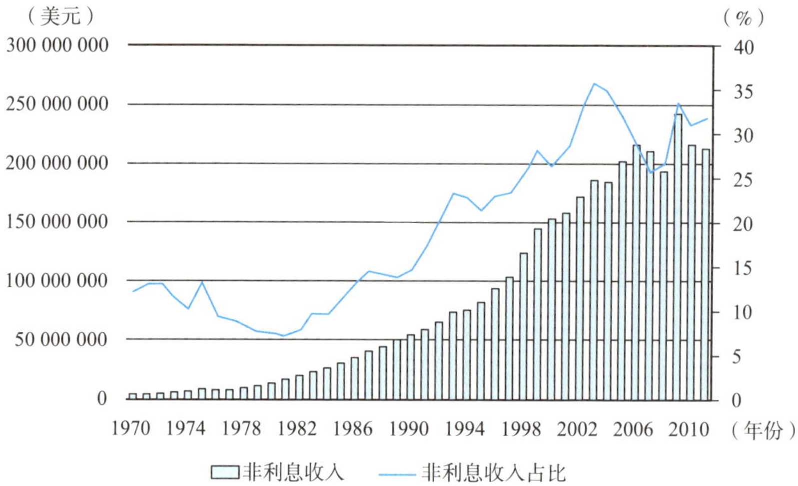

图 5－9　美国商业银行非利息收入及占比变化

从 2003 年到 2012 年第三季度，四大国有商业银行中间收入平均占比从 12.11% 增长到 23.89%，特别是 2009 年以来，以银行卡和支付结算为代表的传统中间业务呈现迅猛增长趋势；中间业务的稳步增长在一定程度上弥补了银行业由于息差收入收窄所造成的利润下降。此外，贷款规模的高速增长为信托类理财产品的发展提供了良好的资产基础，在未来，财富管理和理财业务将实现快速增长，成为各商业银行角逐的战略新兴市场。

从统计数据来看，我国商业银行非利息收入占比似乎与美国相差不大，但是，考虑到我国这部分收入中可能包含“息转费”的部分，因此我国商业银行实际的非利息收入占比可能较低。利息收入占比下降、非利息收入占比上升是所有经历利率市场化改革国家的共同选择（见图 5－10）。

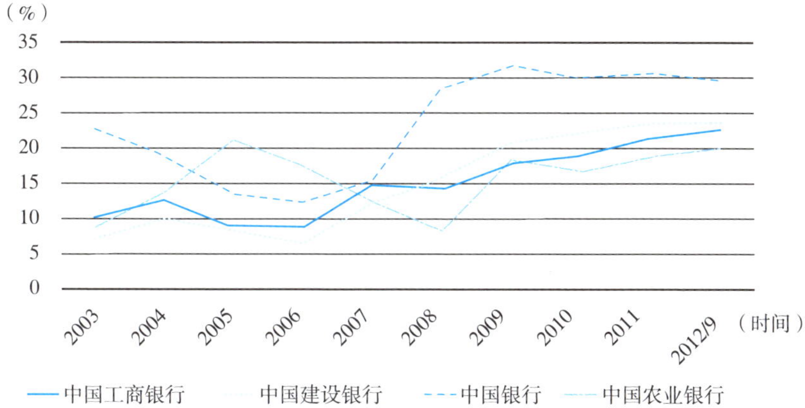

资料来源：各银行年报。

图 5－10　四大国有商业银行中间收入占比变化

（4）风险偏好提高，银行业或将面临洗牌。

在利率市场化使商业银行盈利能力下降的过程中，商业银行的风险偏好将随之提高，这种风险偏好的提高主要体现在贷款在总资产中占比的提高和贷款业务中高收益高风险类型贷款占比的提高。美国商业银行在利率市场化之后，存贷比由 1970 年 60% 左右的水平提高到 2000 年 90% 左右的水平。此外，美国商业银行为了追求资产业务的高收益，大幅提高了对于房地产领域和杠杆收购领域的贷款（见图 5－11）。

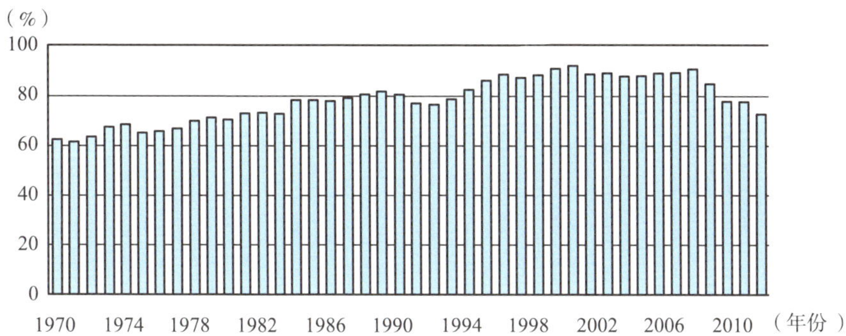

图 5－11　美国商业银行存贷比变化情况

为应对利率市场化的冲击，我国商业银行已经开始了贷款业务结构的调整，加大了对中小企业贷款的拓展力度，在未来几年中，中小企业贷款业务将继续保持较高的增速。

我国金融机构存贷比近几年存在不断下降的趋势，但绝对水平仍较高，2012

年年底，金融机构存贷比为 68.7%。目前，我国现行的银行存贷比硬约束为 75%，许多商业银行已经要求调整这一监管指标（见图 5－12）。

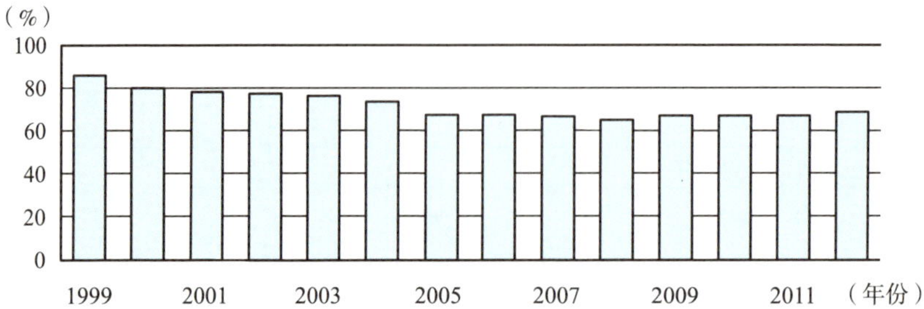

图 5－12　我国金融机构存贷比变化情况

在增加风险资产占比的同时，如果风险控制无法跟上，则商业银行将面临一定的资产压力。商业银行风险偏好的提高不仅将引起"逆向选择"问题，而且将使银行面临不良贷款率上升的危险。为了避免引发系统风险甚至银行业危机，我国银行业需要尽早建立完善的风险监控体系以及合理的银行退出机制。

目前，我国商业银行风险管理意识有所提升，但还未形成完善的风险防控机制，如果银行风险管理体制与贷款风险生成机制无法完全匹配，则难以有效抑制不良贷款的增加。整体来看，我国银行业资产质量水平较好，但不同类型的银行机构之间存在明显的不平衡性。大型国有商业银行风险抵抗能力较高，资产质量保持稳定，然而 2012 年，在多种政策、经济因素下，除大型商业银行不良贷款率保持下降外，股份制商业银行、城商行、农商行和外资行的不良贷款率均呈现上升态势。

在"优胜劣汰"的市场机制下，商业银行之间的竞争将不断加剧，从而导致商业银行倒闭数量增加、集中度提高。美国在利率市场化的过程中，每年银行倒闭数量不断增加，在改革完成后的 20 世纪 80 年代，更是曾达到倒闭高峰（见图 5－13）。但是，尽管银行数量在下降，银行业的规模却保持增长的趋势，其总负债、总资产均呈现持续上升的趋势。这说明，在利率市场化改革期间及完成之后，美国商业银行兼并重组的案例增多，银行业集中度不断提高（见图 5－14）。

就我国而言，利率市场化对商业银行经营管理和风险管理能力提出了更高的要求，大型商业银行相比中小银行具有明显的规模优势，因此尽管在利率市场化的过程中盈利能力会有所下降，但这并不会威胁到其生存发展。相比之下，业务模式较为单一的部分中小型城商行将受到较严重的冲击，一方面利息收入大幅收窄；另一方面中间业务扩大又存在一定难度，因此盈利状况会显著恶化。可以预

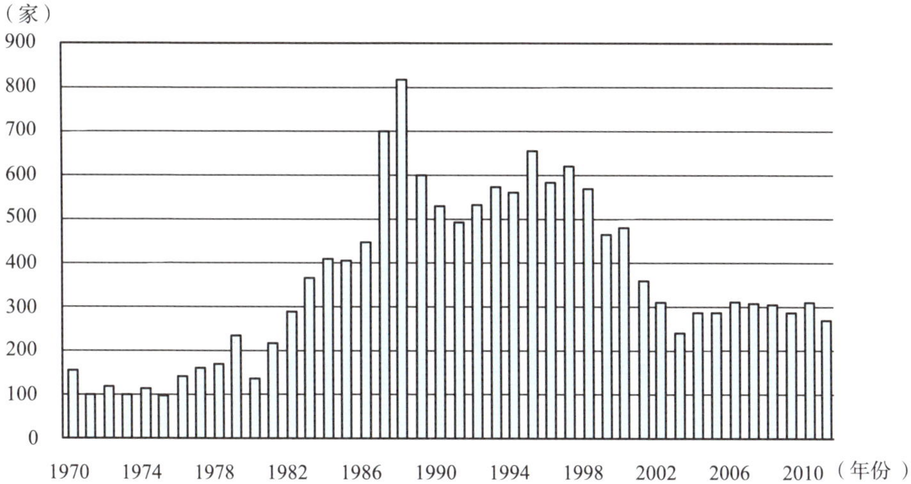

图 5－13　利率市场化期间美国商业银行倒闭数量

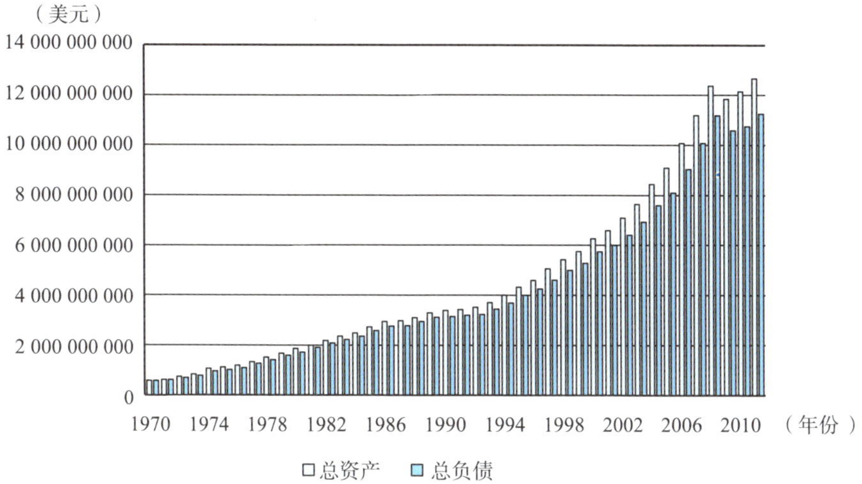

图 5－14　美国商业银行规模变化情况

见的是，彻底的利率市场化改革将使部分小型商业银行面临破产或被收购的风险，优胜劣汰的市场规则或将使银行业分化更加明显，增加银行之间的并购行为。

此外，中长期市场化程度较高、创新能力较强的股份制银行将在利率市场化改革过程中获得出色表现。股份制银行不仅存款规模稳定，成本控制能力较强，而且拥有较强的服务中小企业和个人的综合金融能力，定价及议价能力较为突出，因此有望成为利率市场化改革的胜出者。

（5）利率风险加剧，定价及风险管理重要性提升。

利率市场化之后，银行高风险资产占比提高，从非价格竞争走向价格竞争，这一过程中良好的定价能力对于商业银行的稳健运行十分重要。商业银行能否提高定价能力将在一定程度上影响利率市场化的速度，也是商业银行应对利率市场化的重要考验。

在利率市场化的环境下，利率波动的幅度和频度将大大提高，对于商业银行而言，利率波动对其经营管理的影响将加大，不仅增加了利率风险的识别和控制难度，而且，更加突显出了金融创新的重要性。目前，我国商业银行在转嫁利率风险方面的创新较为匮乏，可以参考美国等国家的发展经验，加快发展利率期货、远期利率协议、利率互换等金融工具。

5.2.4 利率市场化对我国银行业的长期影响

（1）提高资本市场运作效率。

通过市场化的利率配置资金，能够突破金融抑制，提高金融市场运行效率，改善投资质量。保持实际存款利率为适度的正数水平有利于促进一国的储蓄、投资及经济增长。世界银行在1989年通过对34个国家的研究发现，实际利率为正的国家的投资效率比实际利率为负的国家高4倍。

（2）提高银行业整体经营水平。

利率市场化导致我国银行业竞争程度提高，商业银行盈利模式与收入结构得以改变，进而盈利能力也将受到影响。尽管在短期内，利率市场化将冲击商业银行的盈利水平，导致存贷利差收窄，但从长期来看，随着银行逐步调整资产结构，贷款利率将逐步回升，如美国在利率市场化改革的后期，利差水平逐渐上升，并恢复到改革之前的水平。因此，利率市场化将改变我国商业银行的盈利模式及收入结构，提高银行业的整体经营管理能力和盈利水平，而市场化的利率决定机制也将对我国金融体系整体效率的提高带来深远意义。

在美国利率市场化改革完成的一年后，商业银行的ROE和ROA突然出现了急剧下降，直到1993年才恢复稳定，且较利率市场化之前的盈利水平有了一定程度的提高。对比其改革前后，1970～1985年，ROA均值为0.72%，ROE均值为11.69%；1992～2000年，ROA均值为1.13%，ROE均值为13.85%。这说明，虽然利率市场化在短期内会造成银行盈利的损失，但如果商业银行能力及时调整经营管理，从长期来看，其盈利能力将得以提高（见图5－15）。

在美国利率市场化之后的几年间，虽然每年都有大量的银行破产倒闭，但这场危机也孕育了美国银行、摩根大通等诸多享誉全球的大型机构。与此同时，由于竞争加剧所导致的并购重组也将不断出现，行业集中度有可能提高。

我国银行业竞争程度的加剧将体现在利差收窄、中间业务扩大、服务质量提升等多个方面，在利率市场化的重新洗牌过程中，竞争力强的银行将通过经营管理和业务结构的完善提高自身盈利水平，从而在冲击中存活下来，规模得以扩

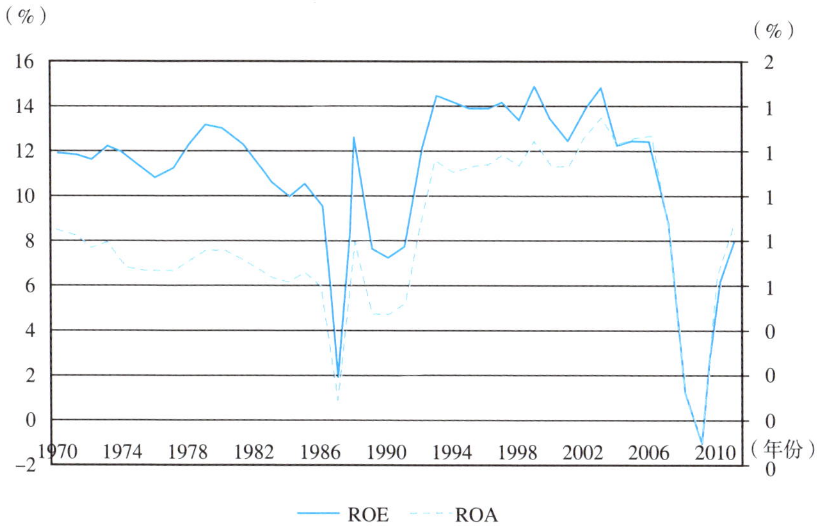

资料来源：FDIC。

图 5 – 15　美国商业银行盈利能力

大；而经营效率低下的银行则将出现亏损、倒闭，最终退出银行业舞台。因此，这一筛选过程将在整体上提高我国银行业的竞争力，并改善当前单一的业务结构。具体而言，大型银行受到根本性冲击的可能性较小；但部分中小型商业银行则可能受到较大冲击。此类银行主要依赖于传统的存贷款业务，业务模式较为单一，客户资源有限。因此，在利率市场化改革的过程中，经营效率较高的中小型城商行能够抓住机遇、提高盈利水平，但另一部分城商行也将由于盈利情况恶化而被收购兼并，使得我国银行业结构受到影响。

（3）推动金融创新，反哺实体经济。

对于金融创新而言，利率市场化改革也是重要推动力。美国银行在改革的过程中，加强了存款、贷款、衍生品等领域的一系列创新，使得存贷款业务的重要性逐渐下降，而投资交易类业务的重要性不断提高。诸如存款类金融工具、以衍生品和证券化为主的资产类工具以及资产证券化等重要金融创新，均出现美国利率市场化改革期间。对我国银行业而言，利率市场化所带来的经营管理压力也必将促进其加速金融创新。

此外，从宏观经济运行角度来看，利率市场化也是一场重大的分配改革，是国民增加值在金融领域与实体经济之间的重新分配，是金融业反哺实体经济的重大举措。

虽然目前我国利率市场化改革已经取得了实质性进展，但与已经完成改革的其他国家相比，我国的利率市场化仍然处于起步阶段，这意味着我国银行业将面临一场任重道远的改革。

5.2.5 利率市场化之应对建议

（1）政府部门切实注重安全垫建设。

我国金融市场为典型的银行主导型，银行业总资产占整个金融业总资产的90%以上，因此银行业的风险将对整个金融体系产生重大波及。潜在风险的存在意味着利率市场化的顺利推进离不开监管的推进以及相关配套制度的完善。

加快建设存款保险制度。长期以来，我国实际上实行的是隐性存款保险制度。在经营不善的金融机构退出市场过程中，往往是由中央银行和地方政府承担个人债务清偿的责任。这种模式不仅给各级财政带来沉重负担，而且导致中央银行货币政策目标扭曲。同时，随着我国利率市场化改革的推进，迫切需要建立存款保险制度。[①]

存款保险制度的建立是利率市场化顺利完成的一个重要保障。存款保险制度具有处置金融风险、维护金融稳定的职能，同时也是金融安全网的重要组成部分。存款保险制度建立之后，即使银行出现一定程度的问题，储户的损失也能够得到补偿，从而适度消除利率市场化的后顾之忧。

当前我国监管体制仍处于不断改革与完善中，在这种情况下，存款保险制度不应成为一种简单的付款箱制度，应在法律中明确赋予存款保险机构适度的监管权与资产处置权，以加强对银行业的监管。但在组建初期不宜为了追求功能强大而赋予过多的权力，以免造成监管资源的分散，更重要的是可以避免因监管机构间较高的摩擦成本而导致危机处理的低效率。首先，为避免银行业的动荡、逆向选择及保护所有银行中小额存款人利益的需要，所有具有参保主体资格的银行都应强制性地参加国家存款保险基金下的存款保险。如果将大型国有商业银行排除在外，而仅仅让中小银行加入存款保险体系，则中小银行的经营成本将远远高于大型国有银行。如此一来，在高成本和存款保险的双重驱动下，中小银行将更倾向于从事高风险业务，这样，存款保险将不仅无法维持金融业的稳定，反而会增加行业不稳定性。

其次，在实行存款保险制度之初宜实行简单的差别费率，即根据商业银行的资产规模和资本充足状况等情况来确定费率等级，对低风险机构实行低费率，以利于形成正向激励机制，起到辅助监督作用。而随着条件的成熟，可根据投保金融机构的资本充足状态、监管评级以及盈利能力等因素，科学制定适用不同保险金融机构的差别存款保险费率。

同时，在我国现有体制和国情下，在问题银行的救助处理机制的设计上要充

---

① 中国存款保险制度应该如何起航．证券时报，2012－6－14。

分考虑和发挥地方政府在稳定社会、稳定金融方面的重要作用。

加强宏观审慎监管。目前我国金融的分业经营制度和尚不发达的金融市场，使得短期内发生系统性金融危机的可能性很低。但随着利率市场化改革以及金融机构业务的复杂化，国内资本市场和国际资本市场关联度越来越高，爆发系统性风险而导致金融机构连锁倒闭的可能性也在加大，在这种情况下，存款保险制度恐怕只能束手无策，而以防范系统性风险为目标，以整个金融体系为管理对象的宏观审慎监管就显得更加重要。而与微观审慎相比，宏观审慎监管的重点在于事前防范而非事后补救，监管对象更为抽象与宽泛，在具体操作中也更具挑战性和弹性。

建立和完善宏观审慎监管制度，首先要建立系统性金融风险的评估和预警机制，国际金融危机爆发之后，宏观审慎监管理念对监管提出了更高要求，分析数据不仅基于资产负债表，还包括债券和股票市场上的高频数据，评估视角也扩展至宏观经济对金融体系的影响以及金融体系内部关联性和传染性。

其次，建立跨部门的金融联动监管平台。我国“一行三会”的监管机构设置虽然目前可以满足金融各子系统的监管需要，但随着银行、证券、保险行业的业务交叉性趋强，实体经济波动性加大，各个监管机构有限的监管范围难以防止负向冲击在各部门间的传递。因此，可以联合“一行三会”、发改委、财政部和被监管机构，建立一个统一的金融监管信息共享平台，利用系统性金融风险预警模型对宏观经济形势和金融系统数据作出准确的分析和评估，制定有效的防范风险积累和传播的经济和金融监管政策。

再次，建立和完善逆周期资本监管政策。一方面加强金融体系顺周期性的研究，特别是对资本监管、贷款损失准备计提和公允价值会计准则等外部规则加以修改完善，以缓解其顺周期效应；另一方面建立逆周期性的资本要求，比如在经济上行阶段建立资本缓冲储备，以在经济下行时应对或有损失，还可以制定前瞻性的杠杆率指标和拨备计提规则等。总之，逆周期监管政策就是通过降低信贷交易、资产价格和经济周期的波动幅度来增强金融系统的稳定性，缓解总体风险，最终达到维护金融稳定的目标。

（2）商业银行全方位提升经营水平。

①加快业务结构调整，提升盈利水平。

随着利率市场化进程加快，商业银行业务调整迫在眉睫。业务调整主要体现在客户结构调整、发展中间业务、加强金融创新以及进行差异化经营等几个方面。

目前，我国商业银行普遍存在客户结构较为单一的问题，未来客户结构的调整应着眼于多元化，吸引更多的民营企业、中小企业及外商投资企业客户。同时，在零售银行业务领域，应大力进行高净值客户的拓展。

随着利差水平的降低，盈利空间的收窄将对商业银行的传统盈利模式带来挑战，商业银行将有更充足的动力发展中间业务。但是，近几年理财产品高速发展的背后却是产品同质化现象日益严重，在这种情况下，如何在理财产品上取得高收益也应成为商业银行需要思考的重要问题。中间业务收入增加依赖于品种及规模的扩大，我国商业银行应逐渐由低层次的代收代付向具有核心竞争力的真正的资产管理等高附加值业务拓展。同时，充分挖掘市场的潜在需求，不断研发出符合市场消费心理的新型中间业务产品。

从国际经验来看，在利率市场化之后，银行业首先应当对信贷结构进行相应调整。如加大零售银行业务占比、提高中小企业信贷等高收益资产比重等。大力发展中小企业信贷业务已经成为国内银行业的普遍共识，在利率市场化改革的推进过程中，中小企业将成为商业银行盈利增长的主要客户群体，商业银行需要依靠自身的议价优势，弥补由于息差收窄所造成的盈利损失。当然，中小企业信贷业务的操作过程也面临诸多挑战，比如长短期利益之间的冲突以及战略与执行之间的矛盾，这些问题还需要在改革中解决，但其作为发展方向至少是不容置疑的。

加强金融创新，加快发展信贷资产转让也是商业银行进行业务调整的重要内容。信贷资产转让具有改善银行收入结构、优化风险配置、释放信贷空间、盘活银行资产等优越功能，理应成为商业银行未来进行业务调整的重点内容。在业务的具体操作层面，应扩大基础资产范围，提高交易的标准化程度，并可优先考虑发展基于银团贷款的交易业务。

此外，商业银行应当选择合适的定位，采取差异化的经营策略，依据银行自身及经营环境拓展特色业务，如设立零售银行、社区银行、中小企业银行等。

②提高风险管理能力。

利率市场化将导致我国银行业高息揽储、竞争加剧，同时商业银行风险偏好提升，而利率风险及利率管理的难度也将加大，这要求商业银行有效提高风险管理水平。

在风险偏好提升的背景下，商业银行需要思考如何更好地利用金融创新，以分散信贷风险，而增加信贷资产流动性显得格外重要，如发展信贷资产证券化。通过信贷资产证券化，商业银行能够优化资产负债结构，提高资产负债管理的效率和灵活性，有效抵御市场风险。

在利率市场化进程中，利率波动的幅度和频率将大大提高，而利率的期限结构也将趋于复杂，利率风险识别和控制难度的加大将对银行经营带来巨大影响。因此，商业银行亟须建立完善的利率风险管理机制，关注资产负债中对利率波动较为敏感的部分，尽可能降低利率风险敞口损失。

利率风险的识别是进行利率管理的基础，商业银行需要加重对于利率走势的研究，借鉴西方发达国家的经验，采取适用于其经营环境的预测模型及利率识别方法。及时调整资产负债结构则是进行利率风险控制的有效手段，在利率上升期间扩大正缺口，增加敏感资产的规模；在利率下降期间则扩大负缺口，扩大利差收入，从而实现盈利最大化。

③提高风险定价能力。

利率市场化使商业银行从非价格竞争过渡到价格竞争，在银行产品定价复杂性大幅提升的背景下，商业银行必须不断提高定价能力。良好的定价能力要求商业银行所获取的收益高于其业务对应的风险及成本，遵循风险与收益相对称的原则，通常需要考虑到业务的成本与费用、风险损失和盈利目标等因素。完成一笔业务的定价，需要多维度的成本核算和业务考核的管理会计制度，健全的信用风险溢价测评体系，以及完善的内部资本分配方案。

具体来说，定价的基本原则包括：资金流动性、安全性与营利性相统一，以银行经营成本作为价格下限，借鉴贷款者的风险等级，遵循市场竞争原则。而目前我国商业银行可以参照的主要定价模式包括：成本加成定价模式、基数加点定价模式及客户盈利分析模式。成本加成定价模式是较为传统的定价模式，从银行经营成本的角度衡量贷款利率水平，主要考虑银行的成本、费用及风险，但在一定程度上忽略了影响价格的外部因素。基数加点定价模式是国际银行业采用较多的定价模式，以市场一般价格水平为基础，并依据客户的风险水平进行调整，确定贷款价格，这种定价模式较为科学准确，但是加大了管理难度。客户盈利分析模式是一种以客户为导向的定价模式，指银行在进行一笔贷款定价时，应全面考虑客户与银行业务往来的总成本、总收入及银行的利润目标。

利率市场化改革将提高我国银行业的经营效率，但也将为商业银行带来一系列考验，商业银行能够提高经营水平、合理应对改革，将决定其能否从这场考验中脱颖而出的关键因素。

5.3　融资多元化

随着我国金融改革开放的成功，改革创新的步伐也在不断加快，新型金融机构、金融工具和金融产品不断涌现。在传统银、证、保机构以外，出现了形式不同的金融控股公司以及货币经纪公司、消费金融公司、融资性担保公司等新型金融机构，银行代客理财、金融衍生产品交易、融资融券业务、信用债等创新业务快速发展。多元化融资方式迅速崛起并呈蓬勃发展之势，贷款融资占比明显下降，其他方式的融资占比显著上升。2012 年全年社会融资规模为 15. 76 万亿元，比上年增加 2. 93 万亿元。从结构看，全年人民币贷款仅占同期社会融资规模的

52.1%，同比低6.1个百分点；外币贷款占比5.8%，同比高1.3个百分点；委托贷款占比8.1%，同比低2.0个百分点；信托贷款占比8.2%，同比高6.6个百分点；未贴现的银行承兑汇票占比6.7%，同比低1.3个百分点；企业债券占比14.3%，同比高3.7个百分点；非金融企业境内股票融资占比1.6%，同比低1.8个百分点（见表5-9）。多元化融资方式的崛起将对未来整个银行业的发展产生深远的影响，值得我们进行深入的探讨，下文将主要从我国债券市场和影子银行体系两个方面进行研究。

表5-9　　2002~2012年社会融资情况　　单位：亿元

年份	社会融资规模	各项目占比						
		人民币贷款	外币贷款（折人民币）	委托贷款	信托贷款	未贴现的银行承兑汇票	企业债券	非金融企业境内股票融资
2002	20 112	91.86	3.63	0.87	—	-3.46	1.82	3.12
2003	34 113	81.06	6.70	1.76	—	5.89	1.46	1.64
2004	28 629	79.20	4.82	10.89	—	-1.01	1.63	2.35
2005	30 008	78.46	4.72	6.53	—	0.08	6.70	1.13
2006	42 696	73.83	3.42	6.31	1.93	3.51	5.41	3.60
2007	59 663	60.88	6.48	5.65	2.85	11.23	3.83	7.26
2008	69 802	70.26	2.79	6.11	4.50	1.52	7.91	4.76
2009	139 104	68.97	6.66	4.87	3.14	3.31	8.89	2.41
2010	140 191	56.67	3.46	6.24	2.76	16.65	7.89	4.13
2011	128 286	58.24	4.45	10.10	1.59	8.01	10.65	3.41
2012	157 605	52.05	5.81	8.15	8.18	6.66	14.28	1.59

注：社会融资规模是指一定时期内实体经济从金融体系获得的资金总额，是增量概念；“—”表示数据缺失或者有关业务量很小。

资料来源：中国人民银行、国家发展与改革委员会、中国证券监督管理委员会、中国保险监督管理委员会、中央国债登记结算有限责任公司和银行间市场交易商协会等。

5.3.1　债券市场总体情况

《金融业发展和改革“十二五”规划》指出，要“加快多层次金融市场体系建设，显著提高直接融资比例”，要“积极发展债券市场，稳步扩大债券市场规模”。在这一目标下，2012年我国债券市场保持快速发展势头，企业融资结构得到进一步优化，债券发行方式和发行品种不断创新，发行主体信用层次进一步丰富，直接融资比例显著提高。

2012年，债券市场共发行各类债券8.08万亿元，较2011年增长2.75%，公司信用类债券发行规模增长显著；截至2012年年底，债券市场托管量达26.56

万亿元，较 2011 年增长 16.75%；全市场共成交结算 270.85 万亿元，同比增长 34.12%，其中现券交易 79.74 万亿元，交易活跃度继续增加。债券市场收益率曲线震荡变化，在 6 月份达到全年低位，之后因资金面偏紧、宏观经济数据向好等因素，收益率逐步上行（见表 5－10、表 5－11）。

表 5－10　　2012 年债券市场整体状况　　单位：亿元

债券	发行额	托管量	现券交易量	券种存量结构（%）
政府债券	18 362.26	87 885.93	124 963.14	33.09
央行票据	0.00	13 439.72	83 131.21	5.06
金融债券	26 564.72	92 898.59	236 307.50	34.97
公司信用类债券	35 837.58	71 853.06	352 699.11	26.86
外国债券	0.00	40.00	255.20	0.02
合计	80 764.56	265 617.30	797 356.15	

注：1. 政府债券包括国债、地方政府债、政府支持债券和政府支持机构债权。2. 金融债券包括政策性金融债、商业银行及其他金融机构发行的债券信贷资产支持证券，以及金融机构发行的可转债。

资料来源：中国人民银行、中国债券信息网、上海清算所、中国银行间市场交易商协会、中国证券登记结算有限责任公司、上海证券交易所、深圳证券交易所、Wind 资讯平台，NAFMII 搜集整理。

表 5－11　　2012 年债券市场整体交易情况

交易场所	2012 年		2011 年	
	金额（亿元）	占比（%）	金额（亿元）	占比（%）
银行间市场	2 305 074.38	85.11	1 808 037.69	89.53
交易所市场	403 362.30	14.89	211 314.88	10.46
商业银行柜台市场	14.99	0.001	27.89	0.001
合计	2 708 425.84	100	2 019 380.46	100

资料来源：外汇交易中心、中债信息网、上海清算所、上交所、深交所。

（1）政府债券市场运行情况。

2012 年全年，政府债券累计发行约 1.84 万亿元，与 2011 年基本持平。从债券品种来看，国债发行量约为 1.44 万亿元（其中记账式国债 12 032.8 亿元，凭证式储蓄国债 800 亿元，电子式储蓄国债 1 529.46 亿元），地方政府债发行 2 500 亿元，政府支持债券发行 1 500 亿元，政府支持机构债券未见发行。从发行场所来看，政府债券在银行间债券市场发行 1.59 万亿元，较 2011 年增长 4.19%；在交易所市场发行 124.4 亿元，较 2011 年减少 29.72%；在柜台市场发行 2 329.57 亿元，较 2011 年减少 21.08%（见表 5－12）。

表 5-12　　2009~2012 年政府债券发行量　　单位：亿元

年份	政府债券	记账式国债	凭证式国债	储蓄国债（电子式）	地方政府国债	政府支持债券	政府支持机构债券
2009	18 229.21	12 718.1	2 000	1 511.11	2 000	—	—
2010	20 868.18	14 581.9	1 900	1 296.28	2 000	—	1 090
2011	18 397.91	12 446.5	1 400	1 551.41	2 000	1 000	—
2012	18 362.26	12 032.8	800	1 529.46	2 500	1 500	—

资料来源：中国债券信息网。

随着政府债券存量规模的持续扩大，债券市场吸引力的增强，2012 年政府债券现券市场交投活跃，流动性进一步提升。其中，银行间市场国债的年度换手率为 139.03%，较 2011 年提高 6.82 个百分点；地方政府债的年度换手率为 336.98%，较 2011 年提高 232.76 个百分点；政府支持债券的年度换手率最高，达到 659.61%。

积极财政政策的继续实施，用于保障和改善民生的投入力度加强，结构性减税政策的向前推进，财政赤字安排可能将有所扩大，国债的市场规模预计将保持一定水平的增长。而下一阶段的城镇化建设也对地方政府的投资能力提出要求，地方政府债的市场规模有望继续保持稳步扩大的趋势。

（2）金融债券市场运行情况。

2012 年金融债券市场发行量达到 2.66 万亿元，较 2011 年增长 13.04%。其中政策性金融债发行 2.18 万亿元，较上年增长 9.04%；商业银行债发行 3 933.7 亿元，较上年增长 11.80%；非银行金融机构债发行 661.00 亿元，较上年增加 651.00 亿元；信贷资产证券化于 2012 年重新启动，全年共发行 192.62 亿元（见图 5-16）。

由于“脱媒化”现象加剧，金融资源被重新配置，大量存款资金流向高收益产品，致使很多商业银行被迫转向债市募集资金，2012 年金融债权发行量和存量在债券市场占比不断提升，分别达到 32% 和 39%，较上年分别增长 3 个百分点和 4 个百分点。发债主体不断拓展，农商行、保险公司、资产管理公司及证券公司积极参与金融债券发行，区域性商业银行、外资银行参与主体也有所增加，如以“小微企业”概念获批的金融债已达到 3 195 亿元。

2012 年，资产证券化时隔四年再度重启，在很多方面进行了较大力度的放开和改革，体现了监管层推进金融创新的意图。与上一轮相比，本轮重启顶层设计有重大突破，一是大幅度扩充基础资产池，多种信贷资产被纳入；二是参与机构扩展至包括保险公司、证券投资基金、企业年金、全国社保基金等在内的所有主体。由于资产证券化能够改变一些行业的商业模式，提升净资产收益率，未来一段时间将有越来越多的银行或公司利用这一金融工具改善自身资产负债表。

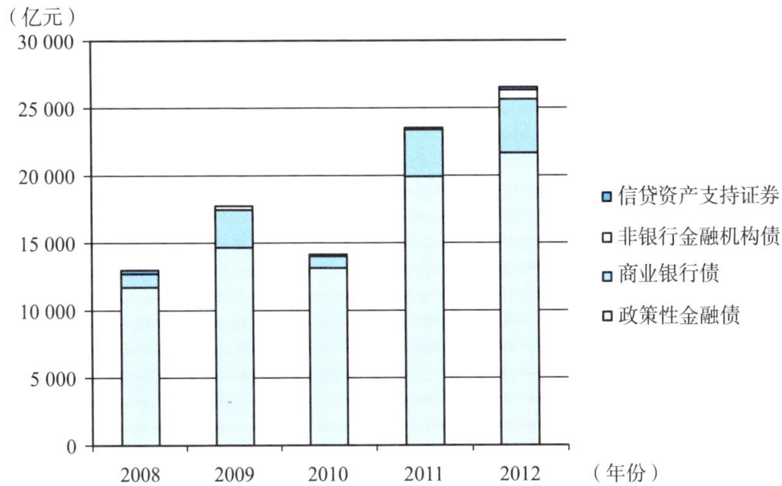

资料来源：中债信息网，上海清算所。

图 5－16　2008～2012 年金融债券发行量

作为债券市场最重要的品种之一，未来金融债在我国资本市场高速发展的整体环境中，市场深度和活跃度将明显提高，迎来发展的黄金时代。

（3）信用类债券市场运行情况。

2012 年债券市场继续坚持《金融业发展和改革“十二五”规划》提出的目标：金融结构调整取得明显进展，可交易融资占社会融资规模比重显著提高。全年信用类债券（包括企业债、中票、集合票据、商业银行债券、短融和非金融企业定向融资工具等）在银行间债券市场共发行了 3.79 万亿元，远超过了政府债券的 1.61 万亿元。截至 2012 年 12 月末，信用债券托管余额的市场占比达到 30.56%，与上年同期相比增长超过 5 个百分点。为实体经济发展提供了重要支持。从交易结算量来看，信用类债券 2012 年全年的现券交易量为 32.47 万亿元，同比显著增长了 22.66%，占据全市场现券交易结算总量的 42.14%。从流动性方面来看，企业债、中期票据、短融是银行间债券市场周转率最高的券种，明显高于市场平均水平（见表 5－13）。

表 5－13　2012 年公司信用类债券市场发行、存量及交易情况　单位：亿元、只

类别	发行只数	发行量	期末托管量	现券交易量
企业债	484	6 499	23 012	96 565
中期票据	565	8 453	24 922	161 047
短期融资券	811	8 370	8 327	77 737

续表

类别	发行只数	发行量	期末托管量	现券交易量
超短期融资券	125	5 822	3 531	9 144
定向发行工具	249	3 759	4 502	1 662
中小企业集合票据	47	106	188	554
资产支持票据	14	57	57	62
公司债	181	2 492	5 340	3 205
可转债	5	164	629	2 275
可分离债	0	0	752	448
交易所私募债	97	115	94	—
合计	2 578	35 838	71 353	352 699

注：1. 铁道部发行的中央企业债为政府支持债券，汇金债为政府支持机构债券，均纳入政府类债券中统计；2. 交易所私募债包括创业板私募债和中小企业私募债，不包括浙江股权交易中心发行的私募债。

资料来源：中债信息网、上海清算所、NAFMII、中证登、深交所、Wind 资讯。

2012 年，在严峻的国际经济形势、国内经济增长下行压力有所加大和股市低迷的环境下，公司信用类债券市场保持蓬勃发展的势头，充分发挥了保证国家宏观经济政策实施、优化资源配置、推动金融体制深化改革的作用，有力地支持了实体经济的平稳运行，对稳增长、调结构、惠民生以及实施重大发展战略等方面提供了积极的支持。

①企业债券市场。

2012 年，全年累计发行企业债 484 只，较 2011 年增加 289 只，发行规模 6 499. 31 亿元，发行规模为 2011 年的 2. 61 倍，券均发行规模为 13. 43 亿元，较 2011 年增加 0. 68 亿元，年末企业债托管量为 2. 30 万亿元，较 2011 年增加 36. 98%。近年来企业债发行量快速增长，但发行期限较长，到期兑付量仍处于较低水平，市场存量达到了较高水平。二级市场交易活跃度较 2011 年大幅提高，全年现券成交约 13. 26 万笔，成交量达 9. 66 万亿元，较 2011 年增长 66. 85%（见图 5 – 17）。

值得一提的是，2012 年，城投债呈加速扩张势头。根据中央国债登记托管结算有限责任公司（以下简称“中央结算公司”）登记托管的数据显示，2012 年全年，银行间债券市场发行的城投类债券（仅包括中期票据和企业债两种形式）累计已达 6 367. 9 亿元，较 2011 年增加 3 805. 9 亿元，同比增长 148%，同比多增 120 个百分点；截至年底，银行间市场城投类债券余额为 14 365. 68 亿元，较 2011 年增加 6 150. 99 亿元，同比增长 74. 87%，同比多增 33 个百分点。

2012 年城投债发行量占银行间市场当年发行总量的比例达 11%，较去年同期上升 7 个百分点；其占信用类债券发行总量比例达 34%，较去年同期上升 14 个百分点。截至年底，城投债托管余额占到中央结算公司总托管余额的 6. 05%，占中央结算公司托管的信用类债券余额的23.65%，分别较上年同期上升了2个百分点和6个百分点。

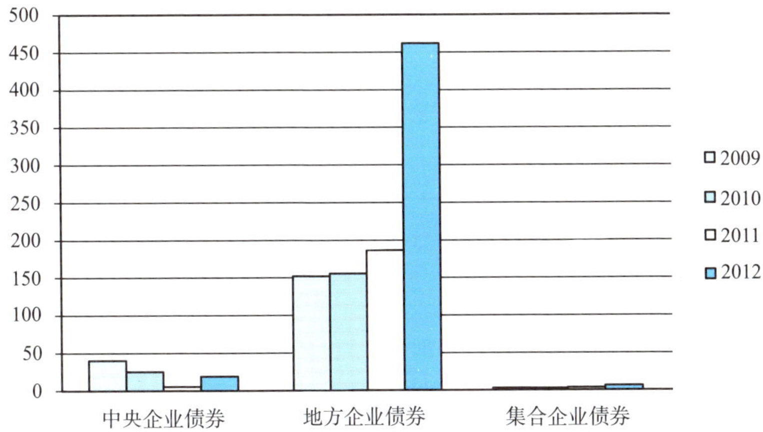

资料来源：中债信息网、上海清算所、NAFMII、中证登、Wind资讯。

图5-17　2009~2012年中央企业债券、地方企业债券和集合企业债券发行只数

②中期票据市场。

2012年，中期票据市场保持快速平稳的发展态势。发行总量快速增长，年度发行量达到新的历史高位，二级市场交易活跃。全年共发行565只中期票据，比2011年增加158只；发行额为8 453.3亿元，较2011年增长16.28%；平均单券发行规模约为14.96亿元。截至2012年年末，未到期人民币中期票据余额为2.49万亿元，较2011年年末增长26.23%。近年来中期票据发行量增速较快，发行量远高于到期兑付量，中期票据市场存量再创新高。

中期票据已经成为一种成熟的融资工具，越来越多的融资主体愿意进入到中期票据市场筹措资金，发行主体多元化趋势越来越明显，信用等级结构重心也逐渐下移。

③短期融资券市场。

2012年，虽然我国经济增长速度持续放缓，但短期融资券市场依旧保持了平稳、健康发展的态势。一级市场发行只数和发行总量均快速增长。二级市场交易也保持了较高的活跃度，市场存量规模再创历史新高。一级、二级市场利率探底回升，利率形成机制更加市场化。全年非金融企业共发行811只短期融资券，比2011年增加199只；累计发行8 370.47亿元，较2011年增长4.21%；累计兑付602只，兑付金额为7 893.80亿元。截至2012年年末，短期融资券托管量8 329.97亿元，较2011年增长5.92%。二级市场交投活跃，全年现券交易7.77万亿元，较2011年增长35.61%；累计交易笔数为9.66万笔，较2011年增加3.11万笔；现券年换手率为9.60倍。

表 5－14　　2012 年机构投资者持有短期融资券情况　　单位：亿元

机构投资者	持有余额（2012 年）	占比（%）	持有余额（2011 年）	占比（%）	持有余额（2010 年）
特殊结算成员	131.05	1.58	273.7	3.48	148.70
商业银行	3 417.48	41.11	3 959.95	50.35	3 457.97
信用社	196.74	2.37	224	2.85	144.09
非银行金融机构	44.28	0.53	45.37	0.58	89.53
证券公司	237.61	2.86	372.16	4.73	291.66
保险机构	182.52	2.20	252.59	3.21	367.46
基金	4 082.97	49.12	2 573.99	32.73	1 993.73

④公司债市场。

2012 年，公司债发展势头进一步加快，发行规模又创历史新高，全年发行 181 只，较 2011 年增加 98 只；发行规模达 2 492.00 亿元，较 2011 年增长 93.0%；年末，公司债托管面额为 5 339.50 亿元，较 2011 年同期增长 86.98%。二级市场成交更为活跃，全年现券交易量为 3 204.97 亿元，是 2011 年的 2.34 倍。2012 年 12 月 31 日，中证公司债指数为 141.55 点，较年初上涨 10.48 点，涨幅为 7.4%。

⑤可转债市场。

2012 年，由于 A 股市场持续低迷，可转债市场随之初现较大幅度调整。在一定程度上抑制了可转债的一级发行。2012 年全年只有 5 家上市公司发行可转债，发行规模 163.55 亿元，较 2011 年下降 60.42%。截至 2012 年年底，可转债托管量为 8 只，票面余额 628.5 亿元，较 2011 年增加 113 亿元，增幅为 22%。2012 年 5 月，上交所和深交所先后推出可转债回购交易，可转债回购有助于降低持有转债的机会成本，增加可转债投资的吸引力，提升市场流动性，有助于推动可转债市场的发展空间。

与此同时，超短期融资券市场、定向发行工具市场均实现一定程度的快速增长，进一步丰富了市场的利率期限结构、风险结构以及流动性结构，有利于形成短、中、长期兼备的市场化收益率曲线。此外，2012 年是沪深交易所中小企业私募债和创业板私募债推出的第一年。全年，在沪深交易所挂牌的私募债共计 97 只，发行金额 114.63 亿元。

5.3.2　影子银行发展情况

影子银行的概念早在 2002 年就已提出，2007 年次贷危机的爆发使其成为理论研究与社会舆论关注的焦点。2011 年，美国金融调查委员会（FCIC）经美国国会授权，发布了《金融危机调查报告》，认定影子银行问题是金融危机的起因之一。虽然，目前对于影子银行的准确定义还没有达成共识，但四个特征为其共有：一是不受监管或者现行监管制度对其约束不足；二是杠杆操作，以少量资金承担大量风险；三是资产、负债时间错配，易发生流动性风险；四是产品设计复杂，透明度低。

表 5－15　　　　　　国内外影子银行与传统银行特征的比较①

特征	传统银行体系	国外影子银行体系	国内影子银行体系
产品结构	简单	复杂	简单
信息披露	透明	不透明	不透明
监管方式	存款保险制度、存款准备金率、巴塞尔协议	机构自身约束、资本市场调节	适用于各个监管主体的不同监管措施
杠杆率	10～15 倍	20 倍以上	10 倍以下
资金来源	存款	货币市场基金	银行信贷、权益资金
危机形势	存款、票据挤兑（负债方）	回购市场挤兑（负债方）	投资亏损（资产方）

在发达国家如美国，影子银行主要由投资银行、证券经纪及交易公司、市场性金融公司（如对冲基金、私募基金）、结构化投资实体（如资产只持商业票据、房地产投资信托）等组成，其主体较多，结构复杂。与之相比，我国的影子银行出现较晚，但伴随经济社会的发展、金融改革的深入、市场规模的扩大，带有影子银行特征的新型机构和金融业务在近年来不断涌现，逐渐发展形成了以银行部分表外业务、银信合作、融资租赁、券商集合理财等为主体，以资产证券化、民间借贷、私募基金等为补充的具有典型中国特色的影子银行体系，并对传统的银行贷款表现出明显的替代效应。根据中国人民银行公布的统计数据，2012 年全年全社会融资规模为 15.76 万亿元，人民币贷款规模为 8.2 万亿元，从结构来看，人民币贷款占社会融资规模的 52%，较 2011 年低 6 个百分点。这意味着宽口径的影子银行体系的融资规模已经接近社会融资总量的一半，并且在快速膨胀，影子银行与传统银行之间既有竞争、又有融合，势必对未来中国银行业的发展产生举足轻重的影响。

（1）商业银行理财产品快速发展②。

2004 年年初，中国银行推出了我国首只个人外币理财产品，同年 9 月，光大银行推出了国内首只人民币理财产品。2005 年 9 月，中国银行业监管管理委员会颁布了《商业银行个人理财业务管理暂行办法》，将商业银行个人理财业务按照管理运作方式不同，分为“理财顾问服务”和“综合理财服务”，并进一步规定“商业银行在综合理财服务活动中，可以向特定目标客户群销售理财计划”。这里提到的理财计划，即理财产品。伴随规范性文件的出台，国有商业银行、股份制商业银行、

① 贾俊生、杨传霄：《影子银行的运行特征与监管》，载于《中国金融》2012 年第 22 期。
② 若无特别说明，本节数据均来源于 Wind 资讯。

城市商业银行、农村商业银行、外资银行相继推出了各自的理财产品，理财业务进入了快速发展轨道。2005 年以来，中国银行业理财产品发行规模保持年约 100% 的增长率，截至 2012 年年末，银行理财业务资产规模达到 7.1 万亿元，已经超过了券商资产管理业务（2 万亿元）、证券投资基金（2.83 万亿元），与信托资产规模（7.47 万亿元）基本持平，逐渐发展成为中国金融市场的重要组成部分。

①发行数量持续攀升。

2005 ~ 2012 年间，商业银行理财产品发行数量持续攀升。2005 年仅有 598 只理财产品发行，2006 年发行量突破千只，2010 年发行量突破万只，达到 12 060 只。2012 年，商业银行新发行银行理财产品 32 146 只，较 2011 年增长了 33%，市场募资规模达到 24.71 万亿元人民币，较 2011 年增长 45.44%①，发行数量和发行规模达到历史新高（见图 5 – 18）。

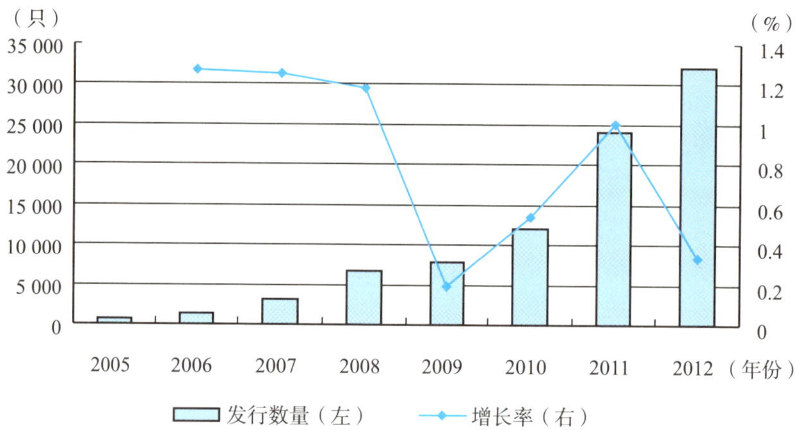

图 5 – 18　2005 ~ 2012 年商业银行理财产品发行数量及其增长率

②参与银行不断增多，市场集中度有所下降。

随着理财产品市场蓬勃发展，越来越多的银行开始参与到理财产品的发行当中，参与银行数量从 2005 年的 30 家发展到 2012 年的 116 家。随着参与银行的不断增多，市场集中度有所下降。2005 年前十家银行发行数量市场占比为 72.74%，2012 年前十家银行发行数量市场占比下降到 52.55%。从银行类型看，2012 年发行数量居前十的银行均为国有商业银行或全国性股份制商业银行，这说明大中型银行在理财产品市场上具有较大的领先优势和较强的话语权（见表 5 – 16）。

① 普益财富网。

表 5－16　　2005 年和 2012 年发行数量前十位的银行及其市场占比　　单位：%

2005 年		2012 年	
银行	市场占比	银行	市场占比
兴业银行	9.2	中国建设银行	9.8
中信银行	9.03	中国银行	7.97
中国光大银行	8.86	招商银行	6.38
招商银行	8.36	中国工商银行	5.85
中国工商银行	8.19	浦发银行	5
中国银行	7.69	平安银行	4.04
中国民生银行	5.85	交通银行	3.56
中国建设银行	5.85	中国农业银行	3.48
中国农业银行	5.18	广发银行	3.41
北京银行	4.52	恒丰银行	3.06

（2）银信合作业务趋于规范化[①]。

2008 年以来，中国信托业获得了迅猛发展，信托资产规模几乎保持了每年约 1 万亿元的增幅，截至 2012 年年末，全行业 65 家信托公司管理的信托资产规模和实现的利润总额分别达到 7.47 万亿元和 441.4 亿元，与 2011 年年底相比，增速分别高达 55.30% 和 47.84%，再创历史新高。我国信托业在资产规模上首次超过保险业（7.35 万亿元），一跃成为仅次于银行业的第二大金融部门。

按产品结构、资金来源和投资者划分，信托产品可划分为单一资金信托产品和集合资金信托产品。而银行、信托公司之间的业务合作主要包括银信理财合作（属单一资金信托产品），以及联合开展信贷资产证券化、银行代为推介信托计

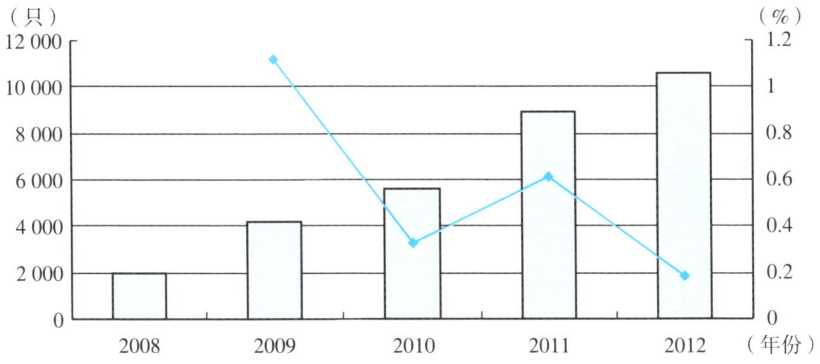

资料来源：用益信托工作室。

图 5－19　2008～2012 年银信理财合作产品数量及其增长率

① 若无特别说明，本节数据均来源于周小明：《2012 年度中国信托业发展评析》，http：//www.xtxh.net/xhdt/14485.html。

划、银行为信托计划担任保管人等。催生近年来中国信托业规模爆发性增长的“发动机”，即是始于2008年下半年的以低端银行理财客户为驱动的“银信理财合作业务”。

①银信理财合作业务模式。

银信理财合作，是指银行将理财计划项下的资金交付信托，由信托公司担任受托人并按照信托文件的约定进行管理、运用和处分的行为①。对银行而言，通过银信理财合作，可以将部分表内业务转移到表外，变相满足客户的融资需求，同时减少信贷额度占用和资本占用，达到规避监管的目的，而信托公司则可以迅速做大规模，收取佣金。此类业务以十分隐蔽的方式增加了金融市场的流动性，同时信贷资产的非真实转移可能导致风险承担落空，容易诱发一定的系统性风险和社会问题，给货币调控部门和监管部门提出了挑战。

②银信合作业务规模。

信托业2009年和2010年两年的增长中，银信理财合作业务规模的贡献度均在50%以上，以2010年为例，年末银信理财合作业务规模达1.66万亿元，占同期信托资产总规模的比例高达54.61%。从2010年下半年开始，银监会出台了一系列监管文件，如2010年8月的《关于规范银信理财合作业务有关事项的通知》、2011年1月的《关于进一步规范银信理财合作业务的通知》、《关于印发信托公司净资本计算标准有关事项的通知》等，对信托公司与银行之间的业务合作加以规范，引导银信合作健康发展。

在监管部门的规范和指导下，银信理财合作业务的“野蛮式”增长势头得到了有效遏制，虽然产品数量稳步攀升，但业务规模占比不断下降，到2011年年底，银信理财合作业务规模为1.67万亿元，与2010年年底的1.66万亿元几乎持平，占同期信托资产规模的比例下降到了34.73%；到2012年年底，银信理财合作业务规模小幅增长到2.03万亿元，但占同期信托资产规模的比例则进一步下降到27.18%。与此同时，以高端机构客户驱动的“非银信理财合作单一资金信托”（单一资金信托规模减去银信理财合作规模）的规模和比例则不断提高：2010年仅为6 050亿元，同期占比19.90%；2011年增加到1.61万亿元，同期占比提高到33.47%；2012年继续增加到3.07万亿元，同期占比已经高达41.12%，成为最大的增长动力。此外，以中端合格个人投资者驱动的“集合资金信托”规模和比例也一直平稳增长：2010年为6 267亿元，同期占比仅为20.61%；2011年增加到1.36万亿元，同期占比提升到28.25%；2012年又增加到1.88万亿元，同期占比为25.20%。从2012年的整体情况看，信托业走上了较为稳健、均衡的发展轨道，逐渐形成了以“非银信理财合作单一资金信托”、“银信理财合作单一资金信

① 《银行与信托公司业务合作指引》（银监发〔2008〕83号），2008年12月4日。

托”、“集合资金信托”为主导的“三足鼎立”的业务结构。

（3）融资租赁异军突起①。

我国的融资租赁业务始于20世纪80年代，20世纪末经历了集中整顿，21世纪初开始恢复调整，以2007年银监会颁布《金融租赁公司管理办法》为标志，中国融资租赁业迎来了快速发展阶段。目前，我国的融资租赁公司主要包括三类，分别是金融租赁公司、内资试点融资租赁公司和外商投资融资租赁公司。

作为传统信贷模式和股权融资模式的有益补充，融资租赁具有业务模式灵活、审核程序简便、后续风险可控等优点，已经逐渐成为我国中小企业的重要融资方式之一。2012年，我国的融资租赁行业实现较快发展，截至12月末，三类融资租赁公司合计560家，机构数量较2011年增长90.5%，是2007年的5倍；业务规模合计1.55万亿元，较2011年增长67%，是2007年的64倍。有分析报告预计，未来5~8年内，中国融资租赁业的市场份额将突破10万亿元，跻身中国金融行业前三（见表5－17、表5－18）。

表5－17　2007~2012年各类融资租赁机构数量　单位：个

融资租赁机构	2007	2008	2009	2010	2011	2012
金融租赁公司	11	13	13	17	20	20
外商投资融资租赁公司	56	68	90	120	210	460
内资试点融资租赁公司	26	37	45	45	66	80
行业总计	93	118	148	182	294	560

表5－18　2007~2012年各类融资租赁机构业务量　单位：亿元

融资租赁机构	2007	2008	2009	2010	2011	2012
金融租赁公司	90	420	1 700	3 500	3 900	6 600
外商投资融资租赁公司	50	500	700	1 300	2 200	3 500
内资试点融资租赁公司	100	630	1 300	2 200	3 200	5 400
行业总计	240	1 550	3 700	7 000	9 300	15 500

（4）券商集合理财迎来新机遇。

作为券商资管业务的主体之一，券商集合理财业务在2008年之后开始较快发展，2008年增长率达到了214.29%，发行了22只产品，2009年和2010年的增长率均超过100%，2010年的发行量达到97只，2011年增加到108只。2012

① 资料来源：《中国金融租赁发展透视》，http：//www.ftchinese.com/m/marketing/msfl.html？Ccode＝1X130415。

年 10 月 18 日，中国证监会发布了《证券公司客户资产管理业务管理办法》，扩大了券商集合理财的投资范围，降低了成立门槛，并将产品的事前审批变为事后备案，全面“松绑”券商集合理财业务。在利好政策的带动下，2012 年券商集合理财业务实现了飞速发展，全年共发行 224 只产品，较 2011 年大幅增长 107%（见图 5－20）。

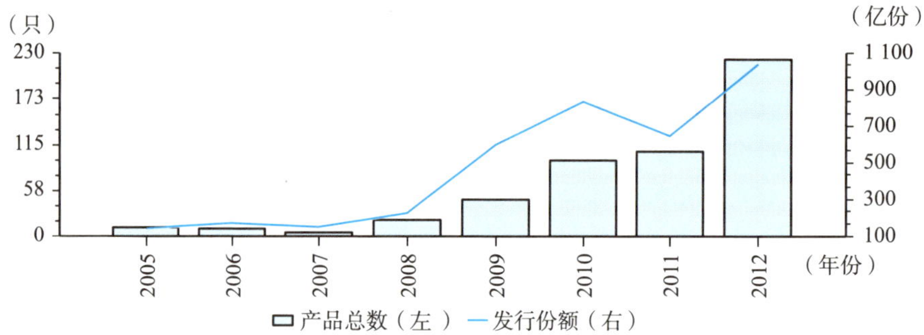

资料来源：Wind 资讯。

图 5－20　2005～2012 年券商集合理财产品新发行产品数量及其增长率

以上是对一些主要的影子银行成员进行了客观总结，当然广义的影子银行还应当包括民间借贷、典当行、担保行、部分私募股权基金、地下钱庄等等，在此不作赘述。对影子银行总量的估算，目前尚无官方定论，彭文生认为中国影子银行总额为 27 万亿元，朱海斌则匡算为高达 36 万亿元；广发证券的研究报告则显示为 30 万亿元。尽管各界对影子银行的评论褒贬不一，但其既然出现就表明市场存在需求，尤其在中国环境下的影子银行是融资供需不平衡，资金出现结构性短缺，导致很多借款人无法从正常渠道获得资金的一种必然结果。影子银行的存在虽然积累有一定的风险，但其在满足融资需求、支持实体经济发展以及倒逼加快利率市场化步伐、构建多层次资本市场方面的确起到了一定的作用。

5.3.3　多元化融资对银行业的影响

2012 年，我国金融体制改革信号更为明确与密集，建设资本市场、改革证券行业、引导民间资本进入金融领域等政策密集推出，在政策扶持下，直接融资加快发展，非银行金融中介加速崛起。证券、信托、基金等非银行金融机构除了不能吸收存款，其他很多投资行为都可以涉猎，但银行却恰相反，主要依靠存贷利差，银行投资二级市场股票或相关的证券投资基金受明令禁止，跨市场、交叉性的金融产品必须要依赖其他平台。此外，目前我国属于分业监管，银行业一直处于中国人民银行、银监会的严厉监管之下，而对于跨业特征明显的影子银行体系，则一直缺乏明确和有效的监管，监管套利现象较为普遍。伴随金融体制改革的加快和多元化融资的崛起，商业银行面临的“双脱媒”趋势日趋增强，其作为经济运行体系核心的主导地位无疑将面临严峻挑战。

（1）对商业银行传统业务空间造成挤压。

从银行的资产业务来看，股票市场和债券市场的发展拓宽了企业的融资渠道，以银行贷款为代表的间接融资开始逐渐被股票、债券等直接融资方式所取代。大中型企业纷纷设立财务公司，通过股权、债权、资产证券化等方式进行资金运作，有发展潜力的中小企业则可以通过创业板获得资金支持，优质企业对银行贷款的依赖度逐渐降低，对银行产生了较大的负面冲击。

（2）对商业银行流动性风险管理能力提出了更高要求。

从银行的负债业务来看，多元化融资方式的发展减少了银行的储蓄存款或单位定期存款，同时，存款波动化增强的趋势明显，银行低成本融资优势逐步丧失，对货币市场等批发性融资渠道的依赖性增强，导致银行负债成本上升，期限错配问题严重，加大了商业银行所承担流动性风险，对银行的流动性风险管理能力和水平提出了挑战。

（3）参与影子银行或导致风险隐蔽化。

目前，金融创新制度空间广阔，投机者较为活跃，金融活动复杂化的趋势较为明显，迫于竞争压力或出于急功近利，商业银行也纷纷通过表外业务方式进入影子银行体系之中，导致风险隐蔽化。例如，在银行与信托、证券等合作开展理财业务方面，普遍存在产品管理不到位、权利与责任不统一等多重问题，一旦市场逆转，承诺的产品收益难以保证，银行或被迫动用表内贷款偿还理财资金，使表外风险转移到表内，自担损失；或面临客户纠纷或法律诉讼，引发声誉风险。

（4）存在引发系统性金融风险的可能。

在非银行金融中介加速崛起的同时，部分中介机构存在法人治理结构不完善、风险管理意识淡薄、内控约束机制建设滞后、风险准备金提取不足、以低资本撬动高杠杆率的问题，内在脆弱性特征明显。加之影子银行与传统银行之间广泛合作，影子银行体系参与各方关系错综复杂，原有业务界限被跨越，导致金融系统的不稳定性增强。例如，个别商业银行工作人员直接或间接的参与民间借贷，从而使这种风险向正规金融机构传递，扰乱了正常的金融秩序；大型企业从银行搬运信贷资金，参与民间借贷，成为高利贷的推波助澜者，显著提高融资成本，造成中小企业财务负担沉重，加大企业破产的风险；等等。在此情形下，一旦某一环节出现问题，易导致风险在金融机构之间相互传染，在不同市场间快速传递，加大了演变为系统性风险的可能性，并将对传统银行体系造成巨大的负面影响。

Gennaioli，Shleifer，Vishny（2011）对影子银行体系与金融稳定之间的关系进行了研究，认为：在理性预期假设下，影子银行体系是稳定的且有利于社会福利的提高。但在参与者低估尾部风险的情况下，影子银行活动将会导致系统性风险和引发金融脆弱性，因此有必要实行一些政策干预如对影子银行系统杠杆率进行监管。

（5）影响了正常的货币政策传导机制

多元化融资趋势下，表外金融产品和融资工具创新活跃，对整个社会融资量的扩张效应明显，且影响货币政策中介指标或者说目标，存款准备金率、利率等常规的货币政策手段难以对其引致的货币供应进行有效调控，降低了货币供应量与宏观经济变量间的相关性，货币供应量不能完全反映全部的信用规模，所以在总量控制上一定会有所偏离。同时，游离在监管体制之外的部分影子银行可能会像商业银行一样具有货币创造的功能，并参与货币乘数的放大过程，不仅使央行所能调控的对象和掌握的信息资源日趋受限，也已成为干扰货币政策传导机制、削弱央行宏观调控能力的一个因素，使货币政策的有效性和针对性受到很大的负面影响，一定程度上造成了宏观调控的失灵。

5.3.4 “脱媒”背景下商业银行经营转型策略

融资多元化是金融体系深化发展的必然趋势和要求。在金融脱媒大幕徐徐拉开之际，商业银行自当顺势而为，走在变化之前，因势利导，积极应对，在发展策略和经营方式方面及时做出调整，充分利用多元化融资方式发展带来的市场机遇，进而趋利避害，立于不败之地。

（1）积极调整业务经营模式和客户结构。

业务经营模式转型方面，商业银行要积极探索存贷款业务和中间业务并重的发展模式，努力拓展高附加值的中间业务，逐渐改变中间业务收入占比过低的现状。例如，积极通过发起贷款、信用增级、流动性和信用支持、证券化产品投资等多种方式和渠道参与证券化过程，扩大收入来源，降低对利差收入的依赖，力争实现利差收入和非利息收入的“双轮驱动”。客户结构方面，大力发展零售客户和中型、小型、微型企业客户。对于大型客户和优质客户，要逐步从单纯的存款、贷款和结算业务，过渡到为其提供现金管理、资产管理、企业理财等综合业务服务上。

（2）抓住同业业务、支付结算业务面临的发展机遇。

资本市场发展在分流银行储蓄存款的同时，相当一部分将以证券公司客户交易结算资金、自有营运资金存款，登记公司自有资金、清算备付金、验资资金存款等金融机构同业存款以及企业存款的形式回流至商业银行。其中金融机构同业存款的增长与资本市场发展具有较明显的相关性，资本市场发展越快，同业存款的增长也越迅速，规模越可观。因此，要抓住同业存款、企业机构大额存款业务面临的发展机遇。支付结算业务方面，以证券市场的清算服务为例，商业银行可大力发展的领域包括，一级清算服务——即法人证券公司与沪深证券交易所中央登记公司之间的证券资金汇划；二级清算业务——即法人证券公司与下属证券营业部之间的证券资金汇划；三级清算业务——即个人投资者在证券营业部资金账户与商业银行存款账户之间的证券资金汇划。

（3）加强金融创新，强化主动负债能力和融资能力。

商业银行应该加大金融创新力度，探索通过发行金融债等方式进行主动负债，不断开辟新的资金来源，打造强大的、相对稳定的银行资金链。例如，可考虑通过开发理财产品、投资性避险性产品、年金管理产品来实施产品型负债，通过发行类股权融资工具获得资本性资金来源，等等。

（4）合理运用影子银行产品来丰富风险管理手段。

金融市场的发展和金融产品的多样化为商业银行管理风险提供了更为丰富、有效的工具。例如，通过建立多样化的投资组合和资产池，商业银行可以降低风险，提高资产收益；通过贷款转让、贷款互换等工具，商业银行可以更为有效地管理信用风险；通过互换、期权、期货等工具，商业银行可以更有效地管理市场风险；通过发行债券、信贷资产出售和证券化等工具，商业银行可以更有效地管理流动性风险。

以上是从商业银行适应融资多元化趋势，积极业务转型的角度进行了分析，但是本研究中心一直在思考的问题是，银行业显然需要顺应周围环境，前瞻性地加以改革以保证自身不落后于市场，可是客观地说，银行机构创新的动力与深度恐怕在短期内尚难以与非银行金融机构比拟，而在利率市场化背景下，竞争的加剧必然带来风险的上升，因此，我们认为，在激烈竞争中，商业银行可以充分利用、放大“风控”、“稳健”的自身优势并将其作为行业特色，就以严格的风险控制来巩固并赢得市场，这既是业务转型、加强创新的基础，同时又以行业品牌的形式助力银行业在融资多元化的浪潮中占据相应地位，可谓一石二鸟。

5.4 金融科技化

随着现代信息科技日新月异的发展，科技与金融的结合日趋深化，各种创新型支付手段不断涌现，一方面传统的现金支付日渐式微，票据支付向无纸化发展；另一方面移动支付方兴未艾，互联网支付稳步前进。人们的支付方式随着科技的进步经历着一个不断去实体化的过程，支付终端在此过程中一步步虚拟化、离散化。

艾瑞咨询集团发布的《2012～2013 年中国移动支付市场研究报告》和《2012～2013 年中国互联网支付用户调研报告》显示，2012 年中国移动互联网经济规模达 976.2 亿元，同比增长 148.3%（见图 5－21）；银行体系之外，第三方支付、第三方互联网支付、移动互联网支付的市场交易规模分别达 12.9 万亿元、3.7 万亿元和 1 511.4 亿元，行业发展强劲；在互联网支付中，第三方网上支付方式成为继网上银行之后的第二大电子支付方式（见图 5－22）。

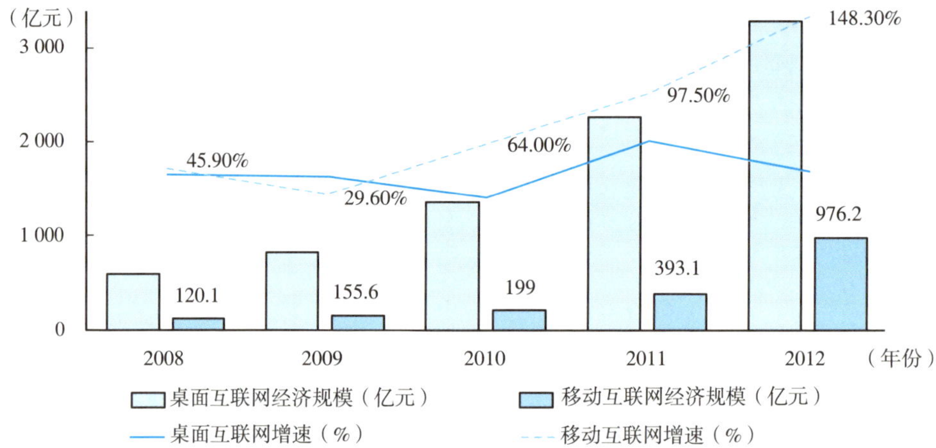

资料来源：艾瑞咨询集团《2012～2013 年中国移动支付市场研究报告》。

图 5－21　中国桌面互联网和移动互联网的经济规模

20 世纪 90 年代，比尔·盖茨曾说："传统商业银行将成为 21 世纪最后的恐龙"。尽管商业银行在以互联网为代表的现代信息科技飞速发展的过程中非但没有消失，而且发展得更好，但是不得不承认，以前商业银行在支付领域独步青云的时代已然过去，现在的支付产业已经步入了网络时代、移动时代、社交时代、数据时代；作为现代信息科技金融应用主力军的互联网金融已经以其势如破竹的姿态对传统商业银行形成了强大冲击。互联网与金融的深度碰撞、现代信息科技与金融的渗透融合已然成为现代金融业不可逆的发展趋势。马云说："要用互联网的思想和技术去解决问题和支撑中国未来金融的发展"，科技与金融的深度结合也必将如每一次工业革命一般催生出新的金融模式、新的金融业态，最终完成新的金融革命。

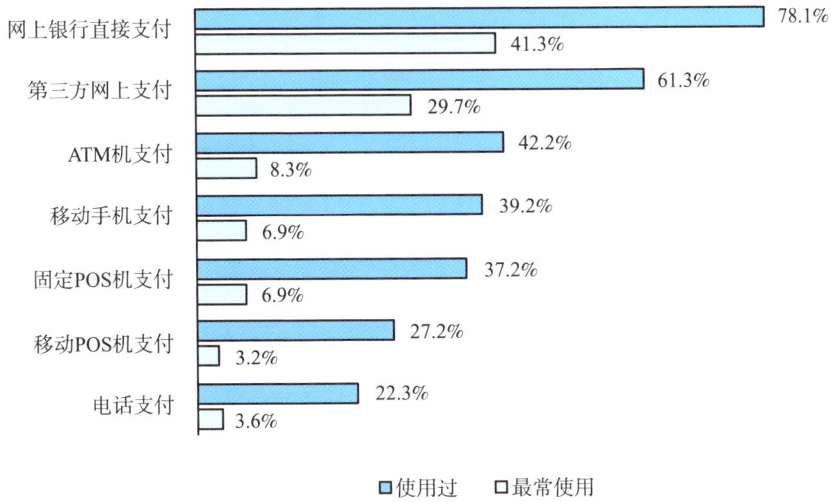

资料来源：艾瑞咨询集团《2012～2013 年中国互联网支付用户调研报告》。

图 5－22　2012 年中国互联网支付用户使用及最常使用的支付方式

5.4.1　科技在现代金融中的应用

随着金融信息化建设以改革为动力、以创新为手段不断稳步推进，Wi－Fi、3G、云计算、物联网、移动互联等技术在移动支付等金融领域应用得更加纯熟，移动支付与银行卡、网上银行等电子支付方式一步步整合，消费者日益增长的安全性和便捷性要求随着身份认证技术和数字签名技术等安全防范软件的发展不断被满足。艾瑞咨询集团发布的《2012～2013 年中国互联网支付用户调研报告》同样显示，平台的安全性、网站覆盖面以及已有账户成为用户在选择第三方支付平台时最多考虑的三个因素（见图 5－23），因此，如何优先满足用户这三个方面的需求成为电子支付运营商重点攻克的问题。

快捷支付作为现代科学技术在金融领域应用的主要力量充分结合第三方支付在互联网支付技术方面的专长与银行在资金管理与结算服务上的专长，为广大用户提供方便、快捷、安全的互联网支付方式。整个快捷支付涉及客户、第三方支付机构和银行三方，使资金在用户域、交易控制域与资金清算域之间双向流动。快捷支付通过架构开放的平台与标准，方便交易各方跨机构、跨地域、跨平台的接入互联。快捷支付在电子商务不断革新、银行互联网化需求增加以及政府对实名制、反洗钱反套现等要求的推动下，在技术标准、架构组件、责任确认、运作模式等方面持续创新。

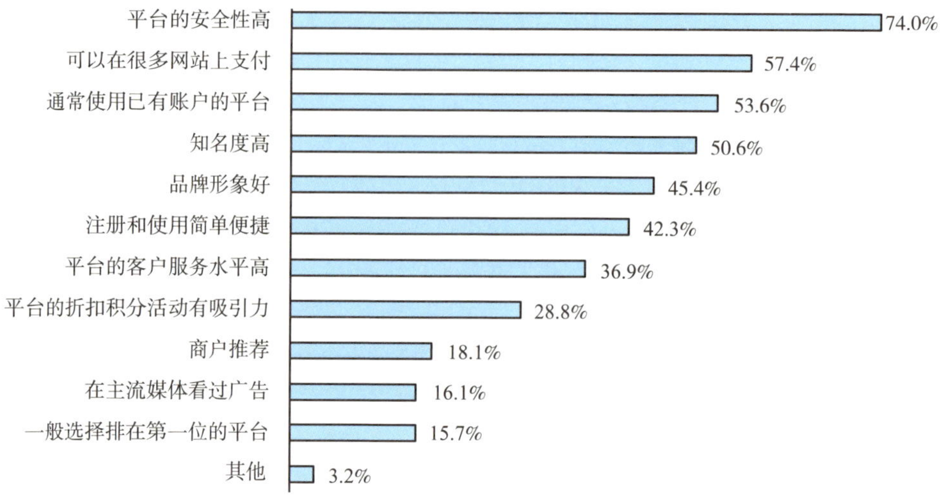

资料来源：艾瑞咨询集团《2012～2013年中国移动支付市场研究报告》。

图5－23　2012年中国互联网支付用户选择第三方支付平台时考虑因素

目前在硬件方面，PC机技术、智能手机技术、平板电脑技术、互联网宽带技术都已发展成熟，数字机顶盒技术、移动刷卡器技术也在不断进步中，这些IT基础设施为支付体系更好地应对未来变化创造了有利条件。在软件方面，互联网传播技术、网上银行技术、第三方支付技术、WLAN技术、3G通信技术都在逐步完善，而现在处于前沿领域的NFC技术、云计算、数字化自我技术、物联网技术是支付体系未来的制胜法宝。

支付体系的发展在移动支付领域大有可为，未来必须大力提升这一领域的技术水平。从移动通信体系结构来看，支撑移动支付的技术分为传输、交互、支撑层和平台四个层面，包括短信技术、云计算技术、红外线技术、非接触芯片、射频技术等，在这些通信技术中，后三项技术的结合将是未来手机作为移动支付设备的技术发展主流。

- 短信。短消息服务是移动支付中经常用到的，用于触发交易支付、进行身份认证和支付确认的移动技术。在移动支付中按照信息流的流向可以分为上行和下行两种方式。用户使用短信的上行通道，发送特定信息到指定的特服号进行支付；另外，也可以通过下行通道向客户推送一些商品或服务，如提醒充值用户进行充值，如果用户确认充值，则完成了此次的移动支付。同时下行通道也是进行用户消费确认的渠道，来保证支付的安全，避免支付中的欺诈行为。

- 云计算。云计算通过互联网提供具有动态性、扩展性和虚拟化的资源，它将各种商品资源、服务资源、个人或企业的大量行为记录并存储到云端，通过对人的行为的连续性分析进行身份认证和客户需求挖掘，以便金融企业更为安全、周到地为客户提供贴身服务。此外，云计算无需购买大量的软硬件，大大减少了前期投资和后期管理维护投入。

- 红外线技术。此前多家国际支付服务公司将红外线技术引入进行移动支付的试验，通过红外线通信把信用卡信息下载并存储在手机里，在支付时通过红外线通信将用户的信用卡信息传输到指定设备，以完成支付认证。
- 射频技术。射频识辨技术和蓝牙技术都是基于射频技术的两种通信标准，射频技术引入非接触式移动支付服务具有广阔的市场空间。一般情况下在手机中内置一个非接触式芯片和射频电路，用户账户支付信息通过某种特殊格式的编码，存放在此芯片中，以适应银行或信用卡商的认证规则。用户在支付时，只需将手机在POS的读卡器前一晃，用户的账户信息就会通过射频传输到此终端，几秒钟后就可以完成支付认证和此次交易。
- 非接触式芯片技术。非接触式芯片技术是使用IC智能芯片技术与近距离无线通信技术（蓝牙技术、红外线等）相结合的一种新型技术，将用户信息存储在智能芯片中，通过近距离无线通信技术与其他接受处理设备进行通信，将信息按照某种格式进行加密传输。

第三方支付组织、电信运营商、电商企业等互联网相关企业携带着电子商务优势和技术优势在其联合发动的金融脱煤浪潮中不断扩大其涉足金融业务的范围，甚至包括支付结算和信贷这两项银行业核心业务。截至2013年1月，中国人民银行先后分六批共发放223张支付机构牌照，第三方支付组织提供的支付业务终于名正言顺；2012年5月，支付宝、财付通、快钱三家支付公司正式获批证监会颁发的基金第三方支付牌照，第三方支付组织开始与银行在中间业务方面同分一杯羹；同年7月，阿里巴巴宣布阿里小贷将向除温州以外的江浙沪地区的B2B普通会员开放信用贷款业务，扩大其信贷业务范围；同年9月，腾讯宣布打通财付通与移动产品微信的应用通道，微信用户可通过扫描商户二维码方式付款，移动支付方式更进一步：继快捷支付高歌猛进之后，第三方支付企业登堂入室，互联网相关企业在金融结构中发挥着越来越重要的作用。

5.4.2 科技融入给金融业发展带来的新趋势

（1）大幅降低银行业交易成本，加快金融业转换机制，提高效率。

信息科技与金融的结合、互联网与银行业务的融合以及支付终端虚拟化、离散化的趋势可以显著地降低交易成本，提高金融业转换机制，对支付市场、金融市场的参与者来说是一个良好的契机。

以前银行扩大客户群、满足人民群众支付需要往往需要依靠新设营业网点来实现，如此一来耗费了大量的固定成本和人力成本，诚然这可以支撑银行业的高盈利，但却是一种粗放型的扩张模式；而虚拟化支付终端的出现将改变这种竞争模式，它让客户可以在任何地点完成支付或交易，对银行网点和自助设备的依赖性会大大降低。对于提供基础服务的银行业金融机构来说，无须像以前一样通过网点数量扩张来招揽客户，大幅度地减少了硬件方面的成本投入。此外，在营业网点为客户办理业务需要使用大量的纸张，既不环保也不经济，电子化的交易方式就为银行节约了这方面的支出。今后银行需要做的就是把重点放在加强网络信息系统等软件建设工作上，为用户提供更安全、更便利的服务。现代信息技术在银行中的应用将使银行减少节点依赖型的专用资本，而是更多地运用网络化的社会资本，将促使未来银行业结构转型向更集约化的方向发展，可以更好地提高效率并降低社会融资成本。

（2）服务面更广，客户覆盖率更高。

在线下消费领域，银行卡支付广受消费者欢迎，但是对于商家来说，刷卡支付模式则摊薄了其营业利润。由于刷卡支付需要向银行和卡组织支付一定的手续费，为了避免引起客户消费需求下降而一般由商家来承担此项费用。近年来信用卡经常含有一些隐藏费用，信用卡体系在商家中的名声逐渐下降。过高的资费、长期的合同、购买刷卡机的开销以及专用的电话线等成本成为许多商家拒绝接受信用卡消费的理由，然而这种做法无疑让商家损失了不少销售收入。如今大量交易都可以在互联网上进行，网上虚拟支付方式则可以消除这些障碍，商家收入的增减直接反映在网上银行账户的借记和贷记上，也不涉及现金使用，免去了运输成本并有效防御了资金在途风险。而移动支付方式更是帮助线下商家降低了固定支出，只需要一部智能手机就可以使用移动支付方案顺利实现资金到账，无须支付额外的开销，避免了没有 POS 机等支付终端引起的营业额的下降，这无疑会使原来的非客户积极地进入客户行列。

消费者是支付终端虚拟化最大的受益者。由于可以随心所欲地进行交易并完成支付，大大降低了时间成本和“皮鞋成本”。以前办理业务都需通过银行网点，往返过程中需投入一定的时间和交通费用，等待过程中时间的浪费更是引发了社会公众对银行办事效率的怀疑。过去商品的购买也只能在户外实体店中实现，支付方式也很单一。现在网上支付通过虚拟化电子交易技术可以为消费者大幅度节约时间，支付更低的手续费率，实为一种经济、高效的方式。

互联网金融打破了很多时间上和空间上的限制，可以为客户提供更为便捷、全面的服务，满足了“长尾”群体的金融需求，大大提高了客户覆盖率。

（3）解决市场信息不对称和征信手段创新问题，有利于金融业风险控制。

中小企业在国民经济中占有重要地位，其创造国内生产总值中超过 50% 比重的最终产品和服务的价值，提供 60% 的出口，提供 80% 的城镇就业岗位，中小企业在缓解就业压力、增强市场竞争活力、改善经济布局、促进经济协调发展等方面发挥着重要作用，中小企业的发展已经被提到了重要的战略地位。但是中小企业一方面规模小、经营状况不稳定、缺乏抵押物；另一方面财务报表不健全、信息不透明，再加上中小企业的资金需求具有“小、短、频、快”的特点，银行要开展中小企业信贷业务需要一套包括信贷评价技术、风险容忍度、利率定价、审批流程等在内的差异化的业务发展机制，因此中小企业很难向大企业一样顺利从银行完成资金融通，而以银行为主导的间接融资方式又是我国最重要的融资渠道，因此融资难问题一直是制约我国中小企业发展的关键瓶颈。银行长期以来却步中小企业信贷业务最主要的顾虑就在于征信过程中的信贷评价技术和贷后风险管理能力，归根结底的障碍就是信息不对称及其造成的信息收集成本和信息处理成本。

随着搜索引擎、大数据、社交网络、云计算等现代信息科技的发展和运用，互联网相关企业跨界进入金融业，其强大的数据收集、数据分析和行为跟踪能力能够跳跃一般财务报表，有效地调查、监督客户的还款意愿和还款能力，能够有效地甄别异常状况，在技术上解决了市场信息不对称的难题。市场信息不对称程度逐渐降低，金融业的信息成本和交易成本也大幅缩减，交易双方在资金期限匹配和分担风险方面的消耗不断降低，最大限度地降低了银行筛选客户的各项成本，又增强了金融业控制风险的能力。第三方支付组织等互联网相关企业基于互联网数据挖掘技术不断创新，它们不仅将互联网作为工具降低交易成本、提高交易效率，而是将互联网的作用作为其核心竞争力来发挥，令其信贷客户群快速增长，其“数字化自我”的项目不断拓展金融业的服务市场、服务范围及其服务目标人群，使互联网金融与传统金融展现出清晰的梯次结构。互联网相关企业在商业银行独步武林的时代，利用其征信手段创新的优势逐步涉猎中小企业信贷业务，大大填补了传统商业银行的业务空白，它们一方面优化了传统商业银行提供的支付、信贷服务；另一方面能够确保后期服务，为中小企业的成长保驾护航，为金融服务实体经济做出了贡献，同时还能保证自身的风险控制和稳健经营。在此过程中，它们也已经不仅仅是给原有的商业银行业务充当渠道了，而是插足传统商业银行的主营业务的利润分配，其强大的势头和冲击不断推动传统商业银行业务发展模式的转变。

（4）控制权让渡给客户，强调交互式营销。

随着科技与金融的融合，随着各种支付服务机构、金融服务机构的涌现和崛起，支付市场、金融市场的竞争日趋激烈，过去银行类金融机构一家独大的局面已不复存在，也引发了市场竞争规则和市场格局的变化以及买卖双方力量和地位的扭转。

基于互联网信息科技的互联网金融为信贷金融业的发展注入新鲜活力的同时，也正重新构架金融市场竞争规则。在金融市场竞争中，已经不再是一味地由实力雄厚的大企业掌握生产、销售网络和品牌形象优势，由大企业在市场地位中处于领先甚至对中小企业进行兼并重组等的“大鱼吃小鱼”；在互联网为战场的新型竞争环境中，不以规模大小与实力厚薄论英雄，而是看谁能够抓住创新这一核心，能够更快更好地为用户提供更加便捷、安全、周到的金融服务。在“快鱼吃慢鱼”的新的竞争规则下，即便是小银行、小机构，也能够用先进的信息科技与服务管理理念作为最重要的竞争力武装自己，能够通过互联网做大做强，能够在网络上重建自己的竞争优势，比如支付宝、财付通、银联在线等第三方支付组织的日益强大甚至在某些方面对银行业形成倒逼。

过去，由于商业银行基本上控制了客户的支付方式和融资渠道，所以其掌握了绝对的主动权，也令其在支付领域和资金融通市场中收获颇丰。但是，未来支付终端虚拟化、离散化以及金融互联网化的发展趋势使得银行对于客户的行为越来越不可控，客户拥有了更强的议价能力，银行经营信息不对称业务的利润越来越薄，零售金融领域已经由之前的卖方市场转变成了买方市场。如今客户已经将支付控制权把握在了自己手中，可以依照自身的偏好选择不同的支付渠道，可以在权衡性价比的情况下运用不同的支付工具，可以根据具体情况选择不同的支付终端，不再受到银行的诸多限制，在某些方面甚至可以脱离金融机构这一媒介。各商业银行在意识到支付方式转变给自身经营带来的挑战之后，开始更多地关注客户的需求，以新的营销理念维系、扩大客户基础，抢滩移动支付市场，加强其竞争优势。

与21世纪初将电子银行仅作为渠道建设不同，目前日渐兴盛的互联网金融更加尊重客户的体验与需求，以客户为中心，以服务为标准，不断推陈出新。互联网金融在运作模式上更强调互联网等信息技术与支付、信贷等金融核心业务的深度整合，主张构建开放式的平台，强调交互式的营销方式，希望将来能够让客户成为经营者并平等参与商业财富分配。

5.4.3 互联网金融下的产业链合作

无论是移动支付还是互联网金融都不是通过一个产业链可以完成的，它涉及消费者和商家、银行机构、第三方支付组织及电子商务平台等多方利益，需要多条产业链的配合协作。由于互联网金融下的产业分工日趋精细化和专业化，支付服务商、移动运营商、技术设备提供商、系统集成商和商户都各司其职，在大产业链中扮演着不可或缺的角色，未来仍需加强各个领域的沟通与合作，紧密结合产业链各个节点，集成各方优势，形成完整畅通且功能强大的大产业链条，促进移动支付产业、互联网金融产业的协同发展。

（1）互联网金融下各产业链之间的合作。

目前，在以移动支付产业为主的互联网金融领域，商业银行与第三方支付机构是两大服务主体，其合作关系由来已久。两者围绕着消费者和商户应用，以银行账户为基础平台开展业务合作，由支付机构通过支付工具为消费者与商户间搭起“支付应用”的桥梁；而商业银行通过银行账户，实施资金、账户监管，确保支付机构、商户与消费者三者间的支付安全，此种合作关系是由自身特点和行业发展需要所决定的。商业银行是经法律许可的金融机构，具备支付服务的基础功能，处于主导地位，但是不愿在中小型商户和零散客户上投入过多资源。而第三方支付机构更加重视中小企业、更加了解消费者的电子支付行为和习惯，可以满足客户的个性化需求，为消费者提供更适合、更友好、更细致的支付产品和服务，从而与银行形成互补，帮助银行将业务扩展至更宽广的领域，增加了其中间业务收入。同时，第三方支付机构也借助商业银行的支付网关找到了适合的发展模式，开拓了属于自己的一片天地。自 2011 年 6 月起，央行开始颁布第三方支付牌照，第三方支付企业得到“名分”，队伍也日益壮大。第三方支付已融入到现代生活的方方面面，不仅在购物、旅游、游戏上离不开它，在各项缴费、保险、物流等领域第三方支付也干得有声有色。虽然非金融支付服务机构开展的业务已与商业银行发生了部分重叠，未来在诸多金融领域内必将针锋相对，但在今后相当长的一段时间内，更加深层次的合作势在必行。

面对移动支付这片蓝海，行业相关各方跃跃欲试，意图独揽移动支付大局，移动支付市场因此硝烟弥漫。目前移动支付的运作模式主要有三类，即以移动运营商为运营主体的移动支付业务、以银行为运营主体的移动支付业务和以独立的第三方为运营主体的移动支付业务。商业银行掌握着亿万人的存款账户、拥有强大的电子平台和清算设施以及成熟的信用体系，具有得天独厚不可替代的优势，金融机构主导的商业模式可以整合利用现有的金融网络、清算系统和客户资源，但对终端设备制造商的控制能力弱；运营商提供了支付工具的载体，对终端用户和终端设备制造商的控制能力较强，但运营商模式缺乏商户资源；第三方支付也拥有雄厚的技术实力，能为商家统一接入国内大部分银行，经过多年发展已累积了大量用户和线上商户资源，但线下商户资源相对不足，对终端设备制造的影响力也有限。由此可见，在移动支付业务产业价值链中，移动运营商、银行、第三方服务提供商有其各自不同的优势和劣势。移动支付作为一个新兴事物，发展成熟壮大还需经历时间的考验，移动支付领域绝不是一家能够独吞的市场，未来合作开放式的商业模式更有可能获得成功。

尽管在支付行业内的竞争无可避免，但未来广阔的发展空间要求运营商、银行、第三方支付等相关企业必须展开多元化合作与沟通，在相互学习、相互促进中共建有序、协调的支付市场秩序。银行业金融机构、运营商和第三方支付企业都应发挥各自的特色，在各自的领域提供最好的服务和产品，给用户创造最佳的体验方式，并协调好各方利益关系，建立收入分成模式。只有彼此合理分工、密切合作，建立科学的移动支付业务的运作模式，才能推动移动支付业务的健康发展，发挥产业协同效应，实现参与方之间的共赢。具体来说，移动支付业务产业链的各方——标准制定者、设备制造商、商业银行、移动运营商、移动支付服务提供商和商业机构，可以从如下方面进行努力：

• 标准制定者。中国移动支付产业在监管和政策层面，目前还没有明晰的市场准入规则，争论已久的近场支付标准也直到今日才得以统一。由于移动支付产业链错综复杂，参与方众多且各方的利益和资源的争夺激烈，有关部门须调配好各个环节的利益，促进行业有序发展。

• 银行业金融机构。各个商业银行需要为移动支付平台建立一套完整、灵活的安全体系，保证用户支付过程的安全通畅；继续推进银行卡的升级换代工作，推动金融 IC 卡的广泛使用。

• 移动运营商。移动运营商的主要任务是搭建移动支付平台，为移动支付提供安全的通信渠道，是连接用户、金融机构和服务提供商的桥梁，在推动移动支付业务的发展中起着关键性的作用。移动运营商应完善语音、SMS、WAP 等多种通信手段，针对不同级别的支付业务设置不同等级的安全服务，为银行提供出租 SIM 卡空间的业务。

• 第三方服务机构。作为银行和运营商之间的衔接环节，第三方移动支付服务提供商在移动支付业务的发展进程中发挥着重要作用。独立的第三方移动支付服务提供商须有效整合移动运营商和银行等各方面资源并协调各方关系，为移动支付用户创造更加多样的移动支付增值业务和个性化服务，吸引用户为应用支付费用，为整个产业增加利润来源。

• 设备制造商。移动设备厂商在向运营商提供移动通信系统设备的同时，还可以推出包括移动支付业务在内的数据业务平台和业务解决方案；手机生产厂商需在质量上严格把关，将符合 NFC 标准的、支持各种移动数据业务的移动终端推向市场，为移动支付业务的不断发展创造条件。

• 商业机构。对于商家而言，在商场和零售店部署移动支付系统，在一定程度上能减少支付的中间环节，降低经营、服务和管理成本，提高支付的效率。商户也应抓住这一机遇，着力提升自身商品质量和服务水平，为用户带来更好地体验，获得更高的用户满意度。

（2）互联网金融下各产业链之间的风险分担。

在互联网金融领域中风险事故时有发生，其中很多情况都是客户的资金受到了损失。之前的一些经验已经给未来建立更为有效的风险分担机制提供了借鉴依据：在交易过程中，是网银系统出现的故障就应由银行来履行责任，是第三方支付平台的疏漏就要由第三方支付机构弥补损失，是客户自身操作有误造成的后果应由客户自己承担。

互联网金融继续向前发展必然伴随着一定风险，特别是刚处于起步阶段的移动支付产业，其中隐藏着大量未知风险。移动支付是移动通信向人们的日常生活进一步渗透的过程，因此这个过程必然会有从不成熟到成熟、从不被认可到认可的过程，因此无论是运营商还是参与其中的金融机构、零售业等行业，都应该详细分析这个新兴业务的各个环节，为可能遇到的障碍做好充分的准备。

从目前情况来看，运营商和商业银行面临巨大的成本投入压力：一方面，运营商出示 SIM 卡要成本；另一方面，银行推广营销和发卡也需要大量成本，为了推动厂商量产 NFC 手机，甚至要对加载手机钱包的手机生产厂商提供补贴。而其他各方相对来说需要投入的资金较少，这就很可能造成搭便车等不平等现象。而且现在移动支付产业还没有形成规模经济，整体利润较薄，仅仅依靠微薄的交易佣金根本不够各方分摊利益。此外，银行与电信运营商之间也存在诸多顾虑，银行机构担心电信运营商控制金融交易过程，在交易的过程中容易引发矛盾；而电信运营商则认为，自身只有设备及技术上的优势，不能管理风险，应由银行承担风险。如果把握不好移动支付市场竞争合作的平衡、缺乏合理的风险分担机制来维持产业联盟相关协议的执行，那么在市场发展到一定阶段之后，合作关系出现分裂的可能性很大，这对产业发展是极为不利的。

移动支付终端的应用场景复杂，包括手机、掌上电脑等操作系统繁多、机型复杂、软件环境多样、用户交互界面丰富等，极有可能出现支付风险。建立分担机制需要从事前与事后两方面展开行动，各参与方应事先设计一套可行方案，明确各自应承担的成本和不同环节出现问题时的责任方，以此强化约束机制，避免抵赖、违约等行为的发生；当出现支付风险事件后，各个主体也应积极协调配合，找出具体原因之所在，并主动承担相应职责，有效解决问题，将经济损失、声誉损失降到最低程度。

目前，中国的互联网金融服务机构还面临来自外资互联网巨头的重大威胁，包括苹果、谷歌、Facebook、Paypal 在内的国际互联网公司都不同程度地控制着中国用户的互联网入口。这些创新能力超强的公司不仅拥有惊人的中国用户数量，其用户黏度甚至超过许多国内企业，它们掌握着大量国内用户的数据，加上国内的法规政策对它们的监管、限制能力有限，这些外资互联网企业在中国的跨境电子支付领域初具规模，并开始试图进军我国境内电子支付行业。中国的互联网金融要想赢得未来的长远发展，各相关企业必须以包容性的心态、前瞻性的眼光和全球化的视角进行战略安排，将各自的核心竞争优势组合起来，加强各产业链的合作，保证各产业链的融通，创造新的合作模式和业态环境，实现各产业链的集体效益。

5.4.4 银行业的跨界电商服务浪潮

随着现代信息科技与金融业的深入结合，随着电子商务、移动支付等互联网金融的快速发展，互联网企业一步步切分银行金融服务的蛋糕，与此同时也敦促银行业加速变革。银行业要想避免从金融业的“大佬”跌落成为金融业的“三农”，避免从金融业的“高富帅”、“白富美”落魄成金融业的“屌丝”，就必须正视互联网金融这一发展趋势，必须用新的科技和新的思路重新武装，转变其原有金融模式。在银行业的深思与探索过程中，电子商务行业的丰厚收益和广阔前景首先激发了银行业的热情，国内银行纷纷“触电”，掀起银行跨界电子商务的热潮。

招商银行一直是国内商业银行开办创新业务的先行者，其电子银行、网上商城更是独具特色。2004 年 10 月，招商银行最先成立招行信用卡商城，提供“低配送、高利润率”的商品和分期付款的支付方式；2010 年年初成立招商银行招赢电子商务公司，跨界提供订机票、酒店等差旅管理服务和 B2C 业务；2012 年 10 月正式上线其专门针对旅游业打造的云服务模式的“出行易”差旅管理系统，该系统作为招行银行卡持卡人的专属商旅服务平台，基于商务卡支付和数据服务运营优势，为企业提供包括审批、预订、支付、报销、数据服务的全流程差旅综合解决方案；2012 年 9 月 18 日，招行发布“手机钱包”产品，宣告涉足移动支付行业，并于 11 月 26 日携手中国联通推出“联通招行手机钱包”信用卡手机支付产品。招行以服务、稳定、粘合客户为目的参与电子商务，最先实现了真正意义上的 3G 手机支付，用信息技术的变革推动自身的变革。

兴业银行于 2011 年推出“银银平台理财门户”，销售兴业银行自有的贵金属和理财产品、代销的基金产品和其他加入兴业银行平台系统的中小银行理财产品，提供支付结算、财富管理、融资、科技输出、外汇代理等服务。这一电子商务平台致力于整合中小银行的理财业务，打造成为专业从事财富管理的电子商城。

2012 年 6 月 28 日，中国建设银行旗下电子商务金融服务平台——“善融商务”正式开业，包括“善融商务个人商城”、“善融商务企业商城”、“善融商务房 e 通”三个平台，面向个人和企业提供专业化的电子商务服务和金融支持服务。在电子商务服务方面，“善融商务”提供涵盖商品批发、商品零售、房屋交易等领域的 B2C、B2B 操作模式，为客户提供信息发布、交易撮合、社区服务、在线财务管理、在线客服等配套服务；在金融服务方面，“善融商务”将为客户提供从支付结算、托管、担保到融资服务的全方位金融服务。“善融商务”提供与整个交易链条相结合的供应链融资服务，立足架构成为安全、放心、高品质的电子商务平台。建行逐步将各种金融服务和非金融服务加载到“善融商务”平台，以期构成其强大、完整的平台体系。

2012 年 7 月，中国交通银行旗舰店进驻天猫商城，交行利用天猫商城“搭便车”成为最先开设“金融产品官方网站”的银行；同年8月，交行全线开放新一代网上商城“交博汇”平台，该平台分为企业馆、商品馆、收付馆、金融馆四馆，汇集国内外知名品牌，提供线上销售、缴费、投资理财、资金清算等服务，是一个业务全面、功能强大的综合化电子商务平台。

中国银行于2012年10月推出“云购物”电子商务平台，广泛连接各大网上商城和服务商，为消费者提供实时、便捷的商品价格比较和商品信息整合服务。“云购物”电子商务平台是中行在8月的中期业绩发布会上将“智慧银行”提升到总行战略层面之后的具体实践，中行将通过其已经推出的“时间管家”服务、“云购物”平台和即将推出的“家具银行”服务等实现其网银的层层升级，紧抓渠道服务、搭建全球公司客户服务平台和创立创新机制三方面工作重点，完成其“智慧银行”的蜕变。

在实力雄厚的大银行纷纷投入其专属电商平台建设的同时，杭州银行、浙江城商行等中小银行通过外包满足其自身的互联网化需求，它们联合第三方金融电商“数银在线”共同设立了各自银行网络信贷中心，在传统贵金属及理财产品之外，直接加载部分个人贷款业务及小微企业贷款业务，凭借其区域优势抗衡其他全国性大型网络贷款平台，实现个人和中小企业融资的创新。

随着利率市场化进程的加快和多元化融资渠道的崛起，传统商业银行的利润空间被压缩，商业银行依靠高利息差获得收入的传统盈利模式似乎已是强弩之末，银行纷纷跨界做电商不仅仅为了拓展新业务而简单将金融产品电子化，更重要的是其形成的交易平台和新的信用体系带来的不断增长的第三方卖家、用户以及未来增长的信贷业务。商业银行在利用其天然的结算功能以低门槛进入电商，并且利用其在资金监管、资金清算等方面的优势高调吹响电子商务金融服务号角的同时也面对着自身技术驱动滞后、商务模式尚不成熟以及供应链管理能力较弱等外在压力。

商业银行能否将其庞大的银行卡用户群完全转换成电商客户有赖于其能否实现物流和资金流的高效融合，为用户提供货真价实的服务；商业银行能否利用进军电商行业提高中间业务收入、顺利转变盈利模式有赖于其能否创新服务理念和服务方式，打造整合供应链金融业务各个环节的一站式服务平台，满足广大零散客户和中小企业的金融需求。在科技与金融不断深入融合的时代，商业银行必须不断通过金融创新、技术创新以及与互联网企业建立正常良好的合作竞争关系，全面提升金融服务水平，满足社会融资需求。

第四篇

未来银行业发展转型的潜在着力点

中国银行业将步入重要的战略机遇期，创新与转型是必然选择。

未来，在经济增速趋于温缓的背景下，城镇化、利率市场化、融资多元化以及金融科技化等因素，将为我国银行业发展营造前所未有的机遇与挑战并存的格局，过去银行业赖以生存的以经济高增长带动信贷高投放、以信贷高投放促进经济高增长的经营环境将渐行渐远，对银行的定价能力、创新能力和管理能力等都提出了更高要求。而且，银监会推动实施的中国版“巴塞尔协议Ⅲ”，对商业银行进行了更加严厉的资本充足率、动态拨备率、杠杆率、流动性比率监管，在此种情况下，强化资本管理、加快构建资本节约型银行，进而真正实现内涵集约式经营，成为我国银行业必须直面研究解决的重大课题。

调整业务结构、加快战略转型是符合科学发展观和“十二五”规划的内在要求。本篇主要从应对我国未来经济结构调整和市场趋势变化的角度着手，建议银行业金融机构将战略转型的着力点放在财富管理、小微金融、电子银行、多元化经营、风险管理和国际业务拓展等方面，通过业务模式的优化升级摆脱对传统路径的依赖，利用这些业务的盈利潜力创造差异化的竞争优势，开拓未来价值增长新空间，从而实现以质取胜的可持续发展。

6. 财富管理

6.1 群雄逐鹿的中国财富管理市场

近年来，随着我国经济的持续高速增长，国民收入水平不断提升，富裕群体规模逐渐扩大，加之社会大众金融投资知识和理念的不断普及和深化，财富管理行业应运而生并取得了一定成绩：越来越多的金融从业人员从其他业务领域补充进入日益扩张的各金融机构财富管理部门；财富管理机构不断推出新的产品和服务，以满足财富人群的需求；监管环境也在与整个行业共生共长，一系列相关法律法规相继出台。中国的金融机构在借鉴国际先进经验的基础上，利用自身优势探索着适合自身的发展路径，财富管理朝着更加高端化、专业化、精细化的方向发展。但是到目前为止，相比起欧美国家成熟的财富管理运作模式，中国财富管理行业依然处于探索阶段，财富管理业务正从原来的以产品为中心向以客户为中心过渡。

财富管理是指通过向客户提供现金、信用、保险、投资组合等一系列金融服务，对客户进行资产的配置与管理，以满足客户不同阶段的财务需求，为其实现财富保值、增值等目的的一种业务。目前，中国财富管理业者包括商业银行、证券公司、信托公司、基金公司、保险公司、第三方理财公司等机构，其中商业银行和证券公司是财富人群选择的主要财富管理机构，分别占到60%、20%的市场份额。但是随着一系列新政的出台，期货、保险、券商等金融机构投资范围放宽，券商和期货公司也获得了资管业务方面的新牌照，预计今后中国的财富管理市场竞争将更加激烈。

6.1.1 商业银行独占鳌头

商业银行财富管理业务的起源以银行理财产品的推出为标志，虽然迄今为止发展历程不足10年，但成绩斐然。银行理财产品市场起步于2004年，当年12家商业银行共计发售了133款产品，募集资金规模不足500亿元人民币。而截至2012年12月末，银行理财产品余额达到7.1万亿元左右（见图6-1），按照2012年底131万亿元的银行业总资产规模来计算，银行理财产品占比超过5%。作为中国新兴的财富管理工具，银行理财产品市场募资规模已远超信托业、保险业的整个行业资产规模。

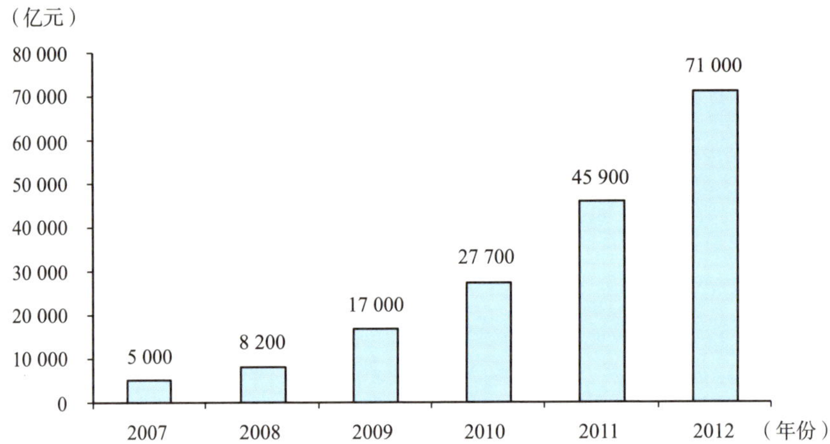

资料来源：中国银监会。

图6-1　银行理财产品余额

处于财富管理较低层次的银行理财在支持实体经济发展、改善社会融资结构、推动利率市场化进程、分散银行系统性风险和商业银行经营转型等方面发挥了积极作用，同时也为居民提供了财富保值增值的新途径。据悉，2011年，全国160家银行业金融机构通过理财产品为投资者创造收益超过1 750亿元；2012年，全国开展理财业务的18家主要银行为客户实现投资收益2 464亿元，较好地满足了人民群众的投资需求，提高了居民财产性收入①。而财富管理的高端领域——私人银行近年来也取得了高速发展，许多银行相继获得私人银行业务牌照并成立了私人银行部门或者财富管理中心，为高净值人群提供全方位服务。未来商业银行的财富管理业务不应当仅仅停留在理财产品的横向扩张上，而应进行纵向深入发展，充分开发高净值人群的潜力。

6.1.2　证券公司创新产品层出不穷

证券公司积极参与财富管理市场角逐主要体现在券商集合理财产品发行量的

① 资料来源：中国银行业理财业务热点问题座谈会。

增长上。2012 年，伴随券商资管业务的全面铺开，券商集合理财产品发行迎来爆发式增长，相对于 2011 年的 108 只，数量上有了大幅攀升，达到 224 只，发行份额也超千亿元（见图 6－2）。

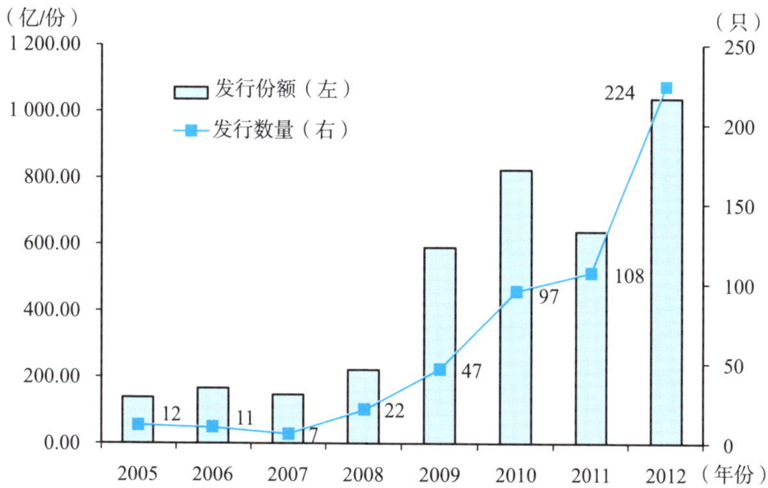

资料来源：Wind 资讯。

图 6－2　券商集合理财产品发行量

目前，券商资产管理规模已突破万亿元大关，随着越来越多的券商资管进入财富管理市场，同业竞争越加激烈，行业集中度有所下降。面对日趋激烈的竞争，券商资管在追求产品数量、管理规模扩张的同时，也在不断地丰富自身的产品种类。2012 年，券商集合理财发展创新提速，其中以短期理财产品、保证金管理型产品、结构分级产品、与其他机构合作产品以及对冲套利等创新策略产品为代表的各种“新”产品迎来蓬勃发展时期，各管理人产品线进一步丰富。但是由于金融危机后中国股市行情不佳且债市也处于相对低迷状态，许多券商集合理财产品业绩表现并不理想，部分产品的收益率为负，有的甚至面临清盘危机。

6.1.3　信托机构发展迅猛

信托业历经多次大调整后，依然保持着快速生长态势。自 2008 年该行业资产规模突破万亿元大关，此后每年以万亿元级别的增幅增长，截至 2012 年 12 月底，信托业资产规模达 7.47 万亿元，而保险业资产规模为 6.92 万亿元，信托业超过保险业成为仅次于银行业的金融第二大业态（见图 6－3）。

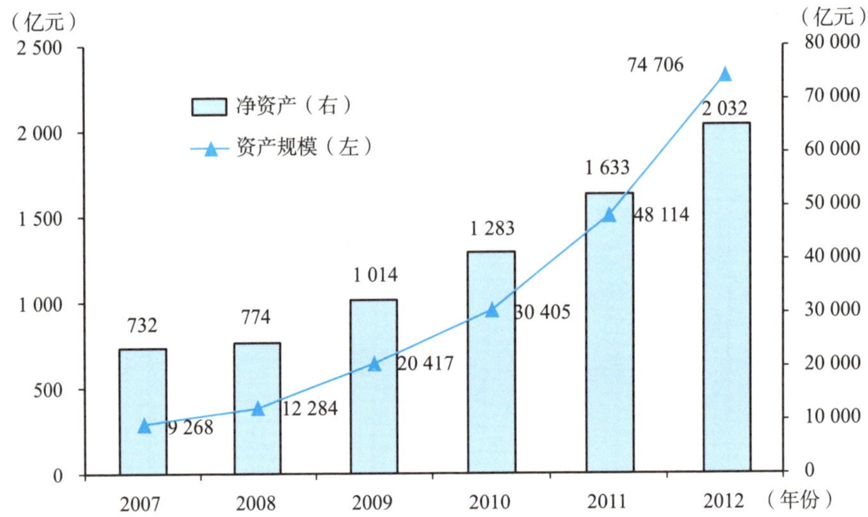

资料来源：信托业协会。

图 6 –3　信托业资产规模与资本增长情况

从信托的本质来说，信托可以横跨实业投资、资本市场、货币市场等诸多领域，被认为是天然的资产配置平台，其提供财富管理服务的潜力是非常巨大的。当前因制度红利而得以蓬勃发展的信托业，亦面临着由政策改革带来的风险和挑战，目前信托公司高速增长的背后是发展质量明显滞后和风险逐步积累，离专业理财机构的定位还有很大差距。近几年来信托业的繁荣一定程度上得益于银信合作模式的扩张，信托公司只需负责寻找“融资方”，资金的募集则由银行方负责。之前颁布的银信合作“叫停令”对于信托业务来说是个不小的冲击，意味着今后信托公司可能要自行开发研究融资产品并募集资金，其过程是比较繁琐和复杂的，这将为信托市场带来一轮“洗牌”格局。信托公司必须尽快转换盈利模式，鼓励自主创新的资产管理业务，提升主动管理能力，拓展生存空间，回归到真正的信托业务上来。

6.1.4　公募基金，规模与盈利齐飞

一方面，公募基金管理规模实现快速增长。截至 2013 年 1 月底，我国境内共有基金管理公司 77 家，其中合资公司 43 家，内资公司 34 家；管理资产合计 36 021.32 亿元，其中管理的公募基金规模 27 854.74 亿元，较 2011 年同期增长 30.77%（见表 6 –1）。另一方面，基金业的盈利水平也较为可观。据好买基金网公布的 2012 年公募基金年报显示，基金在 2012 年盈利情况大幅度回升，全年整体盈利 1 267.47 亿元，一洗 2011 年亏损超过 5 000 亿元的历史业绩。

表 6－1　证券投资基金市场情况

类别	基金数量（只）	份额（亿份）	净值（亿元）	份额（亿份）	净值（亿元）
统计截止时间	2013/1/31	2013/1/31	2013/1/31	2012/12/31	2012/12/31
公募基金	1 193	29 902.11	27 854.74	31 708.41	28 661.81
封闭式基金	70	1 475.36	1 499.39	1 424.85	1 413.01
开放式基金	1 123	28 426.75	26 355.36	30 283.56	27 248.80
其中：股票型	534	13 059.37	11 698.59	13 510.10	11 476.71
其中：混合型	221	6 391.80	5 780.86	6 493.14	5 646.86
其中：债券型	238	3 355.74	3 477.85	3 687.60	3 776.94
其中：货币型	63	4 759.46	4 759.44	5 717.28	5 717.28
其中：QDII	67	860.38	638.62	875.46	632.02
非公开募集资产	—	—	8 166.58	—	7 564.52
合计	1 193	29 902.11	36 021.32	31 708.41	36 226.33

资料来源：中国证券投资基金业协会。

2012 年是中国金融创新的元年，而在过去的一年中，作为金融行业重要的组成部分，基金业也身处巨大的变革之中，这一年是基金业政策、法规出台最为密集的一年。过去基金业受监管最为严厉，如今新政下管制大幅放松，全面资产管理的来临、产品方面的扩容和创新和行业结构的巨变，都将给基金业带来新的发展机遇，在财富管理市场上抢夺更多市场份额。

6.1.5　阳光私募基金，管理水平有待加强

2012 年，新基金法的出炉，将一直游离在法律监管之外的私募基金纳入管理范畴；渠道的拓宽，允许私募绕过信托公司发行产品，直接与券商、银行合作；私募自身积极做出适应市场的调整和转变，固定收益类产品表现抢眼。根据朝阳永续数据统计，2012 年共有 738 只阳光私募基金募集成立，总募集规模约为 1 000 亿元，平均募集规模约 1.36 亿元，其中非结构化产品 215 只，占比 29%；结构化产品 523 只，占比 71%。但是阳光私募 2012 年的总体业绩表现不尽如人意，收益率普遍较低：非结构化阳光私募基金平均收益率为 0.91%，结构化阳光私募平均收益率为 1.24%，总体平均收益率为 0.99%，而普通股票型基金 2012 年的平均收益率为 5.60%。阳光私募基金在年度业绩表现上，未能胜过普通股票型基金，同时跑输上证指数（见图 6－4）。

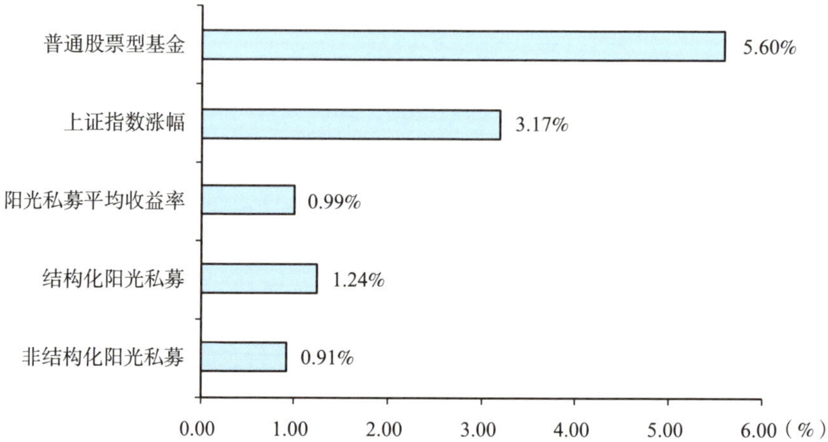

资料来源：朝阳永续、华宝证券研究所。

图6－4　阳光私募基金与股票型基金和股指收益率对比

6.1.6　第三方理财独辟蹊径

第三方理财发端于2004年，当时的第三方理财机构仅有两家，在金融机构分业经营和监管的形势下，受益于准入门槛低、不受现行体系监管等有利条件，第三方理财机构得以空前发展，目前已有数千家机构以投资咨询公司或理财服务中心的实体成立。从某种意义上来说，第三方理财公司在资产管理市场上的拓展和定位有些类似于现如今的私募基金，将专家理财和灵活的合作条款捆绑嫁接作为打开财富管理市场的突破口。第三方理财作为一种新兴的金融理财服务行业，在国内经过八年的发展，已逐步形成以信托产品为主、PE、银行理财产品、定向增发、投连险、公募基金和贵金属等产品同时推广的以代理为主要盈利模式的业务体系。

但是第三方理财市场也存在着一系列问题：行业的总体规模仍然较小，目前市场份额仅占中国整个理财市场的1%；许多第三方理财公司产品单一，无法为客户合理配置资产，实质以产品销售为主要目的；按产品类别向产品供应方收取不同费率的模式，使得行业普遍存在利益冲突和销售误导；激烈的竞争导致很多"飞单"、"返佣"以及变相参与产品设计等不规范操作；以及目前还未出台明确的监管措施等，这些都成为第三方理财行业健康发展的掣肘。

6.2　商业银行财富管理业务概览

6.2.1　财富管理具体业务内容

目前各商业银行的财富管理业务品种丰富，品牌各具特色，然而服务内容大多类似，主要集中在以下几方面（见图6－5）。

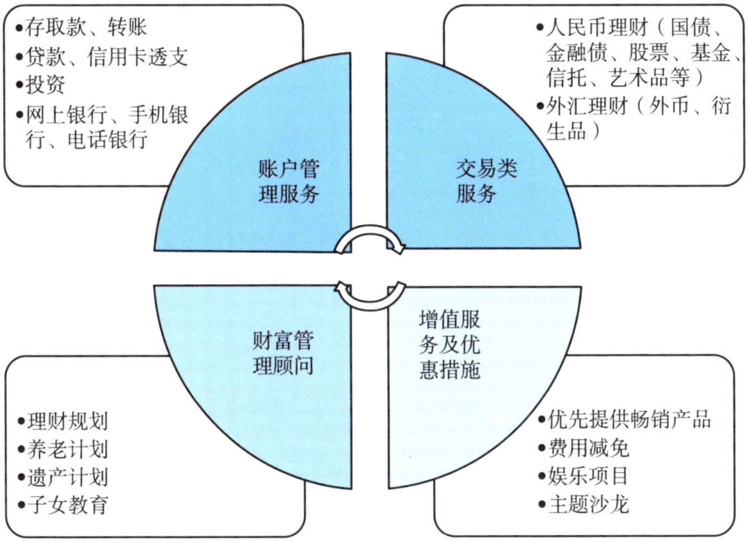

图6－5　商业银行财富管理的业务内容

6.2.2　理财产品市场持续繁荣

目前中国银行业的财富管理业务重心仍停留在为客户提供交易类服务的层面上，财富管理顾问和增值服务数量相对较少。2012 年度，银行理财产品的发行呈现出如下特点。

（1）年内发行数量平稳增长，季末效应明显。

从分月统计数据来看，银行理财产品发行数量稳步增加，2012 年前 6 个月，月平均发行产品 2 395 只，低于 7～11 月的月平均发行 2 809 只，同时 2012 年理财产品发行的季末效应依然明显（见图 6－6）。

（2）发行主体结构稳定，城商行发行量增长迅速。

从理财产品的发行主体上看，与 2011 年相比，2012 年发行主体结构相对稳定，国有控股银行与股份制银行依然占据发行方的主体位置，但两者市场份额之和下降了 10%。2012 年最大的变化来自于城商行发行数量的迅速增长，发行占比从 2011 年的 17% 迅速增加至 2012 年的 25.24%，与股份制银行和国有银行的发行占比差距已经缩小到不足 10 个百分点 10%（见图 6－7）。

（3）产品收益结构稳定，非保本型产品成为主力。

2012 年全年，银行理财产品共发行 18 707 只非保本型产品，同比增长 23.71%，占全部发行产品 62.46%（见图 6－8），非保本型产品市场份额的稳定，说明投资者已经认同了这一收益类型产品，“买者自负”意识逐步加强。

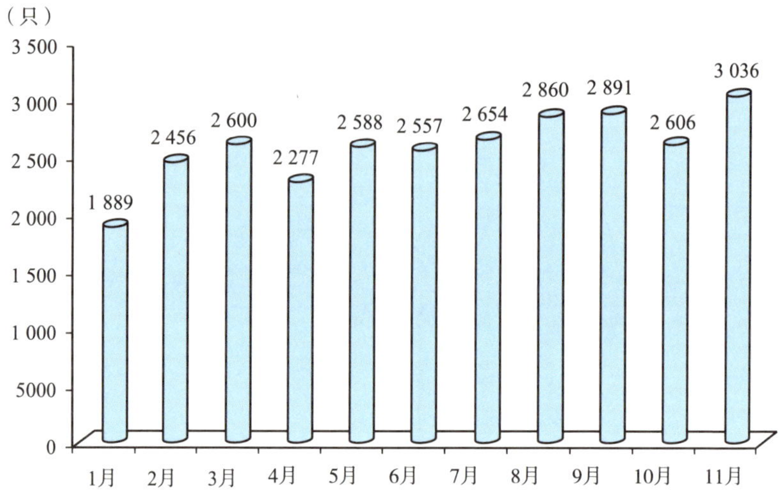

资料来源：华宝证券研究所研报。

图 6－6　2012 年银行理财产品逐月发行数量

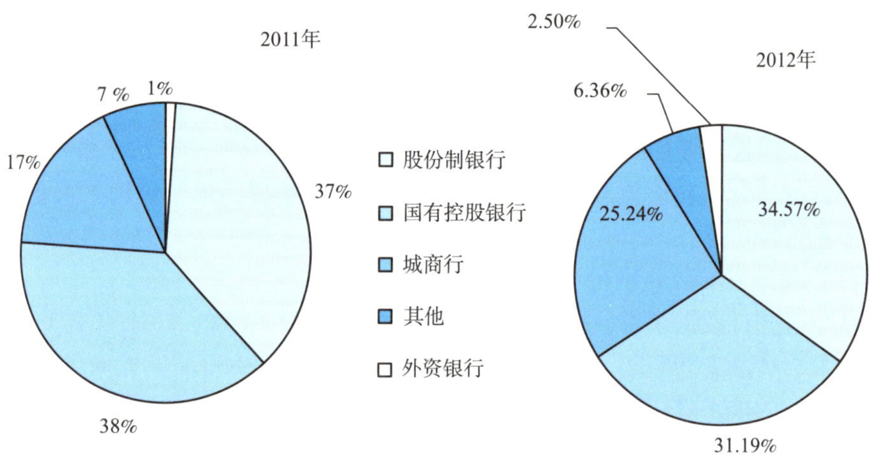

资料来源：华宝证券研究所研报。

图 6－7　2011 年与 2012 年理财产品发行主体对比

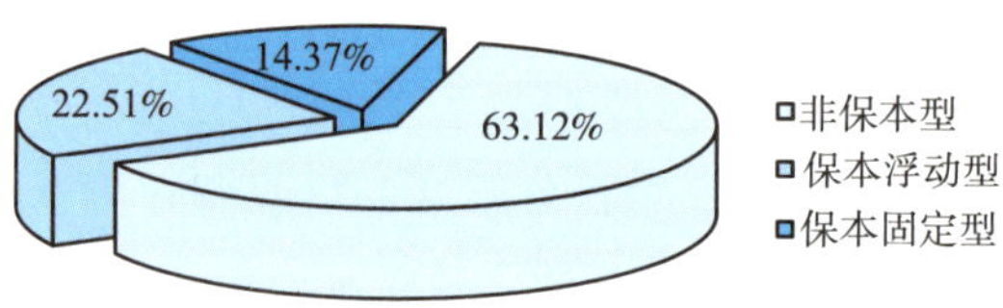

资料来源：Wind 资讯。

图 6－8　银行理财产品收益类型

（4）资产配置高度灵活，紧随市场变化。

资产配置是银行理财产品收益率的来源，银行理财产品往往根据资本市场的运行情况灵活调整资产配置比例。2012 年由于股票市场不景气，使得收益率基本固定、期限选择多样、进入门槛较低且风险较低的银行类理财产品成为投资首选。而银行理财产品资产配置比例也紧贴资本市场发展脉络，前三大配置市场分别为其他类资产[①] 32.47%、利率市场 31.07%、债券市场 27.9%，股票市场的配置比例只有 3.31%。

（5）超短期理财双重受限，短期理财占据半壁江山。

自 2011 年银监会叫停超短期理财产品后，期限为一个月以内的产品就不断在减少，截至 2012 年年底，期限小于一个月的产品市场占比从 32.1% 下滑至 5.03%。短期产品偃旗息鼓，取而代之的主力是 1～6 个月期限产品，其中 1～3 个月产品占据约 60% 的市场（见图 6－9）。

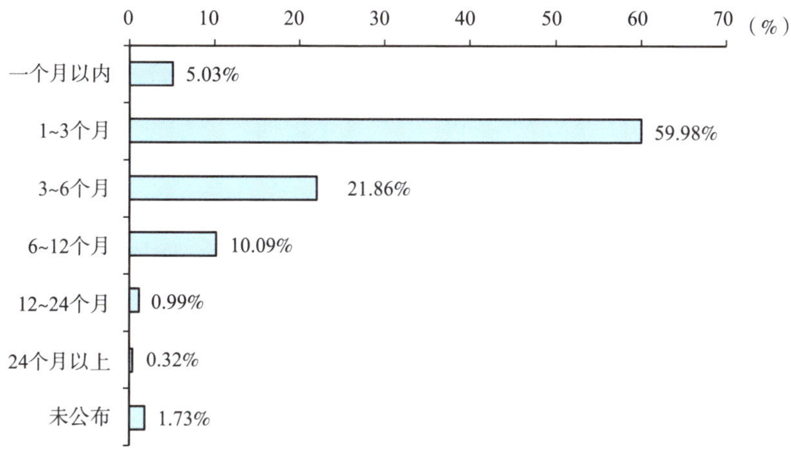

资料来源：Wind 资讯。

图 6－9　银行理财产品期限分布情况

（6）个人客户是理财产品的主要发行对象。

2012 年，商业银行共发行 25 239 只针对单一对象的理财产品与 5 096 只针对混合对象的理财产品。在针对单一对象的理财产品中，针对个人客户发行的理财产品市场占比高达 66%（见图 6－10），个人客户成为 2012 年理财产品发行方最为重视的对象，表明银行开发高净值客户的力度正在加强。

① 其他类资产主要以信托标的和另类产品标的为主。

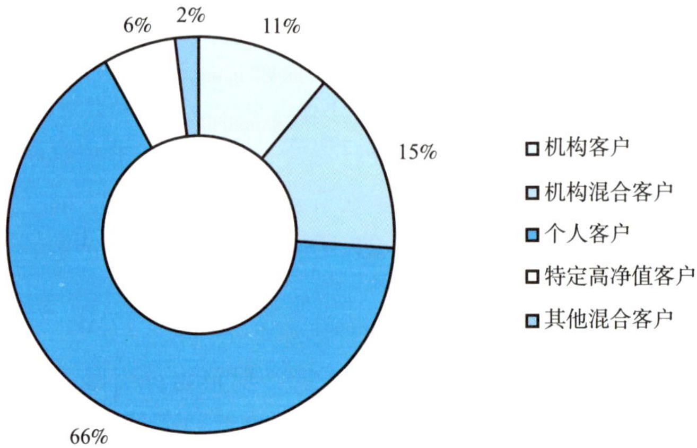

资料来源：华宝证券研究所研报。

图 6-10　2012 年银行理财产品各类客户占比

（7）收益率下滑明显。

2012 年，高收益产品发行占比逐月减少，收益率中枢出现整体下移的态势。发行数量最多的产品已经从 5% ~6% 的收益率区间，下移至 4% ~5% 的区间，同时预期收益率在 3% ~4% 区间的产品数量也在增加。在理财产品收益率设计方面，各商业银行大多形成了“两头少、中间多”的格局，即：高收益产品和低收益产品的发行数量较少，大量发行的是收益率处于中间段的产品。特别是 4.50% 上下的产品集中度很高，这一区间产品期限丰富、投向多样，能够吸引各类大众客户，是各银行主打的产品。在进入降息周期的背景下，理财产品的收益率下行是不可阻挡的趋势。

6.2.3　高端理财服务成果颇丰

目前，高净值投资者群体不断扩大，对于财富管理的要求也越来越旺盛。由于理财市场的“二八定律”①，各家商业银行对于高端理财市场的关注程度日益增加。作为旨在提升核心竞争力、增强盈利能力和改善业务结构的战略举措，商业银行在发展自身服务能力方面一直不遗余力，财富管理业务展现出了勃勃生机，归结起来主要成就如下。

（1）资产管理规模快速扩张。

过去几年中，财富管理市场年均增长率均为两位数，个人财富管理领域内的资产规模从 2005 年年末的 2 000 亿元人民币增至 2012 年年末的突破 2 万亿元人

① 即 20% 的高端客户会为商业银行带来 80% 的利润，80% 的普通客户只会为商业银行带来 20% 的利润。

民币。

（2）理财产品类型日益多样化。

银行业金融机构推出的个人投资计划，涉及债券及货币市场类、信托类、结构性投资产品和代客境外理财等多种投资类型。投资标的种类不断突破人们的想象空间，从艺术品、红酒、白酒，到普洱茶、手表、钻石，甚至出现了火腿、瓷器等理财产品。在财富管理市场驱动之下，商业银行不仅自身理财产品线更加丰富，同时依托该平台代销及推介信托、证券、PE 等机构产品，从而为高净值客户提供了一个集成式的产品选择平台。同时，银行对于客户细分和风险偏好评估程序也日益精准和专业化。

（3）财富管理银行机构数量不断增长。

截至 2010 年年底，在中国有 129 家银行机构提供财富管理服务，包括五大商业银行、12 家股份制商业银行、95 家城市商业银行和农村金融机构、中国邮储银行以及 16 家在华运营的外资银行（见图 6－11）。鉴于各方对财富管理领域的一致看好，许多银行业金融机构仍在继续扩张机构和团队规模，以应对可预期的巨大需求。

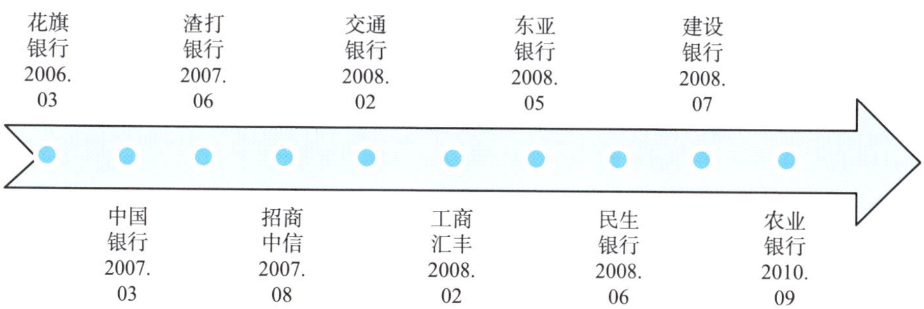

资料来源：2012 年中国银行业的大趋势与展望（德勤）。

图 6－11　各大中外私人银行成立时间表

（4）品牌形象深化，客户认知度大幅提升。

在银行财富管理部门成立之初，大量潜在客户对于财富管理业务的定位、所提供的服务和产品、与自身的关系等存在认识误区。近年来，商业银行致力于树立品牌和推广业务，普遍通过服务中心建设、广告投入、组织高端聚会和活动等多种方式进行品牌宣传，有力提升了财富管理业务在客户中的认知度和影响力，并得到了市场的广泛认可，取得了高净值人群的普遍信任。其中，私人银行业务开展较早的银行在高端财富管理方面有明显优势，市场份额普遍较高（见图 6－12）。

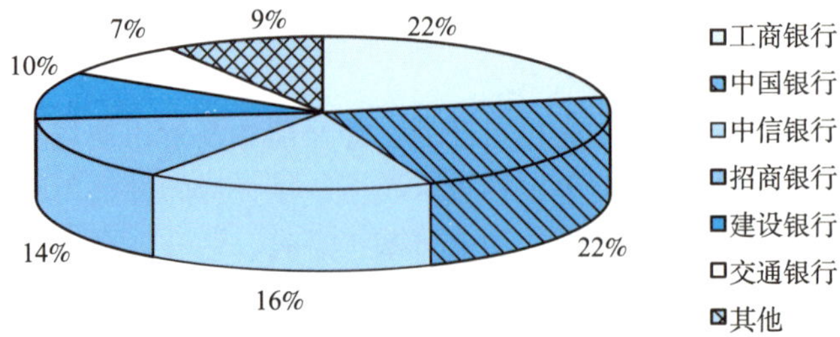

资料来源：中国私人财富管理白皮书（中国银行 & 胡润百富）。

图 6－12　各商业银行私人银行客户占比

6.2.4　财富管理业务软肋不容忽视

虽然商业银行在财富管理行业已取得了领先优势，但总体上尚处在客户、金融机构、监管和宏观金融生态之间互动磨合的过程之中，目前的财富管理服务仍存在一些问题。

（1）人才储备不足，人员素质尚需提高。

财富管理业务在我国尚属新兴的金融业务，是知识密集型服务，要求知识面广、业务能力强、实践经验丰富、敢于竞争、开拓性强、懂技术、会管理、善营销的复合型人才，其决策层、管理层以及一线窗口人员均须具备相应的能力，掌握相关的业务理论及操作技能。目前我国商业银行的人才储备不足，难以满足日后财富管理业务扩展的较大需求，且现有的人员未能完全适应该业务发展的各方面要求，人员素质需要进一步培训和提高。

（2）产品创新能力不强。

目前商业银行财富管理所提供的真正具有充分“自主知识产权”的产品多局限于传统的货币市场、债券市场和外汇市场相关领域，而具有显著高收益特色的投资产品多须借助信托、证券和 PE 等“供应商”机构。但这些产品中许多并非银行自主研发，银行体系内不具备独立的资产管理的资格，也欠缺相应的人才和技术准备，这种模式也产生了一系列弊端：一是银行作为直接面对客户的机构，其固有的严谨风险管理文化将与合作方之间产生不同程度的沟通障碍，影响产品管理流程的衔接；二是银行不能直接参与资产管理，存在操作风险下权力与责任的不统一；三是许多有生命力的金融产品，特别是大量跨市场、交叉性的金融产品无法推出，限制了产品创新的范围和深度。

（3）业务整体性有待提升。

目前，商业银行财富管理服务内容仅针对客户的金融资产进行配置建议，因银行内部产品、服务、授信风险管理的部门分工及监管限制，财富管理没有特色性个人客户授信业务及公私结合的融资服务，高端的私人银行业务发展相对落后。由于商业银行各部门间协同性差、摩擦成本高，在客户资源共享、交叉产品设计与销售、资产管理以及其他合作共享不到位，关注自身客户综合性、整体性、长期性的金融服务尚未成熟，未能构筑起完整的财富管理服务价值链条。

（4）全球配置刚刚起步。

鉴于金融国际化程度的日益提升，我国财富管理客户全球配置资产需求升级，商业银行财富管理业务必然要建立覆盖海内外的业务架构。对于中国银行业金融机构而言，海外华人聚集区应成为构建海外网络的重点，目前来看，国内各银行在这方面才刚刚起步，相当部分银行还没有条件进行业务拓展。因此，海外资产配置对国内大多数商业银行来说还存在一定的技术障碍。

6.3 商业银行发展财富管理业务势在必行

6.3.1 应对利率市场化进程加速的制胜武器之一

改革是2012年金融业发展的一大亮点，而与银行业密切相关的利率市场化改革正是其中一项关键性举措。2012年6月8日和7月6日，我国金融机构人民币存贷款基准利率及其浮动区间经历了两次调整，其后，存款利率和贷款利率的浮动区间分别达到基准利率的1.1倍与0.7倍。此举历史性地打破了银行业一直以来实行划一存款利率的格局，势必将对中国银行业产生深远的影响。未来几年，利率市场化进程还将加速推进。

利率市场化将给银行业金融机构的利率管理水平、风险定价能力、客户营销能力等带来严峻挑战，最直接的是造成息差收窄，银行业传统的高利差盈利模式无法持续，大大压缩其利润空间。利率市场化还将加大银行同业的竞争压力，银行间的竞争不再局限于对客户资源的简单争夺，而是扩展到前景更为广阔的中间业务领域。商业银行需要在新的环境下推进自身战略转型，仅仅靠利差，靠存贷款业务获取收入的手段已经不能够适应新形势发展的需要。根据国际经验，完全实行利率市场化后，银行业整体利差将收缩0.5%～1%，按照0.5个百分点来测算，大型银行将减少40%的利润，若利差收缩1个百分点则影响更大，因此大力发展财富管理业务成为商业银行自身转型发展的必然要求。

随着我国利率市场化步伐的不断加快，商业银行必须改变目前对表内业务收入的过分依赖，逐步向表外业务倾斜。通过发展财富管理业务，能促进商业银行开展多元化、综合化经营，推动商业银行逐步从资本密集型业务模式向资本集约型业务模式转变，提高盈利能力。且财富管理业务能通过交叉销售带来新的利润增长点，改善业务结构，并带来稳定收益。除传统的存款、手续费、管理费外，更可带来个人房贷、助业贷、消费贷的收入，并能稳定增加企业主的公司业务收入，这使得财富管理成为面对利率市场化挑战的重要手段之一。商业银行应利用自身资源整合优势积极开发这一市场，充分发掘高净值客户，为其提供个性化、专业化的金融服务，形成一定规模的优良的财富管理业务，推动业务模式向综合化、集约化转型。

6.3.2 金融“脱媒”趋势下提高中间业务收入的重要手段

近年来我国社会融资结构正悄然发生着改变，一边是银行新增贷款规模和信贷融资占比的下降，一边是由债券市场、信托贷款持续升温引起的直接融资比重的上升。在过去的2012年里，这一变化更是尤为突出，企业债券、信托贷款等融资出现高速增长的局面。根据央行发布的《2012年社会融资规模统计数据报告》显示，2012年社会融资总量为15.76万亿元，比2011年多出2.93万亿元，创下历史最高位，而这近3万亿元的增长值里，信贷仅贡献了7 000多亿元，屈居第三席；信托贷款和企业债券，分别以10 900亿元以及8 840亿元的同比多增量位列榜首和次席（见图6－13）。贡献度的差异固然与上年的基数高低有关，但传统的间接融资主导的金融格局正在发生转折性变化的确已是不争的事实，实体经济通过贷款以外的其他方式获取资金的趋向更加明显。

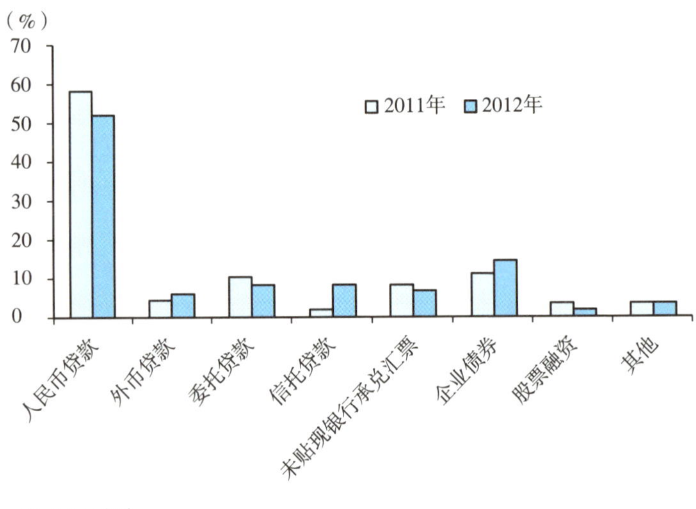

资料来源：中国人民银行。

图6－13　社会融资规模各项比重变化

近些年资本市场的快速发展，使得企业大量从资本市场通过发行债券或股票的方式来筹集发展所需资金，导致商业银行存贷款业务量减少，融资中介功能减弱，商业银行因此面临着“资金脱媒”的巨大压力，银行间接融资在整个社会融资体系中的占比，从10年前的九成降到现在的五成左右。当前我国间接融资市场和直接融资市场此消彼长，表明社会融资格局正进入重塑阶段，而社会融资结构优化的过程，也是“金融脱媒”加剧的过程，未来直接融资比重还将继续上升，多元化融资趋势将会更加明显，这无疑给银行业敲响了警钟。“金融脱媒”的进一步深化必将对银行的传统信贷业务构成不小的冲击，侵蚀其相当一部分利润，商业银行开拓中间业务特别是极具盈利潜力的财富管理业务势在必行。财富管理业务的发展能使银行得到更多客户资源，这些客户对公司银行、零售银行及其他业务都会做出贡献，在公司银行业务、离岸业务以及零售贷款业务等业务条线间产生协同效应，弥补由于信贷业务收入下降所带来的利润损失，确保银行盈利水平。

6.3.3 国民财富快速增长的客观需要

改革开放30多年来，国民经济持续快速发展，社会主义市场经济制度建立并逐步完善，各市场主体活力大量释放，居民财富快速积累，大众富裕阶层日益壮大。此外，私人部门逐渐成为创造社会财富的重要主体，高净值人群规模也逐步扩大。在非公有制经济催生一批以私营企业家为代表的高端富裕人士同时，企业内部分配体制的改革也形成了一批以企业高管和专业人才为主的富裕群体。随着分配制度改革的持续进行和现代薪酬制度的完善，一大批有管理能力或技术实力的高级专业人才逐渐加入到财富人群的行列中。

中国内地的家庭财富自2000年起的年均增长率为13%，较全球平均的5.8%的财富增长速度超出1倍以上，中国成为过去10年亚太区内最重要的新增财富来源，预计2017年中国将成为全球排行第二的富有国家。据波士顿咨询公司预测，2012年中国个人可投资资产总额①将超过73万亿元人民币（见图6－14），较2011年增长14%，其中高净值人群②资产约占全部个人资产的46%；高净值家庭数量达到174万户，比2011年增长17%。

一个规模如此庞大并处于高速成长期的市场孕育着巨大的财富管理需求，为银行的财富管理业务提供了千载难逢的机遇。富裕阶层普遍具有财产保护、积累和传承的需要，但是随着我国金融开放程度的提高，金融市场发展迅猛，金融产品推陈出新，加之各种相关配套法律制度不断修整与变化，越来越多的富裕人士由

① 中国可投资资产超过100万元人民币（或10万美元）的人群（家庭），其总体构成了中国整个财富市场。

② 可投资资产超过600万元人民币以上（或100万美元）的人群（家庭）定义为“高净值”人群，构成了财富的高端市场，即私人银行市场。

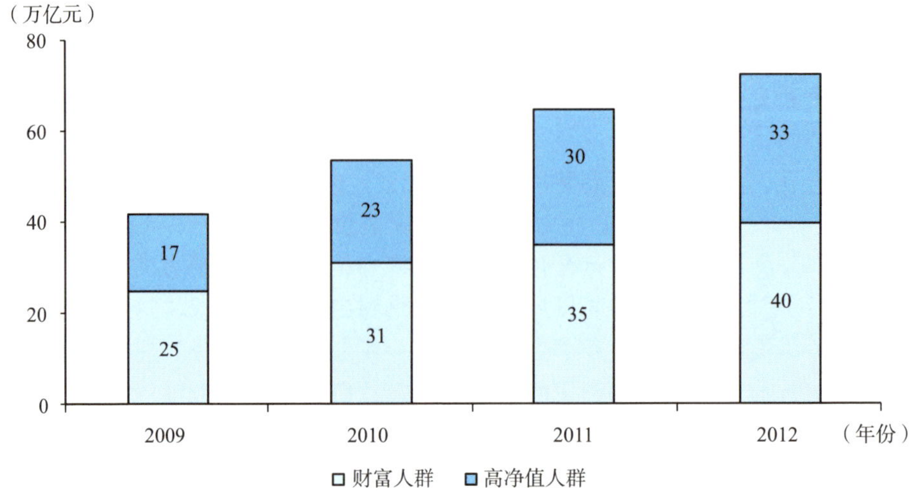

资料来源：2012 年中国财富报告（波士顿咨询 & 中国建设银行）。

图 6－14　近年来中国个人可投资资产规模

于受到时间、精力等客观条件的限制，且在金融方面的专业知识相对欠缺，仅依靠个人或家庭无法进行有效地财富管理。这意味着大量的富裕人群需要寻求专业机构的财富管理服务，而商业银行可以利用其专业优势和独特资源为富人群体实现财富保值增值和财务规划的目的。财富管理符合国内各大金融机构业务转型升级的需要，是近年来国内各金融机构争相发展的新兴业务，也是未来商业银行盈利的重要支柱。银行业金融机构必须积极把握这一市场机遇，在激烈的市场竞争中占据主动地位，努力发展财富管理业务，赢得未来可持续发展的先机。

6.3.4　监管要求趋严的必然选择

从政策走向来看，为了维护银行业的安全、稳健运行，建立健全宏观审慎监管框架，防范金融风险，我国监管层对银行业金融机构的资本要求进一步提高。一方面，中国版的“巴塞尔协议Ⅲ”——《商业银行资本管理办法》已于 2013 年 1 月 1 日起正式实施，银行业将面临更为严格的资本监管标准。根据其规定，2013 年中国系统重要性银行和其他银行的资本充足率指标的标准分别为 11.5% 和 10.5%，核心资本充足率分别为 9.5% 和 8.5%。依照最近几年较快的信贷规模增速来测算，商业银行未来十年面临着较大的资本补充压力。另一方面，银监会出台的《商业银行杠杆率管理办法》规定：商业银行并表和未并表的杠杆率均不得低于 4%，系统重要性银行应当于 2013 年年底前达到最低杠杆率要求，非系统重要性银行应当于2016年年底前达到最低杠杆率要求[①]。杠杆率标准的提出无疑更增大了商业银行的融资需求。

因此，商业银行必须改变过去高度依赖资本消耗的发展模式，将提高资本利用率作为其战略调整的重点，着力优化业务结构，加快资产管理方式的转变，注重提升非信贷资产占总资产的比例，走资本节约型之路。而资本约束不断强化将结束商业银行传统的以信贷快速扩张来抢占地盘的经营模式，要求商业银行改变经营理念与模式，加强资产业务及中间业务创新。财富管理业务具有不占用资本金、高盈利的特点，是适应当前监管趋严形势的一种必然选择，未来发展财富管理业务将是重要突破口。

6.4 财富管理业务大发展面临诸多挑战

6.4.1 激烈的行业竞争

目前商业银行在整个高端财富管理市场中占据了绝对主导地位，市场份额从2011年的79%提高到2012年的85%。截至2012年6月，已有约16家中外资银行在近22个城市开设了私人银行、财富管理专营机构。其中，中资银行数量最多、占比最高，仅前五大中资私人银行的管理资产总额已超过2万亿元人民币。

但是随着中国高净值客户数量的不断增加、资产规模的不断扩大，信托公司、证券公司、基金公司和第三方理财等机构相继针对高净值个人或家庭推出财富管理业务，努力在不断扩大的财富管理市场中分得一杯羹。而管制的放松和门槛的打破将进一步促进非银行类金融机构财富管理业务的发展，商业银行不可避免地要与其进行全面而激烈的竞争。虽然没有庞大的客户群体作为业务发展的先发基础优势，在中国金融市场上的品牌认可度也未必能匹及银行，但证券公司、基金、保险公司和信托公司在产品设计、经营范围、投资研究能力、政策法规和激励机制等方面有相对优势。随着市场不断成熟、高净值客户需求不断细分，非银行类金融机构必将成为高端财富管理市场上不可小觑的一支力量。尤须关注的是，在产品提供方面，商业银行财富管理产品的风险和收益受到严格的监管控制，无法满足高净值客户对产品多元化类别、高收益和灵活期限结构的需求，而非银行类金融机构则有较大的灵活性，在产品的风险收益设计上也较为大胆。另外，由于财富管理的产品以固定收益类产品、信托计划为主，若信托、基金公司等金融机构不断建立、发展自有直销渠道，商业银行代销产品的种类、价格与质

① 该办法所称“杠杆率”，是指商业银行持有的、符合有关规定的一级资本与商业银行调整后的表内外资产余额的比率。

量都将受到一定的挑战和影响。

伴随着金融体制改革、金融业创新的不断深化，整个财富管理市场会迎来一个分工不断细化、客户不断细分、业务模式不断差异化、产品服务种类不断丰富的快速发展阶段，商业银行需要积极进行战略部署，巩固自身在财富管理行业的领先地位。

6.4.2 经济增长的不确定性

综观近几年银行理财市场的发展走势可以看出，财富管理市场与宏观经济运行特征、市场流动性状况、资本市场景气程度以及投资者的风险情绪等因素息息相关，其中我国经济持续快速发展所引起的居民财富大量积累是财富管理市场需求扩张的最大驱动因素。而商业银行财富管理业务的这种顺周期性也有其弊端，当经济遭遇下行风险时也将承受一定风险。

2012 年，中国经济增长整体趋缓，对东南沿海的中小企业主冲击尤甚，全国的私人财富市场增速因此放缓。据波士顿咨询统计，2012 年高净值人群资产增速为 12%，相较于 2009 ~2011 年 34% 的复合增长率，增幅大为减缓；高净值家庭数量增幅由前两年的 38% 下降至去年的 17%，而且高净值人群资产也有所缩水。而富裕阶层财富增速的下降对高度依赖这一群体数量及资产规模的财富管理业务来说是一个重大挑战，该业务的进一步扩张可能受到制约。

2012 年，我国 GDP 增长率创近年低值，显示经济结束长期高增长状态，虽然众多数据表明我国宏观经济正在稳步回升，但经济反弹形态存在不确定性。2013 年，国际经济形势依然错综复杂、充满变数，我国经济企稳回升的基础仍需巩固，受制于全球经济低迷和中国自身结构调整，宏观经济反弹力度可能有限。2013 年年初我国部分地区连续出现的雾霾天气，是多年来单纯追求 GDP 增速的严重后果的一大缩影，国人开始重新审视经济增长价值，政府也意识到未来相当时间内，治理环境污染都是其主要任务。同时，中央经济工作会议也提出，党的十八大强调要推动经济持续健康发展，要求的是尊重经济规律、有质量、有效益、可持续的速度，要求的是在不断转变经济发展方式、不断优化经济结构中实现增长。由此不难推断，未来中国经济的发展将逐步改变过去片面追求增长速度的观念，更注重质量的提升，因而经济增速将有所放缓，而与宏观经济大环境密切相关的财富管理行业也将随之受到影响。

6.4.3 政策环境限制

在政策环境上，我国商业银行财富管理业务的发展面临着一定的困境，分业经营限制、较严格的外汇管制以及法律、法规的尚不完善都给财富管理业务的开展带来了实际困难。

从业务限制角度而言，首先，财富管理业务经营上对混业经营的急迫诉求与分业监管的现实之间存在矛盾。财富管理前台部门理论上可以就客户的需求提供所有的金融产品和各类服务，但监管部门对于银行分业经营的限制，给商业银行所能提供金融产品和服务的广度和深度产生了一定影响。银行除了自身产品服务外，必须借助外部采购和服务的方式来满足高净值客户的综合化、多层次需求，这就影响了财富管理业务的质量。其次，由于财富管理一系列业务规范尚未到位，商业银行产品创新的指引也相对较少，银行受到中国市场普遍存在的资产证券化限制和产品限制。固定收益类产品匮乏，类似于遗产信托、税务信托等流行于国外的产品服务尚未在中国市场上问世等，使得银行业金融机构在服务大众富裕阶层方面显得心有余而力不足。最后，受限于外汇管制，人民币无法实现自由兑换，且对资本项目管制还比较严格，导致商业银行较难为客户进行真正意义上的全球化资产配置，由此阻碍了财富管理业务向全球领先模式迈进。

从制度角度来说，相关法律制度配套设施不够完善。针对财富管理的业务范围、机构准入标准、收费模式、人员从业标准等方面的专门法规尚未出台，且对私人财产权的完整规定和保护还不充分，对有关个人隐私的法律边界、保护方式、损害赔偿等法律规范尚属空白，以及现行税收制度对业务需求形成了一定的抑制，这些都在一定程度上影响了我国财富管理业务的规范和有序性。此前虽陆续颁发了少数几张私人银行牌照，却未见有后续政策规定的出台，特别是财富管理业比较关注的事务性信托和全权委托资产管理业务等，造成业务牌照在实际业务中作用尚未完全发挥。同时，由于财富管理业务的风险管理要求与传统银行业务存在较大差异，而针对该方面的风险管理制度与办法没有明确，大部分商业银行的财富管理中心目前仍沿用传统风险管理办法，不利于商业银行财富管理业务的健康发展。

6.5 独特优势助力商业银行财富管理业务升级

（1）客户基础优势。

由于银行业在我国金融体系中占据着主导地位，商业银行与人数众多的客户之间自然形成了服务纽带，庞大客户群体中不乏高端富裕人士，他们从创业之初，就和银行保持着非常密切的合作关系，部分人士还获得了银行的资金支持，并一直持续至今。商业银行与高端客户之间形成了长期稳定的服务关系，这种持久性与财富管理服务的特质非常吻合。

（2）网络优势。

我国主要商业银行经营网络遍及全国，上至直辖市、特区、省会城市，下至乡镇，甚至村庄，均有中资银行分支机构。商业银行的财富管理客户不仅可以在特定部门享受到特定服务，而且可以享受到物理网点带来的便利性和及时性服务。此外银行也在加快电子化渠道的建设，这种全方位的网络优势是其他金融机构无法比拟的。

（3）声誉优势。

在证券公司、基金公司、信托公司等问题频出的情况下，商业银行一直保持着良好的形象，经过多年的发展已形成了较为牢固的声誉优势，社会信任度高。此外五大国有控股商业银行的“国字”背景被视为隐含着国家信用，市场无形之中会对其提供的产品进行“信用增级”，从而有利于财富管理业务的发展。

（4）风险管理优势。

从风险角度来看，银行业受到的风险监管是整个金融业中最严格的，商业银行拥有专业化的信用风险、市场风险、操作性风险和流动性风险管理队伍，管理方法和水平逐步完善，整体风险可控，开展财富管理业务时安全性可以得到保障。

（5）综合经营优势。

近年来，我国商业银行，特别是大型商业银行的综合经营试点稳步推进。综合经营丰富了商业银行的服务内涵，使银行可以通过子公司与母行之间的联动，发挥自身的牌照优势，整合集团内部各业务部门的专长，开发出创新性的产品，提供差异化的服务，在财富管理领域形成竞争优势（见图6－15）。

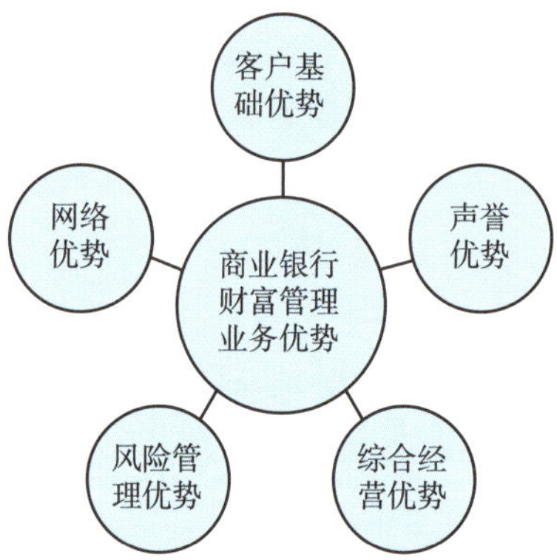

图6－15　商业银行在财富管理领域的比较优势

6.6　商业银行未来财富管理业务的战略重点

我国的财富管理行业总体上还处于幼年时期，虽然面临一定的挑战，但同时也蕴藏着巨大的潜力。未来银行业金融机构必须合理借鉴国外经验，充分利用自身的优势，克服目前存在的问题与不足，明确财富管理业务战略重点，打造一个科学化、系统化、专业化的财富管理框架。具体来说，可以采取如下策略。

（1）产品与服务的创新和多样化。

目前我国财富管理的投资领域主要集中在货币市场和债券市场，金融产品和服务也非常有限，一种是投资于信贷资产、票据资产等工具的固定收益产品；另一种是挂钩类的理财产品。这些业务技术含量低、可复制性较强，很容易出现同质化，总体上来说缺乏核心竞争力，而在国外已经非常普遍的对冲基金、另类投资、结构性产品以及财产信托等财富管理主流产品尚未出现在财富管理市场中。因此，未来我国商业银行财富管理业务一方面应致力于产品创新，在金融市场发展的基础上增加在现金管理、资产组合、信托等领域的产品种类。另一方面，伴随着财富管理客户的往往还有子女教育需求、财产传承需求、合理避税需求、养老保障需求等特定的服务，就要求商业银行除把握国内的投资机遇外，还要更加关注这些方面的内容，为富裕人群提供多样化、个性化的服务。

（2）建立专业人才的培养及储备机制。

从业人员对于财富管理服务是最重要的因素之一，客户经理的专业化服务能力是财富管理业务的核心竞争力，美国财富管理行业的最新发展趋势也充分说明了人才的重要性。对我国银行来说，当务之急是应该加快建立一支高素质的财富管理从业人员队伍。各家商业银行应高度重视培养这方面的专业人才，在学习和引进国外先进经验的同时加大培训力度，积极抢占私人银行业务的人才高地。要积极引入和完善国际个人理财规划师、特许金融分析师等资格认证制度，并通过多种途径培养一批具有现代管理意识、负有责任感、并且熟悉各种金融产品功能和具有较强市场研究和客户开发管理经验的个人客户经理队伍。此外，应完善人才的储备体制，使高素质的私人银行人才能源源不断地供应。

（3）转变服务观念，提升财富管理层次。

随着《金融业发展和改革“十二五”规划》的不断推进、金融业改革与发展的不断深化以及利率市场化的不断推进，银行面临的竞争压力将不断增加，从以往“以产品销售为中心”向“以服务客户为中心”的价值主张转变势在必行。因此，财富管理的重心应向资产管理业务转移，在这一方面，高端私人银行业务大有可为。商业银行须以客户为中心，进行合理的客户等级细分，深入了解其行为习惯和偏好，利用专业的财富管理团队为其提供个性化、差异化的产品包，尤其是注重对高净值客户进行全生命周期的价值管理，打通内部前中后台全流程服务，提升品牌形象和客户满意度。

（4）加快国际化步伐，拓展离岸业务。

随着中国的发展和市场的逐步开放，海外投资机遇越来越多，未来几年内人民币的国际化进程也会促使中国大陆的财富更多地参与到开放的全球市场当中去。同时，国情和富裕人群消费习惯的变化也会使得私人财富的分布会由全国发展为全球，高净值人士离岸投资需求也会相应增加，这为商业银行发展离岸业务提供了良好的契机。但是中国的许多富人对海外投资方法和方向知之甚少，也缺乏信心和经验，这使他们无法有效地管理和控制投资风险。商业银行应把握好时机，注重客户需求的满足，不断克服自身对海外市场不熟悉、管理能力不强的劣势，努力拓展其海外的分销渠道、投资渠道、运营中心以及资产全球配置的网络，为离岸金融业务做好充分的准备。通过增加境外服务内容，为高净值人群打造全方位的财富管理服务。

（5）构建高效的信息管理系统，推广协同效应的营销方式。

财富管理业务的有效开展有赖于高效的管理信息系统。高效的管理信息系统有利于采用先进的数据挖掘技术，加强对客户信息数据的整理与分析，从而将财富管理客户与其他客户有效地区分出来，深入了解不同客户需求，为其提供量身定做的高质量的资产管理等精品服务。商业银行发展财富管理业务时应当充分发挥公司或集团内部各业务单元的协同效应，这种协同效应主要来自客户转移和产品交叉销售。在客户转移方面，国内商业银行有覆盖范围非常广的网点，深厚的客户基础，尤其是理财客户中有大量优质客户，从分支行和理财中心挖掘和转移客户是财富管理迅速扩大客户群的有效方式；在交叉销售方面，银行综合化经营和金融控股公司的实践使交叉销售成为可能。

（6）积极与其他金融机构进行合作。

商业银行开展财富管理业务必然免不了与证券、信托、基金等金融机构进行竞争，然而在当前银行自身财富管理业务还不能独当一面的情况下，与金融同业合作大于竞争是短期内的必然趋势。因此，银行加强与其他金融机构的合作，建立合理的利益合作机制是双赢的现实选择。在分业经营的限制下，银行必须借助证券公司、信托机构的研发能力，搭建一个财富管理开放式产品架构，培养混业服务平台，通过产品代销、产品定制等丰富的形式更好地满足客户需求，从而提高自身的服务能力和盈利水平。

（7）在进行业务扩张的同时注重防范风险。

我国商业银行需要完善财富管理业务风险管理架构和职责，同时不仅要充分了解客户，防范法律风险，还要更加重视非财务风险如数据安全性、保密性及声誉等，对客户做到充分揭示风险。另外要建立风险限额管理制度，限额一旦突破要采取各种措施，使用衍生品或证券化等工具降低风险暴露水平。通过综合运用各种风险管理方法充分保证客户的资产安全，为其实现保值、增值的目的。

7.

小 微 金 融

7.1 我国小微企业融资状况分析

小微企业在世界各国经济发展中的地位都是不可替代的，在扩大就业，加速技术创新，促进经济增长等方面，小微企业都发挥着十分重要的作用。2012年APEC中小企业峰会发布的数据显示，在亚太经济体中，中小企业占私有企业份额的96%，25%的进出口份额来自中小企业，超过45%的GDP由中小企业贡献。中小企业成为支撑世界各国经济发展的重要基础。然而，由于企业规模小，资产少，经营不确定性大，资信等级低且难以评定，其创业和成长中面临着许多困难，尤其是“融资困难”的问题，成为制约各国小微企业发展的主要瓶颈。

事实也证明，各国小型企业从金融机构获得贷款的比例远小于中型企业和大型企业。其中，低收入国家的小型企业只有16.7%可获得贷款，中等收入国家和高收入国家分别有31.8%和47.7%的小型企业能从金融机构获得贷款（见图7－1）；低收入国家的小微企业面临更为严峻的融资约束。

7.1.1 小微企业融资现状

我国经济结构中，中小企业数量占国内企业总数的99%，这些企业不仅创造了全国约60%的GDP，50%的税收和70%的出口，还解决了近80%的城镇就业岗位。然而，2012年受外部市场萎缩、国内经济增速回落，用工成本、原材料成本等综合经营成本上升以及资金紧张等诸多因素影响，制造业、外向型行业需求下降、经营压力加大，结构性产能过剩矛盾突出，部分中小企业经营比较困难，有约六成小微企业利润持平或下滑。

而与经营状况恶化相对应的却是小微企业资金需求持续上升。根据百度公司提供的数据，全国31个省、自治区、直辖市与小微金融有关的100个关键词在2011年和2012年的搜索量中，“小额贷款”排名第一，从侧面反映出“小额贷款”的社会需求较为强烈。小微企业希望得到减税和融资支持的愿望都体现了小微企业在资金方面不断增长的需求。

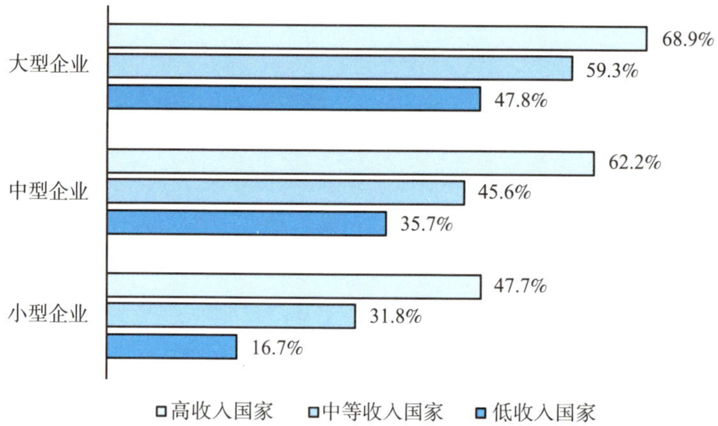

资料来源：《世界银行企业调查（2006～2012）》。

图7－1 从金融机构获得贷款的中小企业比例

2012年6月和7月，中国人民银行分别两次下调金融机构人民币存贷款基准利率，然而降息对于降低小微企业资金成本效果并不明显。据小微企业融资状况调查显示，66.1%的小微企业并未感受到两次降息带来的成本降低效应（见图7－2）。相比于收入、盈利稳定，贷款规模大的大企业，小微企业由于其盈利水平不稳定、抗风险能力差、缺乏抵押物等原因，贷款议价能力较弱。基于此现状，央行降息的效应大部分被大企业所吸收。

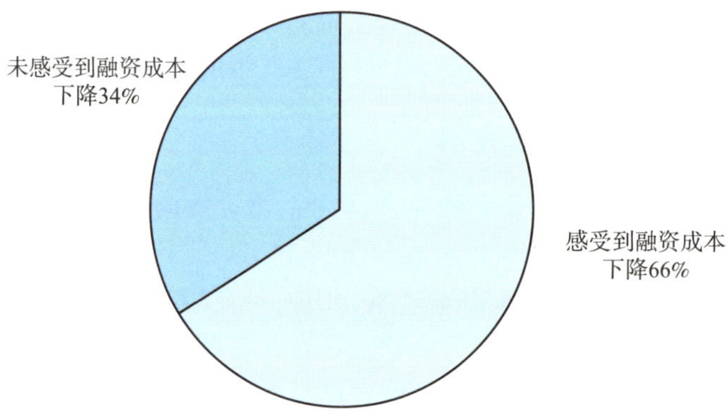

图7－2 降息对小微企业资金成本改善的效果

而且，据《小微企业融资发展报告：中国现状及亚洲实践》，即使中小企业资金需求持续上升，但只有约四成小微企业有借款，无借款的小微企业比例偏高，约超过62%的企业目前没有任何形式的借款（见图7－3），余下38%的企业中，超过八成的企业最近一年只有一次或两次借款经历。

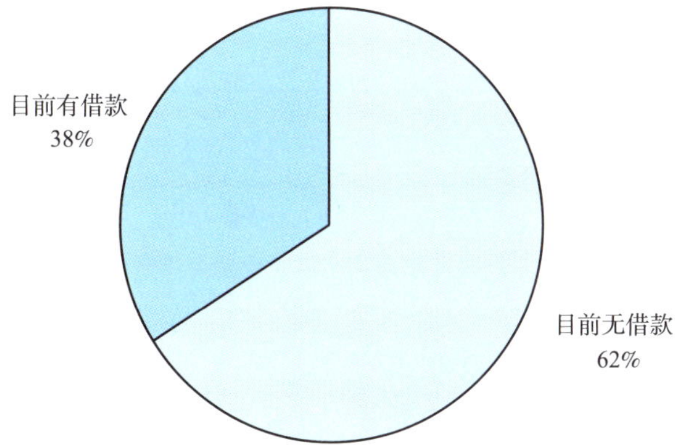

图7－3　小微企业有无借款情况

同时，经营年限在1～3年、总资产100万～300万元的企业的融资满意度较低。这主要是由于经营期限在1年以下、资产规模在100万元以下的小微企业基本处于起步阶段，更多地依靠亲戚朋友借款、信用卡透支等渠道解决小额融资需求，比较容易得到满足；经营期限在3年以上的小微企业往往已经进入稳定期，能够满足金融机构贷款审核的基本要求。同时由于我国政府部门和金融机构近几年对小微企业融资进行了诸多政策支持和尝试，如颁布了多项法规政策，从财税支持、融资服务、技术创新、结构调整等方面对如何支持小微企业提出了明确的要求，金融监管部门在存贷比、资本金管理等方面出台了差异化监管政策，银行业普遍将小微金融作为银行转型的重要方向，从而使这一类小微企业的融资需求状况出现一定程度的改善。而经营期限1～3年的企业，资金需求加大，但是经营还不稳定，金融机构无法提供有效服务，因此表现出了相对较低的满意度（见图7－4）。

7.1.2　小微金融政策环境有所改善①

客观地说，近年来，中小企业融资政策环境在不断完善，金融服务监管政策和外部环境支持体系建设不断健全。银监会及各部委之间加强合作，从多个方面加强对中小企业的金融支持，推出了一系列有影响力的相关政策。

① 《见“微”知著——中国小微企业融资供需分析及建议》，http：//hds. ftbj. net/industry/cdg-opinion/2012/1229/390. html。

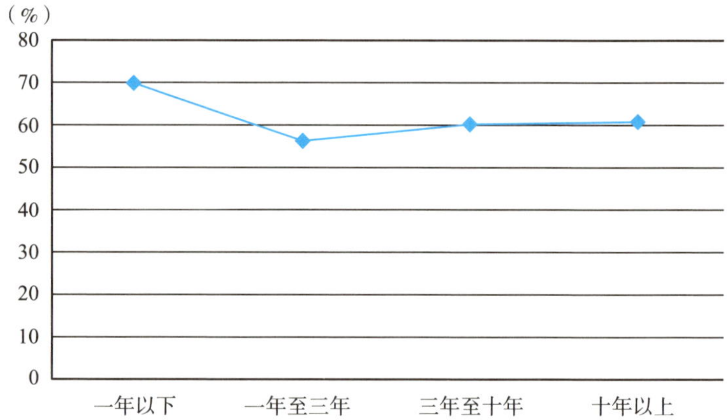

图7－4　不同经营期限的小微企业融资满意度对比

（1）小企业融资环境不断改善。

2010年年初，为进一步改进和完善中小企业金融服务，拓宽融资渠道，着力缓解中小企业（尤其是小企业）的融资困难，支持和促进中小企业发展，中国人民银行、银监会等四部门联合下发《关于进一步做好中小企业金融服务工作的若干意见》，要求银行业金融机构把改进小企业金融服务、扩大小企业信贷投放作为战略重点，强调当年小企业贷款增速不低于同期全部贷款平均增速、增量不低于上年增量的“两个不低于”工作目标。

（2）完善小企业的融资担保体系建设。

银监会于2010年3月专门印发《融资性担保公司管理暂行办法》，加强对小企业信贷的担保支持力度，规范融资担保行业准入与风险管控要求。财政部也于一个月后发布《关于地方财政部门积极做好融资性担保业务相关管理工作的通知》，宣布对符合条件的融资性担保公司免征营业税，并将综合运用资本注入、风险补偿和考核奖励等多种方式，提高融资性担保公司服务能力，担保行业相关法律法规和社会信用体系不健全、有效监管缺失、担保机构运作不规范、内部管理松弛、风险识别和控制能力不强以及违法违规抽逃资本金、非法经营金融业务等问题有望得到解决。

（3）银行开展小企业金融服务得到政策支持。

2011年6月7日，中国银监会发布《关于支持商业银行进一步改进小企业金融服务的通知》（以下简称“银十条”），缓解银行存贷比考核压力；并允许其将小企业贷款视同零售贷款，在计算资本充足率时以较低权重计算加权风险资产，减轻银行的资本金压力。“银十条”对提升商业银行对小企业贷款的支持力度、缓解小企业融资难的具有现实意义。

（4）持续对小微企业实施财税优惠并明确小微企业内涵。

2011 年，财政部、国家税务总局发布《关于继续实施小型微利企业所得税优惠政策的通知》，宣布继续对年应纳税所得额低于 3 万元（含 3 万元）的小型微利企业，其所得减按 50% 计入应纳税所得额，按 20% 的税率缴纳企业所得税。2011 年 6 月 18 日，工业和信息化部等四部门联合发布《中小企业划型标准》，根据企业从业人员、营业收入、资产总额等指标，结合行业特点将国民经济主要行业的中小企业划分为中型、小型、微型三种类型。其中微型企业为新增的标准，个体工商户也被纳入标准范围。《标准》发布后将有更多的企业可享受税收优惠，也将改变过去中小企业优惠政策因中小企业划分过于宽泛而难以惠及小微企业的状况。

7.1.3 商业银行服务小微企业概况

（1）商业银行贷款仍是小微企业融资首选。

据《小微企业融资发展报告：中国现状及亚洲实践》显示，小微企业在争取外部融资时寻找资金来源的优先顺序方面，有 66.7% 的小微企业主将向银行贷款排在第一位，显示银行在当前融资市场占据绝对主导的地位。经营年限越长的企业向银行借款的比例越高（1 年以下的占比 50%，3 ~ 5 年的占比 65%，10 年以上的占比 76%），资产总额越少的企业选择向亲戚朋友和小贷公司借款的比例越高（100 万元以下占比 25%，100 万 ~ 300 万元占比 19.54%，5 000 万 ~ 8 000 万元占比 9.09%）。

数据说明，商业银行的正规性依旧受到小微企业主的认可，在贷款可得的情况下，由于受到贷款利率上限的限制，商业银行贷款的利率要低于其他民间途径，由于经营年限长，资产规模大的企业向银行获得贷款的能力也较强，因此在银行贷款可得的情况下，商业银行仍是小微企业融资首选。

（2）商业银行小微金融业务有所发展。

2012 年年末，用于小微企业的贷款（含小微型企业贷款、个体工商户贷款和小微企业主贷款）余额达 14.8 万亿元，占全部贷款余额的 22.0%，连续 4 年持续增长。2012 年，已有 100 多家商业银行成立了小微金融专营机构；近年新设的 800 多家新型农村金融机构已成为服务“三农”和小微企业的重要力量。

①小微企业贷款规模快速增长[①]。2012 年年末，主要金融机构及主要农村金融机构、城市信用社和外资银行人民币小微企业贷款余额 11.58 万亿元，同比增长 16.6%，比上季度末低 4.1 个百分点，增速分别比同期大、中型企业贷款增速高 8 个和 1 个百分点，比同口径企业贷款增速高 3.3 个百分点，高于各项贷款增速 1.6 个百分点。年末小微企业贷款余额占全部企业贷款的 28.6%，与上季度末

① 中国人民银行：《2012 年金融机构贷款投向统计报告》[R]，中国人民银行网站，2013：2。

持平。全年人民币企业贷款增加 4.75 万亿元，其中小微企业贷款增加 1.64 万亿元，占同期全部企业贷款增量的 34.6%，比前三季度占比低 0.4 个百分点。

②四大国有商业银行在小微贷款中依旧有绝对优势，但是占比不高。据 2012 年商业银行年报显示，工、农、中、建四大行在小微贷款余额的绝对量上处于领先地位，其中，工商银行以 18 400.76 亿元居首。四大行去年小微企业信贷投放量总数突破 4 万亿元，但从总贷款资金分配上，四大行小微企业贷款的平均占比不足 20%，平均贷款增速为 15.65%。

③股份制商业银行小微业务增长迅速。截至 2012 年年末，民生银行小微企业贷款余额达到 3 169.51 亿元，比上年年末增加 844.56 亿元，增幅 36.33%，小微客户总数达到 99.23 万户，且小微企业贷款不良率仅为 0.40%。招商银行 2012 年小微企业贷款新增量以 906.6 亿元超越民生银行，跃居股份制商业银行第一。平安银行、招商银行、民生银行等股份制商业银行纷纷声明战略转型的方向为小微金融，预期小微企业服务力度将不断加大。

④外资银行和地方城商行推动小微金融业务竞争更加激烈。2012 年，在政策的扶持下，外资银行和城市商业银行也加快步伐成为小微企业服务者。渣打银行在上海成立小微企业专营银行——上海闵行广通路支行，成为外资银行在华设立的首批小微企业专营支行，也是渣打银行全球首家专门服务小微企业的支行；杭州银行 2011 年拥有最高的中小企业贷款余额，达到 458 亿元，较前一年年末增长 21.48%，占全行贷款余额 36.21%；重庆银行截至 2012 年 9 月末的小微企业贷款余额已达到 229 亿元，占比全行贷款余额的 34%；小微企业贷款余额新增 68.2 亿元，占比全行新增贷款的 77.5%。2012 年以来，北京银行、宁波银行、成都银行、长沙银行、柳州银行、江苏银行等城商行通过建立小微企业金融中心或者通过提高小微企业不良贷款容忍率来开拓小微贷业务，而晋城银行和北部湾银行则设立专业小微信贷部门。

（3）商业银行服务小微企业仍有待提升。

①小微企业向银行融资难问题尚存。据《小微企业融资发展报告：中国现状及亚洲实践》显示，小微企业向商业银行贷款时会遇到如下问题而导致小微金融服务效率下降，服务受众面减少：首要的问题是“资金到位时间较长”，占比达到 45.8%；其次为“无法提供足够的抵押或担保物”，占比为 41.1%；以及不能提供合适的财务报表，占比为 31.3%；28.3% 的小微企业认为商业银行贷款成本较高（见图 7－5）。

②三成小微企业主认为银行贷款成本高。31.8% 的小微企业主认为成本最高的借款方式是向银行贷款，占比最高。很多小微企业表示向银行贷款虽然名义利率较之其他方式并不高，但包含着很多隐形要求，一些放贷还附加了相应比例存款、购买理财产品等硬性要求，致使其综合成本较高。且认为银行贷款融资成本

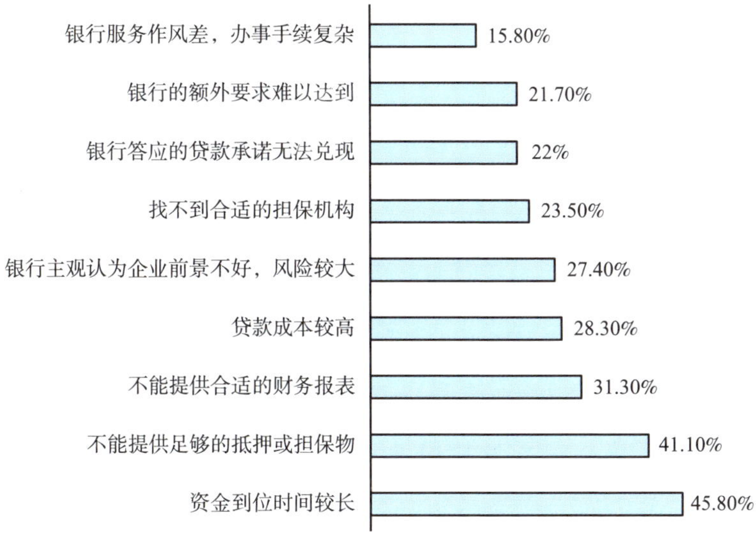

图7－5 小微企业向银行贷款遇到的问题

高的小微企业主要集中在东部地区，其比例高出其他地区1.5倍左右。这主要是因为东部地区小微企业的外贸依赖度较大，金融危机对其冲击更加直接，从而使银行提高利率以进行风险补偿。

7.2 加强中小银行服务小微企业的“生力军”作用

7.2.1 小微企业的金融需求特点

小微企业在经营活动中具有的信息不透明、缺乏抵押物、经营风险高等特点。

一是小微企业一般缺乏合格的“硬信息”，如财务报表、抵押担保以及信用记录等；而小微企业的“软信息”，如与其他客户的交易状况、信用状况等，从小微企业自身也很难直接获得。这导致金融机构与小微企业之间往往存在更严重的信息不对称问题，从而很难判断小微企业的信用风险。

二是小微企业资产规模小，进入门槛低，所面临的市场竞争更为激烈，因此一般来说经营风险都比较大。所以，小微企业金融服务对金融机构的风险控制能力提出了更高的要求。一方面，小微企业大多都集中在劳动密集型行业，所投入的设备极为有限，尤其是缺乏具有更高流动性、可以作为金融机构抵押物的不动产；另一方面，由于小微企业信息不透明，金融机构在贷后管理过程中很难及时、全面、准确地掌握小微企业的资金投向、经营情况等，导致金融机构很难控制小微企业的风险。

三是在营销、调查、审批、放款、贷后管理、不良清收等各个环节，由于小微企业信息不透明、贷款额度小、贷款期限短，完成一定规模的小微企业业务（如贷款）所投入的经营成本，往往是大中企业业务的数倍甚至十几倍、几十倍，导致控制小微企业金融业务的经营成本具有较大的难度。

基于以上特点，银行与小微企业之间往往存在严重的信息不对称问题，很难判断小微企业的经营状况和财务风险。同时，小微企业的融资需求还具有贷款期限短、贷款规模小、贷款频繁、贷款审批时间要求短的特点。

7.2.2 中小银行更易发挥服务小微企业“生力军”的角色

大银行由于分支机构多、资产规模大、业务种类全，更多采用市场交易型贷款模式以保证业务效率和控制风险。由于授信决策权集中，决策链条长，大银行的授信决策一般较慢。而小银行由于分支机构少，资产规模小，业务种类少，更多采用关系型贷款模式，且由于授信决策权较分散，决策链条短，小银行的授信决策一般较快，更易满足小微金融需求“短、小、频、急”的要求。

美国小企业贷款统计数据显示，2012 年，银行资产规模小于 1 亿美元的银行小企业贷款占银行贷款余额比重约为 87%，而资产规模大于 500 亿元的银行该比率仅为 22%（见图 7－6）。

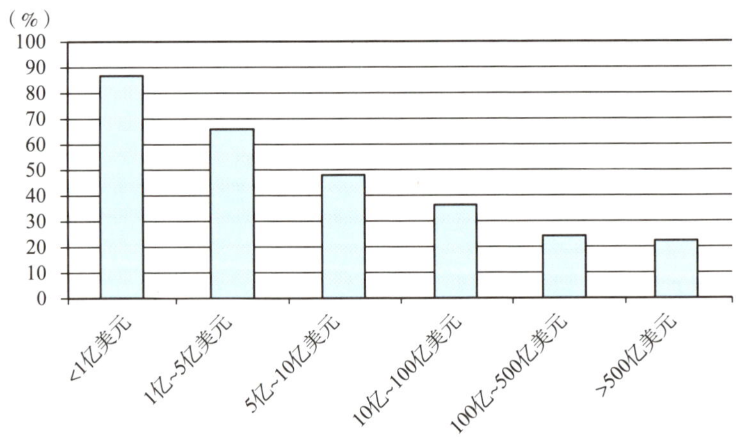

资料来源：联邦存款保险公司：对存款性机构的统计。

图 7－6　2011 年美国小企业贷款余额占银行贷款余额比重

中国小微企业贷款统计数据也有类似的趋势：随着资产规模的逐渐增大，各类银行的小微企业贷款占企业贷款比重逐渐下降：村镇银行、城市商业银行、股份制商业银行、大型银行这一比重分别为87.88%、39.72%、22.1%、19.9%（见图7－7）。

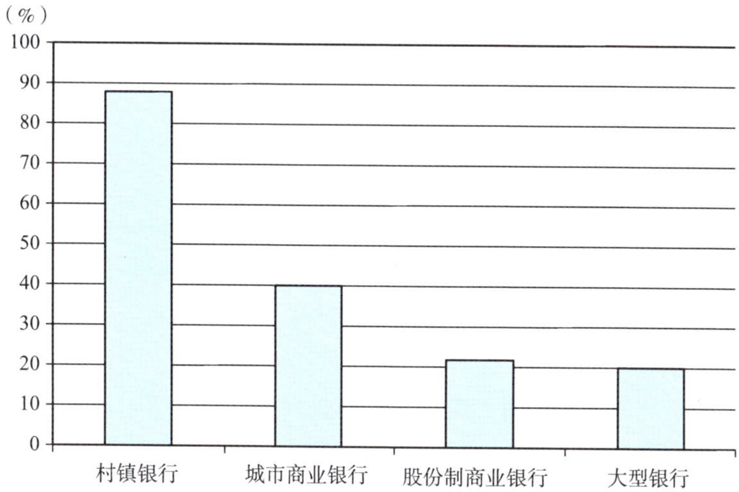

图7－7　2012年中国各类银行小企业贷款余额占企业贷款比重

虽然大银行资产规模大，小微企业贷款余额绝对数量要大于小银行，但数据表明，多采用关系型贷款模式并建立快速审批机制的小银行在服务小微企业方面的确具有比较优势。

7.2.3　对小微金融实施差异化金融服务策略

（1）差异化的借款主体资格。

由于许多小微企业客户无法满足传统信贷业务中对借款人主体资格的要求，如在实际经营中没有营业执照、以他人名义办理营业执照经营或生意挂靠在其他公司等，但是通过其他验证，可明确客户为实际经营者，对于这类具有还款能力和还款意愿的客户，应视其具有借款资格。

（2）差异化的小微企业信贷评价技术。

微型企业信息严重不对称，缺少健全财务制度，因此在信贷评价技术上，要始终坚持“现金流”为核心的业务理念。

①以财务报表为定量参考。

②更多关注非财务因素的定性分析，包括法定代表人的诚信度、行业经验、产品的市场竞争能力（包括产品技术含量、升级能力、同类产品质量标准、产品价格波动）、行业运行周期及平均利润率、持续运行天数、企业议价能力、还款

能力和还款意愿等。

③调查方式上更多侧重现场调查、法人约见谈话、账户分析以及凭证查验，在有效防范信用风险的基础上以信贷员亲眼所见帮助企业还原财务报表，完善授信审批资料。

（3）差异化的利率定价机制。

在利率定价上，以基准利率加点法为基础，综合考虑国家宏观调控政策、客户所处行业利润率、贷款期限、金额、综合贡献度、客户成长性、企业发展阶段、银行人工费用与合理利润，以及当地银行市场竞争状况和民间借贷利率水平等因素，合理确定不同产品利率系数，给出具有针对性的利率定价，避免定价刚性，确保收益覆盖成本和风险，并注重实现定价水平的持续优化和维护更新。

（4）差异化的信贷审批流程。

小微企业信贷审批流程一定要凸显“快”和“高效”，大胆跳出长链条、多人参与的传统审贷流程的束缚。应当根据贷款规模、贷款期限长短、企业产业特点和企业生产周期将小企业金融业务进行细分，不同的业务类型设定不同的审批流程和审批期限，不同岗位设定不同的审批权限，实行矩阵式授权管理体系，简化信贷审批流程，以确保最短的决策链条。在数据积累的基础上，可以使用自动化系统来实现对小微企业贷款申请的自动化审核批复，实现批量化审批，以期获得最高的决策效率。

（5）差异化的贷后监管。

小微企业客户交易多是随机性发生，很难满足“实贷实付”要求，同时由于小微企业客户的交易特点，难以满足“受托支付”的要求。对此，应主要采取实地落实贷款用途的方式。

①要求信贷员在贷款发放后第一个月内必须实地落实贷款用途。

②每六个月实地上门监控客户经营情况。

③辅以电话联系、第三方打听等监控方式。

（6）差异化的小微企业信贷风险容忍度。

小微企业贷款具有经营风险较高的特点，因此在贷款风险容忍度上应与传统业务加以区分，可适当放宽。小微企业贷款属于高风险业务，需要较高的容忍度。

（7）差异化的诉讼处理流程。

由于小微企业客户资产流动性大、业务稳定性弱，对于需进行诉讼的预期贷款要求能够快速进行。因此可以对小微企业信贷业务建立单独的逾期贷款诉讼流程，由小微企业管理部门自行对风险贷款提起诉讼，避免因上报过程耗时过长而导致不必要损失；对逾期一年以上的不良贷款进行核销呆账，以收益覆盖风险。

7.2.4 服务小微企业的金融着力点

在与小微企业共成长的过程中，除提供信贷资金外，商业银行要注重按照企业经营生命周期的不同需求设计、更新产品，提供资产、负债、中间业务等综合金融服务，并以优质的服务和价值增值赢得客户，提高客户满意度，构筑小微企业金融服务的核心竞争力。

（1）科技型小微金融。

科技型小微企业分布广泛，包括现代农业、生物医药、信息电子等，并不具有显著的行业特性。科技型小微企业主要依托智力投资，存在内部治理结构不完善、抗风险能力弱、固定资产较少、融资额度小且频率高等特点，虽然其在快速成长过程中拥有可观的金融需求，但难以符合商业银行安全性、流动性、营利性的基本要求，导致为其提供融资服务存在较大难度。以下几个方面可供借鉴。

①科技型小微金融可采用基于订单的动产质押融资模式。科技型小微企业主要依托智力投资，企业资产多以无形资产的形式存在，资产规模较小，通常缺乏合格的抵押品，同时，科技型小微企业大多处于成长阶段，为降低企业的整体风险，必须注重提升资金周转速度，强调订单的获取和交付。对于商业银行而言，可以基于订单的融资模式，通过适当的动产质押摆脱对固定资产抵押的依赖，并通过现金流控制信贷风险。

②科技型小微金融要注重解决银企信息不对称。由于商业银行自身对于前沿科技的掌握程度有限，难以对科技型小微企业知识产权的价值形成准确的判断。商业银行可以借鉴专业支行的运营模式，依托不同的区域资源，打造科技专业化支行。专业化团队建设有助于发现业务机会并化解风险，如在汉口银行建立的科技金融组织架构中，总行层面有科技审贷委员会，成员包括行内的评审负责人和行外的科技专家；在支行层面上，汉口银行设立了专门的科技支行，并赋予支行一定的审批权限，使得汉口银行在科技领域的授信审批效率较高。

（2）产业链金融。

小微企业金融服务在收集信息、控制风险和控制成本三个环节存在困难。因此，改变传统的企业金融视角，从产业链金融视角出发，针对小微企业所处的产业链整体出发，提供全面的金融解决方案，可在一定程度上解决小微企业金融服务难题。

标准化的金融服产业链金融模式就是金融机构以产业链的核心企业为依托，针对产业链的各个环节，设计个性化服务产品，为整个产业链上的所有企业提供综合解决方案的一种服务模式。产业链金融服务模式的基本思路：

①理顺产业链上相关企业的信息流、资金流和物流，即通过产业链的信息流获取小微企业的信息，解决信息不对称问题。

②金融机构根据核心企业提供的可监管的应收、应付账款信息及现金流，将金融机构的资金流与企业的物流、信息流进行有效整合，即通过核心企业与产业链的资金流和物流控制风险。

③金融机构向企业提供融资、结算服务等一体化的综合金融服务，即通过对产业链的整体开发和全面服务控制成本。

商业银行可提供如下产业链金融服务：一是针对产业链下游经销商商品采购的预付账款融资；二是针对产业链上游供应商商品销售的订单融资；三是既针对上游供货商，又可以运用于下游经销商的应收账款权利质押融资等业务。

产业链金融对商业银行的专业性、产品研发能力、应对整体行业风险的能力等提出了更高的要求，在实践中可选择建立产业链金融专营支行、建立产业链金融专营部门等方案予以应对。

（3）与小贷公司/担保公司合作，拓展多元化小微金融服务方式。

担保公司和小贷公司在小微企业贷款中的作用日益重要。担保公司作为小微企业融资担保的重要环节，成为小微企业增加自身信用、增强贷款可得性的重要手段，而小贷公司则成为小微企业外部融资来源的重要补充。

小贷公司和担保公司的优势在于对自身服务的小微企业比较了解，发展的主要困难在于资金来源受限，利润来源单一，投资渠道缺乏。商业银行与小贷公司/担保公司合作可实现优势互补，由商业银行为小贷公司/担保公司提供充足的资金来源，对小贷公司/担保公司的经营进行监督，并共同承担贷款的风险。把商业银行的信誉优势，资金优势和小贷公司/担保公司的地缘优势、行业优势相结合，将为小微企业提供多元化的融资途径。商业银行还可以利用小贷公司/担保公司的网点，对贷款客户实行交叉营销，拓展利润来源。

（4）创新型小微金融模式。

①中小企业信用评分系统。主要根据贷款申请企业和企业主的信用记录和相关信息，由计算机统计模型软件进行自动评分，根据评分决定是否发放贷款，评分依据的信息包括对象企业的收入、资产等财务信息，以及企业主的住房情况、婚姻状况、历史信用记录等非财务信息。韩国银行业即全面采用该模式。

②小组联保模式。由若干个情况相近，彼此熟悉且信任的小微企业或个人组成一个小组，联保成员间对相互的债务承担连带赔偿责任。小组成员间有义务督促按时偿还债务，如有人违约，其他成员需代其偿还，否则整个小组将被惩罚。孟加拉国格莱珉银行即采用该模式。

③信贷工厂模式。主要有六个特点：标准化产品设计；主动寻求客户；标准化、流程化审批手续、流水线作业；批量作业，实现规模成本和规模收益；专人专责，单线审批；多维度资信调查。如贵阳银行推出电子审批系统，以简捷的评分卡取代复杂的评审报告，通过设置规则引擎和参数化管理，为小企业贷款“工厂化”操作提供平台。

7.3 大数据时代的小微金融——互联网金融

互联网金融核心的创新在于可利用互联网特有的低成本信息媒介优势和“大数据”资源优势。相比于传统及融机构，互联网金融具有灵活、便捷、低成本等显著特征，其产品设计更加匹配于小微企业的融资需求；互联网金融机构凭借“大数据”的应用，能够更好地掌握其客户的“软信息”，更适于开展小微金融服务。因此，在传统金融机构的夹缝中求生的小微企业有望借助互联网金融这一新型模式获得资金支持与成长动力。事实上，小微企业群体也一直是互联网金融的主要客户。

互联网金融的实现形式主要有“小贷公司 + 平台”模式以及“人人贷模式”。

7.3.1 “小贷公司 + 平台”模式

小贷公司的出现使得电子商务企业得以摆脱商业银行的束缚独立开展网络融资服务。以阿里金融为例，阿里巴巴利用小贷公司作为信贷投放窗口，将目标客户严格限于阿里电商平台的注册会员用户，在线上完成贷前贷后的所有流程。这种模式将小贷公司的牌照优势与电子商务企业的渠道、信息优势整合，有效降低了客户搜寻成本以及信用风险（见图 7 –8）。

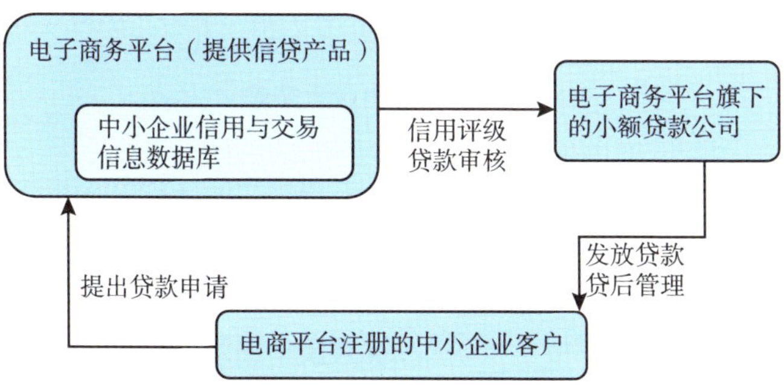

图 7 –8 “小贷公司 + 平台”模式

根据 2011 ~2012 年的经营数据，授信后企业到阿里金融平均一年资金循环 4.7 次，每年平均占用资金时间 127 天，即企业使用信贷资金一年，只需付出三分之一的年化利息成本。强大的风险控制能力与互联网平台上人机交互的低成本特性，使得资金的使用成本显著降低、使用效率提高，能及时满足数量更多的小微企业信贷需求。

7.3.2 “人人贷” 模式

人人贷（Peer to Peer）模式，是指有资金与投资愿望的个人，通过中介机构，使用信用贷款的方式将资金贷给有资金需求的人的方式。中介机构负责对借款方的经济效益、发展前景等情况进行详细的考察，为双方提供一个安全的交易平台，并收取账户管理费和服务费。其特点是信息公开透明，利率实现市场化，参与门槛低。人人贷模式分为简单中介模式和理财式中介模式。

第一，简单中介模式是单纯的线上借贷交易，根据借贷双方上传的资料进行身份认证与信用审核，不采用面对面交流的考察形式，如拍拍贷与人人贷。简单中介型模式是按照完全市场化的资金供求撮合方式组织信贷资源的分配（见图 7 -9）。不过，现阶段这种国外成熟的信贷模式在中国的发展尚有局限性。

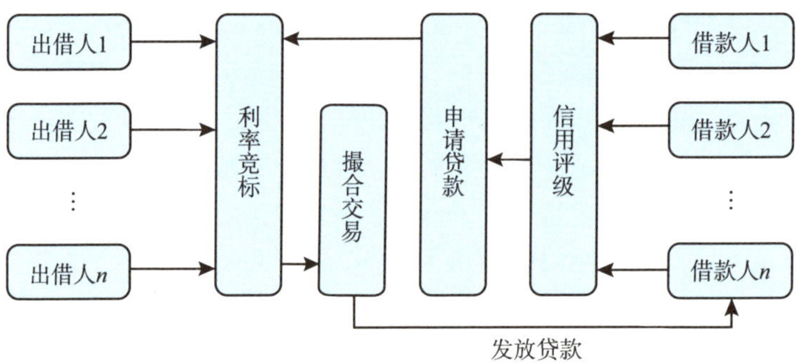

图 7 -9　简单中介模式

第二，理财式中介模式采用资金池的理念代替投资人管理资金，并代替投资者选择投资项目。解决了筹集大额资金、对接小微企业需求的问题，同时也为投资者分担了信用风险。此外，通过收取投资收益分成，理财是中介模式开辟了中介机构的新的获利途径（见图 7 -10）。其典型企业是宜信公司。

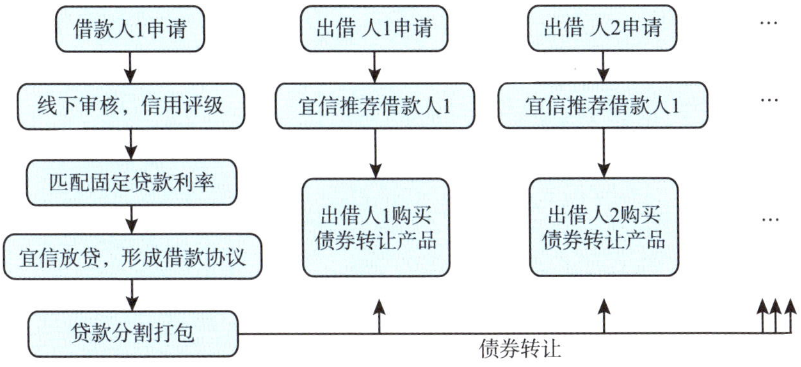

图7－10　理财式中介模式

7.3.3　互联网金融行业需要政府引导、政策扶持及监管规范

由于中国社会信用体系尚未成型，使得严重依赖其生存的互联网金融企业经营艰难，由于相关政策法规尚未出台，业务创新面临较大政策风险。目前，互联网金融发展尚存在借款人违约成本低；投资人权益缺乏保障，风险集中爆发时易遭受严重损失；监管政策不明确，企业成长受限等问题。政府应通过以下方面引导和扶持互联网金融的健康发展：

①促进互联网数据的开放与共享；

②鼓励互联网用户真实数据的生产；

③完善规范互联网金融行业的法律与政策体系，引导互联网金融机构良性发展；

④增强行业自律，净化行业经营环境。

8.

电 子 银 行

8.1 中国电子银行发展现状

我国电子银行业务从无到有，从小到大，近年来进入发展快车道。以网上银行、电话银行、手机银行、自助银行、网上证券、网上保险为代表的新型服务方式，为广大用户带来了方便和新的服务体验。截至 2012 年，我国银联卡开通了 141 个国家和地区业务；2012 年网上银行交易额突破 900 万亿户，注册用户达 4.89 亿户；2012 年上半年 8 家银行披露手机银行用户累计突破 1.5 亿户，交易金额也大幅提升。

我国电子银行业务已经成为居民生活中必不可少的一部分。76.9% 的用户在 2012 年中使用网银业务，排名第一。ATM 机和手机银行分列第二、第三位，占比分别为 57.5% 和 28.9%。自助终端设备、电话银行排名靠后。没有使用过非柜台类服务的客户仅占 7.9%（见图 8－1）。

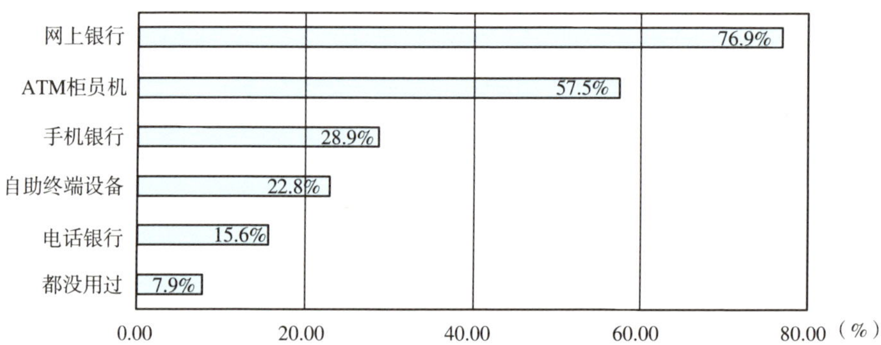

资料来源：艾瑞资讯新闻网。

图 8－1 我国使用电子银行业务服务的情况（2012 年）

8.1.1 网上银行仍占据主导地位

金融认证中心发布的《2012年中国电子银行调查报告》显示，全国地级及以上城市网银用户比例为30.7%，较2011年增长3个百分点，连续3年呈增长趋势。其中，一级城市的个人网银用户比例最高，占36%。与2011年相比，一级城市城镇人口的网银用户比例增长速度最快，明显高于其他级别城市（见图8－2）。

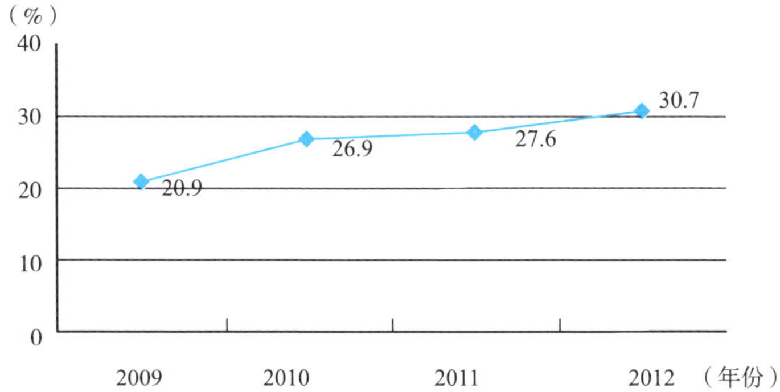

资料来源：金融认证中心《2012中国电子银行调查报告》。

图8－2　近几年个人网银用户比例增长趋势

40%的个人网银用户拥有多个网银账户。2012年内的网银账户主动开通率为75%。另外，有26%的新开户用户是在银行推荐的情况下，征得用户同意后开通的。其中，58%的网银新开户用户开通了专业版/证书版个人网银，44%的新开户用户开通了大众版/查询版网银[①]（见图8－3）。

用户选择网银主账户的关键影响因素主要包括三个方面：一是存取款方便，如银行网点距离近或ATM机多；二是支持的购物网站数量多，网上购物方便；三是工资卡。网银新开户用户将网银的易用性作为首要考虑因素，而网银的意向用户更多考虑的是网银的安全性。

2012年，企业网银用户比例为53.2%，同比增长9个百分点，连续三年呈增长趋势。与2011年相比，千万以下规模企业的网银用户比例增长较快，尤其是百万以下规模企业增长最为明显，主要是由于国家在政策层面强化了对中小企业的扶持，国有商业银行和股份制银行纷纷将目光转向了小微企业（见图8－4）。

① 资料来源：中国电子银行网。

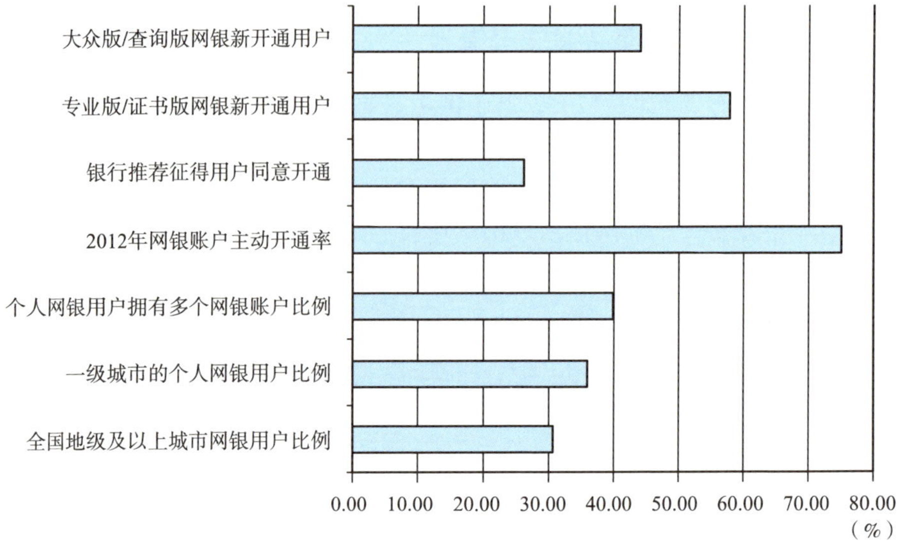

资料来源：金融认证中心《2012 中国电子银行调查报告》。

图 8－3　开通网银的相关比率

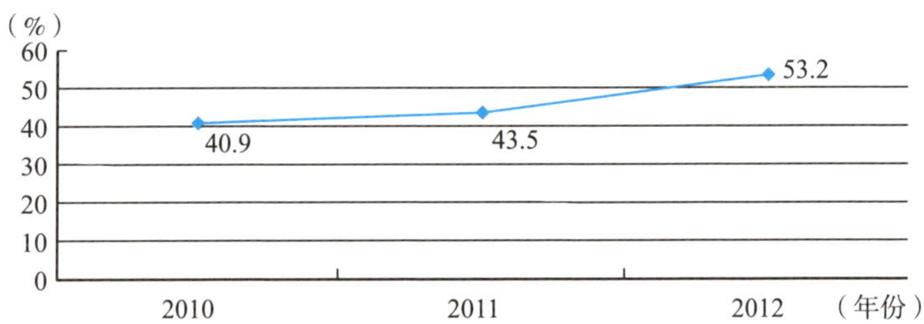

资料来源：金融认证中心《2012 中国电子银行调查报告》。

图 8－4　2010～2012 年全国企业网银发展趋势

8.1.2　手机银行发展加速

手机银行业务展现出巨大潜力，2012 年全国地级及以上城市城镇人口中，个人手机银行用户比例为 8.9%，较 2011 年增长 2.6 个百分点，连续三年呈增长趋势。从罗杰斯的创新扩散模型来看，手机银行发展即将达到创新“起飞期”(用户比例达到居民的 10%)，进入快速扩散阶段（见图 8－5）。

在开通手机银行的个人用户中，同时开通网上银行的用户比例为 88%，另有 11% 的用户仅开通了手机银行而没有开通网上银行；另外，手机银行用户中开通电话银行的比例为 38%，同时开通了手机银行、网上银行和电话银行的用户比例为 37%①。

① 资料来源：金融认证中心：《2012 中国电子银行调查》。

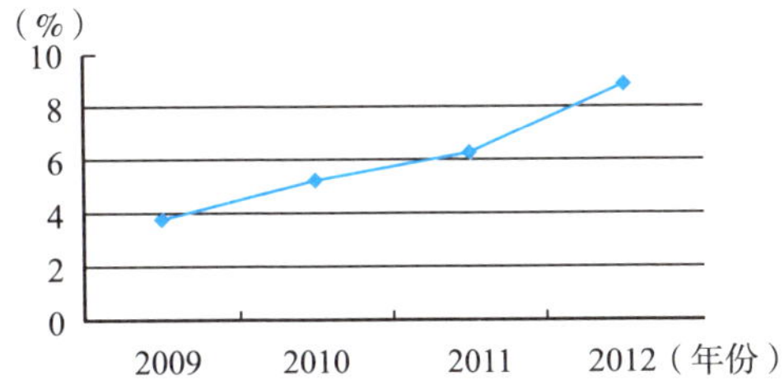

资料来源：金融认证中心《2012 中国电子银行调查报告》。

图 8－5　我国使用手机银行用户增长趋势

绝大部分手机银行用户都使用智能手机登录手机银行。其中，使用安卓手机的用户占 59%，使用苹果手机的用户占 24%，使用平板电脑登录手机银行的用户占 2%（见图 8－6）。

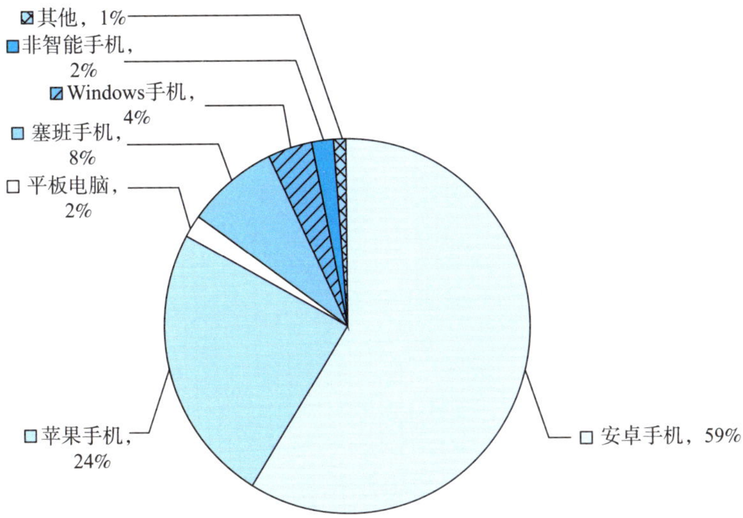

资料来源：金融认证中心《2012 中国电子银行调查报告》。

图 8－6　手机银行登录方式的对比

随着智能手机的日益普及，客户端方式具有日常操作便捷性和良好的界面体验等特点，85% 的用户都更偏好使用手机客户端登录手机银行。根据手机银行安全调查，46% 的用户认为手机银行是安全的，其中有 42% 的用户认为网上银行的安全性要高于手机银行，主要是因为手机银行没有采用类似 USB 数字证书那样的安全手段。但是手机银行本身具有的“方便快捷、可以随时随地使用”的优势是吸引用户开通使用的最大动力（见图 8－7）。

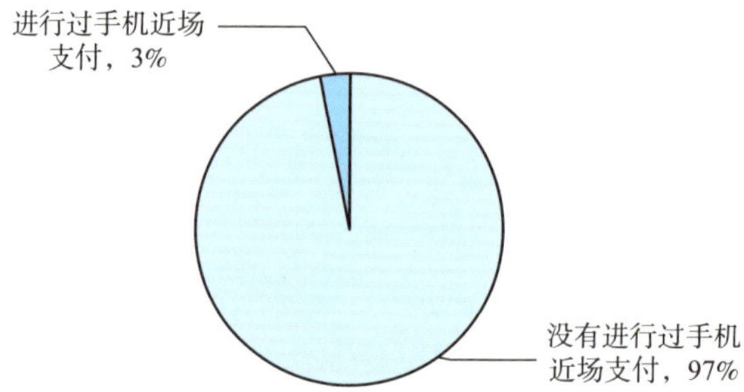

资料来源：金融认证中心《2012 中国电子银行调查报告》。

图 8－7　我国使用过手机近场支付的用户比例

8.1.3　移动支付发展范围有限、潜力无限

2012 年没有进行过手机近场支付的用户比例高达 97%，进行过手机近场支付的只有 3%。同时，仅有 3% 的人使用过手机刷 POS 机的支付方式，有 1% 的人使用过条码支付（见图 8－8）。在远程支付方面，目前移动在线交易普及率不高，但发展潜力巨大。手机银行是用户未来最愿意使用的移动远程支付方式，占 45%。44% 的人会使用手机银行进行第三方账户余额支付，40% 的人会使用银行储蓄卡或信用卡快捷支付，38% 的人选择银行储蓄卡或信用卡无卡支付。

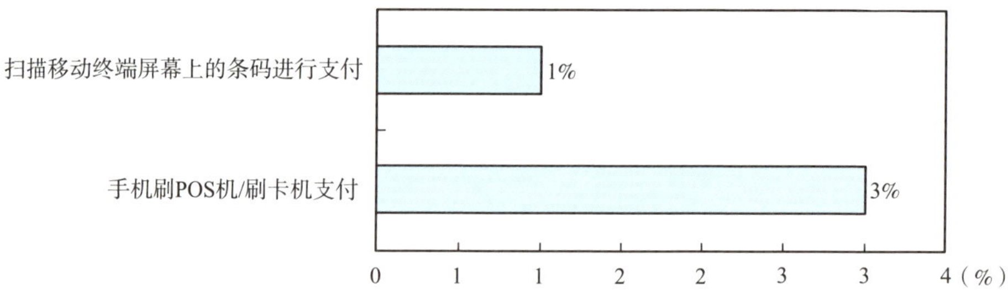

资料来源：金融认证中心《2012 中国电子银行调查报告》。

图 8－8　我国使用移动近场支付方式的比例

银行在发展移动远程支付中的障碍因素主要是安全性、便捷性和应用范围局限性。应用范围不广，没有像支付宝一样的电子商务平台是手机银行使用率不高的一个重要原因；难以兼容多家银行卡，也是手机银行使用率较低的一个原因。

但是《中国互联网络发展状况统计报告》显示，截至 2012 年年底，我国手机网民规模突破 4.2 亿人。同时调查显示，移动支付成为用户最期待的支付方式，有 51.9% 的用户最期待使用手机银行支付，49.4% 的用户希望能使用手机直

接支付，希望使用网上银行支付的用户则占 42.6%。①

艾瑞咨询《2012～2013 年中国移动支付市场研究报告》显示，2012 年中国移动支付市场交易规模达 1 511.4 亿元，同比增长 89.2%，预计 2016 年，交易规模将突破万亿交易规模，达到 13 583.4 亿元。从长远来看，随着移动互联网向互联网迁移，移动支付将成为未来支付的发展趋势。

8.2 电子银行发展对商业银行经营的溢出影响

8.2.1 有助于提升商业银行核心竞争力

电子银行业务是金融创新与信息技术相融合、网络经济与现代商业银行相结合的产物。网络经济飞速发展、电子支付环境改善以及新兴渠道建立，为电子银行发展带来大量的业务需求和价值增长机会，并赋予现代商业银行新的生命力，成为电子商务时代商业银行核心竞争力的重要标志，将成为现代商业银行新的战略性业务和利润增长点，目前对于全国性商业银行来说，电子银行的贡献率一般都在 50% 以上。

（1）增加银行服务渠道，拓展银行与客户间关系。

与传统的银行服务相比，电子银行是以计算机技术为基础、网络为媒介，提供全方位离柜金融服务，客户可以随时随地享受到电子银行系统的服务。同时，有助于商业银行实现从大众化服务向个性化服务转变、从单一性业务需求向一揽子理财服务需求过渡。

电子银行从两方面塑造以客户为中心的服务能力：首先是业务全能化，银行、证券、保险、基金产品的交易都可以在网上银行同一个平台上实现。其次，通过 ATM、手机银行、网上银行、电话银行等多渠道为客户服务，客户不需到物理性质的银行实体网点，就可以通过虚拟空间享受金融服务。电子银行各渠道的高度可用性进一步增强客户对银行的依赖性和满意度，降低客户流失率，增加客户稳定性。进而拓展了客户与银行之间的关系，也给银行注入了旺盛的生命力。

（2）助力商业银行提升业绩，降低运营成本。

从直接贡献的角度看，电子银行渠道收入很高，业务占比突出。根据工商银行年报披露，截至 2012 年年末，其电子银行客户 3.15 亿户，年交易额 332.6 万亿元，比上年增长 17.2%；电子银行业务笔数占全行业务笔数比上年提高 5 个百

---

① 资料来源：中国行业研究网。

分点至75.1%，即每受理10笔业务，就有7笔以上是通过以互联网为主的电子渠道完成。农业银行2012年年报披露，实现利润1 451.31亿元，其电子银行业务收入53.64亿元，较上年增加9.03亿元，增长20.2%；电子渠道交易笔数达316.53亿笔，较上年增长50.1%，占全行交易笔数的67.8%，较上年提高5.19个百分点。自电子银行业务展开以来，其业务收入在各银行的总收入中占比迅速增加，同时也因其便捷性，电子银行柜台替代率已经普遍超过了60%。[①]

从间接收益的角度看，由于电子银行不需要物理网点和人员处理业务，发展电子银行业务大幅降低了银行的业务运营成本，提高业务处理效率。如图8－9所示，在传统柜台网点进行交易的单笔成本最高，为1.07元，是电话银行0.45元的2倍多，ATM及自助银行0.27元的4倍多。网上银行的交易成本0.1元是传统渠道的1/10（见图8－9）。电子银行以其方便快捷的优势，既节约了金融交易成本，又提高了金融活动效率。

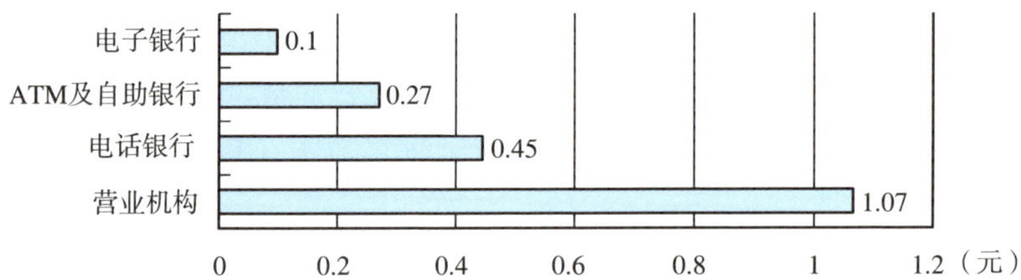

资料来源：新浪财经。

图8－9　银行业不同分销渠道的交易成本比较

电子银行的成本优势十分明显，银行可以将节约的成本用于开发新的产品和开展各种促销活动。从用户角度看，电子银行帮助客户节约了往返银行的交通费用和时间成本，消费者也能充分享受电子银行成本低廉的好处。

此外，电子银行的发展使柜面办理异地汇款改为网上和手机转账，不仅增加了支行电子银行的业务量，还有效分流了柜面客源、减轻了临柜员工的劳动强度。同时，电子银行可以有效改善银行服务质量。随着客户数量与对服务需求趋势逐渐扩大，银行的服务供给能力相对不足。发展随时随地可以进行交易的电子银行业务，大幅度地降低了设立柜面渠道的成本，减轻了客户排队等待的现象。

8.2.2　电子银行的发展也使商业银行不得不应对特有风险

与传统银行业务相比，电子银行业务由于其独特的虚拟性和广域性，在提供给客户高效便捷服务的同时，使银行风险管理工作不仅要面对原来便存在的信用

① 上述数据来自网易财经。

风险、客户的道德风险及自身员工的内部风险，还要面对其新增的独特技术风险。

（1）外部风险。

外部风险主要指安全风险，具体包括电子银行业务计算机系统故障、黑客攻击造成的系统瘫痪、数据泄露、客户身份认证被破解等引发的风险。

中国互联网络信息中心发布的《2012 年中国反钓鱼网站联盟工作报告》显示，截止到 2012 年 11 月 20 日，联盟已累计认定并处理钓鱼网站有 10.04 万个，虽然 2012 年 1 ~ 11 月共处理 24 535 个，较 2011 年同期下降 33%，然而我国网络安全形势却依然不容乐观。

据艾瑞咨询集团统计，有超过 5% 的用户发生过不安全事件，主要有如下四大原因：钓鱼病毒造成的用户信息泄露；虚假网站造成的用户信息泄露；电脑木马病毒中毒造成的用户信息泄露；网上银行自身系统造成的资金丢失。

鉴于此，银行的应对策略，不仅应包含对外的防火墙和网络检测等监测防范黑客等外来风险的攻击，还必须注重交易过程中交易主体身份识别和授权，保证网上交易数据传输的保密性、真实性。

中国工商银行始终把电子银行业务安全问题放在第一位，采取的措施包括：

①在数据网络传输方面，采用高强度的 SSL 安全通信加密手段以保护用户信息不被外界窃取和修改。

②在身份认证方面，利用国际上安全性最强的 1 024 位非对称密钥算法建立起公钥安全体系，可有效地对用户进行身份认证，确认合法用户的身份，核查用户的数字签名。同时，客户证书采用支持非对称式 RSA 算法，带协处理器的 USBkey、智能 IC 卡为存储媒介，大大地提高了企业网上银行的安全性。

③在整个系统的网络框架上，设置多重防火墙和一个安全代理服务器，以防止非法人员的入侵，保证整个系统的安全。

④在业务处理上，在电子付款指令中增设一个支付密码，经核押无误后才办理付款。同时还建立了完善严密的内控制度。ICBC 采用业务、技术双重安全机制，强化了企业网上银行的安全性。

（2）内部风险。

内部风险主要包括内部管理与监控及操作风险性两方面内容。

内部管理与监控的风险体现在各管理和监控部门的职责不明确、对敏感岗位监控不足、激励与考核制度不科学、对信息技术安全投入的资金力度较小、事故反应滞后等。

操作风险则主要表现在因员工操作不熟练可能产生的误操作、内部员工利用职务之便获取客户关键信息，进行损害客户利益的行为。在电子银行业务发展初期，内部风险往往是最难控制也最容易产生。每年曝光的银行员工非法泄露客户信息、盗窃客户资金的案例有很多起。这不仅会造成客户不满，更会给银行声誉带来严重的不良影响。笔者总结各行针对内部风险而采取的控制措施包括：

建立内控缺陷报告制度。根据目前电子银行业务处理系统某些环节存在的缺陷，规定所辖支行按月（季）向市分行报告其存在的问题及处理建议。

建立业务审核制度。加强对注册客户身份和注册资料的审核确认，严防假冒；加强付款凭证的审核，确保使用数量与付款指令笔数一致，防止重打、漏打。

建立交易限额制度。因电子银行不受地域限制，客户划转大额资金的随意性，不利于资金管理和控制洗钱行为，可以设置对客户交易额进行限制。

建立业务分离制度。根据巴塞尔银行业监管委员会提出的内控原则，建立明确的责任分离制度，以免处理业务者的权利过于集中而形成隐患。

加强客户证书管理。坚持双人领取“客户证书”和“密码信封”并分别保管；经办人应在确定客户确实收到客户证书方能办理解冻手续，严防内部人员作案。

8.3 对货币政策有效实施形成影响

电子银行的产生与发展，与电子货币的发展是相互促进、相互影响，共同推动金融电子化趋势的进展。电子银行不仅改变了我们的生活方式和支付行为，也给传统的货币金融理论带来了极大的挑战。其中，它对货币供给的影响尤为明显，主要表现在削弱了中央银行对基础货币的可控性，增强了货币乘数的内生性，进而加大了中央银行实施货币政策从而达到控制货币供给的难度。

8.3.1 货币乘数与电子货币的变化趋势分析

选取 2008 ~2012 年银行卡业务量季度数据度量电子货币 E，选取广义货币乘数 M2 和狭义货币乘数 M1 来度量货币乘数（见表 8 –1。数据均来自中国人民银行网站以及国家统计年鉴）。

表 8 –1　　货币乘数和电子货币替代率

年份	狭义货币量（单位：万亿元）	货币乘数（M1）	货币乘数（M2）	电子货币（单位：万亿元）	电子货币替代率（e）
1995	2. 40	1. 16	2. 95	0. 96	0. 40
1996	2. 85	1. 08	2. 88	1. 04	0. 36
1997	3. 48	1. 14	2. 97	1. 3	0. 37

续表

年份	狭义货币量（单位：万亿元）	货币乘数（M1）	货币乘数（M2）	电子货币（单位：万亿元）	电子货币替代率（e）
1998	3. 90	1. 24	3. 33	1. 32	0. 34
1999	4. 58	1. 36	3. 57	2. 42	0. 53
2000	5. 31	1. 49	3. 76	4. 53	0. 85
2001	5. 99	1. 5	3. 97	8. 43	1. 41
2002	7. 09	1. 58	4. 11	11. 56	1. 63
2003	8. 41	1. 61	4. 23	17. 98	2. 14
2004	9. 60	1. 6	4. 23	26. 38	2. 75
2005	10. 73	1. 67	4. 67	47	4. 38
2006	12. 60	1. 62	4. 44	87. 34	6. 90
2007	15. 26	1. 50	3. 95	111. 44	7. 30
2008	16. 62	1. 29	3. 68	127. 16	7. 65
2009	22. 00	1. 50	4. 11	166. 00	7. 55
2010	26. 66	1. 44	3. 92	246. 77	9. 26
2011	28. 98	1. 29	3. 79	328. 83	11. 34
2012	30. 9	1. 23	3. 86	346. 22	11. 20

从总体上看，自 1995 年以来，我国货币乘数中狭义货币乘数 M1 呈平稳状态，而广义货币乘数 M2 波动幅度比 M1 要大，但相对长期趋势而言，只是围绕基准在上下浮动。这种变化趋势有两个重要特点：一是 M1 和 M2 呈同步变化的趋势；二是广义货币乘数 M2 变化速度比狭义货币乘数 M1 要快。同时，电子货币的发展速度非常快。电子货币从 1995 年的 0. 96 万亿元增加到 2012 年的 346. 22 万亿元，增长了 360 倍左右（见图 8 – 10）。

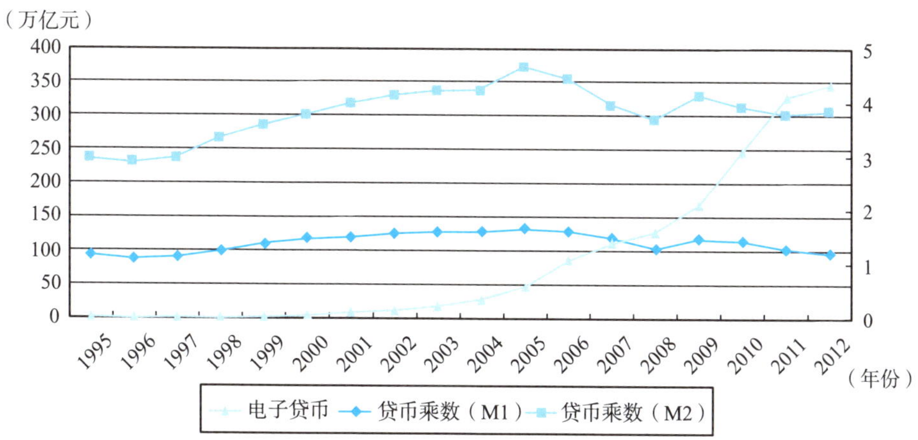

图 8 – 10　电子货币与货币乘数变化趋势

电子货币替代率（电子货币占狭义货币供应量 M1 的比重）由 1995 的 0.40 增加到 2011 年的 11.34，2012 年略下降为 11.20（见图 8－11）。

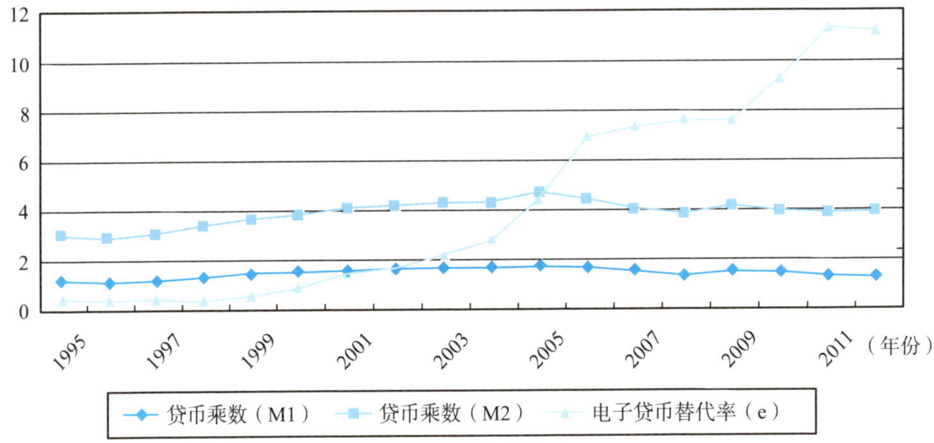

图 8－11　电子货币替代率与货币乘数变化趋势

由此可见，电子货币不仅对现金和银行活期存款有明显的替代作用，而且与同期的货币乘数有明显的相关关系。为了检验二者之间的这种关系，通过建立电子货币与货币乘数之间的线性回归模型，来揭示二者之间的相互关系。

8.3.2　实证分析

①指标选择。

就我国当前电子货币发展所处的阶段来看，电子货币对现金和活期存款的替代作用较为明显，电子货币对货币乘数的影响也主要是通过与现金和活期存款相关的、影响货币乘数的因素来影响货币乘数。在此，我们选择电子货币占狭义货币量 M1 的比率（E/M1）作为自变量，分别对因变量货币乘数 M1 和 M2 进行回归分析，以揭示电子货币和货币乘数之间的相关关系。

在将变量引入模型之前，为了防止出现虚伪回归现象，需要对这些变量进行相应的单位根检验、协整关系检验、格兰杰因果关系检验，从而得出这些变量与货币乘数之间的长期均衡关系。

②序列平稳性检验。

表 8－2 显示，变量 m1、m2、e 在显著性 10% 水平都无法拒绝单位根假设，这表明它们是非平稳的。而一阶差分 Δm1、Δm2，在显著性 5% 拒绝单位根假设，Δe 在 10% 显著性下拒绝单位根假设，这表明一阶差分变量都是平稳的。由此得出结论 m1，m2，e 都是一阶单整 I（1）。

表 8-2　　各变量单位根检验表

变量	检验形式（c，t，n）	ADF 统计量	临界值	平稳性
m1	c，t，1	-0.67	-3.29 *	非平稳
Δm1	c，0，0	-3.39	-3.06 **	平稳
m2	c，t，2	-1.11	-3.29 *	非平稳
Δm2	c，0，0	-3.27	-3.06 **	平稳
e	c，t，3	-2.02	-3.29 *	非平稳
Δe	c，0，0	-2.83	-2.67 *	平稳

注：1. 检验形式（c，t，n）分别代表常数项、趋势项和滞后阶数；*，**，*** 分别代表 10%，5%，1% 的显著性水平。

2. 最优滞后阶数由 Eviews 7.2 根据 SIC 准则自动给出。

③协整检验。

由于电子货币与货币乘数都是 I（1）序列，直接做回归将导致伪回归问题，但如果它们存在协整关系，则表明它们之间存在长期均衡关系。

从表 8-3 可以看出，m1 和 e，m2 和 e 之间在 5% 的显著性水平下，轨迹统计量小于临界值。说明电子货币和狭义货币乘数、广义货币乘数均存在协整关系，即它们之间存在长期均衡关系。

表 8-3　　各变量 Johansen 检验表

	序列和协整方程都有线性趋势			序列有线性趋势但协整方程只有截距		
系统	特征值	轨迹统计量	临界值 5%	特征值	轨迹统计量	临界值 5%
m1，e	0.32	6.28	12.52	0.026	0.043	3.84
m2，e	0.33	6.50	12.52	4.20E-05	0.000671	3.84

④各变量与货币乘数的长期均衡关系。

使用 OLS 法进行线性回归，得到：

$$M1 = 1.386001 + 0.004451e + u1$$
$$(20.82) \quad (0.384032)$$
$$R^2 = 0.009 \qquad DW = 0.35$$
$$M2 = 3.582988 + 0.051393e + u2$$
$$(21.50592) \quad (1.772183)$$
$$R^2 = 0.164082 \qquad DW = 0.334810$$

对残差进行平稳性检验，得到表 8-4。

表 8-4　各残差的平稳性检验结果

变量	检验形式（c，t，n）	ADF 统计量	临界值	平稳性
Δu1	C，0，0	-5.31	-3.96***	平稳
Δu2	C，0，0	-4.42	-3.96***	平稳

一阶差分变量是平稳的，综合上述反映可以得出，由于电子货币对货币乘数存在正相关关系，因此电子货币的波动对货币乘数具有放大效应，进而增强了我国货币乘数的内生性。我国电子货币发展的不稳定，带来了货币政策的有效性、及时性等问题，增大了货币政策的调控难度。

8.4　电子银行与第三方支付平台的竞争合作关系

第三方支付平台指在电子商务活动中，独立于交易双方，通过与一些大银行建立合作关系，为交易双方提供虚拟账户、便利在线支付，并提供网上交易查询等功能，通常起到信用担保作用的支付中介机构。从第三方支付诞生之时起，银行与第三方支付之间的关系就密不可分。

8.4.1　电子商务背景下第三方支付平台与电子银行的互动关系

随着电子商务的发展，第三方支付平台不断兴起。阿里巴巴集团在淘宝网的基础上，于 2004 年年底正式推出支付宝并开始运营。第三方支付平台在交易双方之间发挥中介作用，在一定程度上缓解了交易双方所存在的信息不对称问题，从而促进了电子商务的发展。

第三方支付平台的兴起得到了银行的大力支持，银行为其提供支付网关接口，甚至利用银行自身的信用来提升第三方支付平台的信用；而第三方支付平台的出现与发展，也使银行从中获益。由于第三方支付平台不是金融机构，法律上不具备吸收存款、进行资金结算等功能，因而第三方支付平台的资金仍需存放在银行，其资金结算等业务也需通过银行来完成，这为银行拓展业务带来了良好的机会。同时，银行一开始就抓住了一些大公司大集团的网上支付业务，为其提供专门的支付网关接口。因而，在发展之初，银行与第三方支付平台基本上达成了“银行做大客户，第三方支付做小客户”的合作性默契。

同时，第三方支付平台促进电子银行的发展。第三方支付平台的出现培育了用户对于网上银行的使用习惯，网上银行因为第三方支付而迅速被大众接受并呈普及状态。大规模的网购和较高用户认可度使得处于产业链上游的网上银行也发展迅速。2012 年，支付宝已与超过 80 家国内商业银行及金融机构合作，而超过

65%的用户会选择使用支付宝进行交易。截至2012年年底，支付宝的注册用户已超过7亿，这是第三方支付企业的成绩，也是网上银行的机遇。网购中大多数业务都是每笔数十百元的小额交易，但交易频率高，会对银行的处理系统提出很高的要求，而第三方支付企业可以帮银行分担压力。

8.4.2 现阶段电子银行与第三方支付平台的竞争关系

（1）竞争分类。

电子银行与第三方支付的产生与发展过程中，在结算业务及资金方面均存在竞争关系。首先，结算业务属于商业银行的中间业务，但是第三方支付平台兴起后，在网上交易时，大多数支付都开始以第三方支付为媒介进行。其次，吸收存款本是银行重要的资金来源，然而第三方支付具有的资金吸附功能使得其与银行之间存在资金争夺关系。

第三方支付的资金吸附功能表现为，在购物者将钱转到第三方支付平台账户和收到货物后，通过第三方平台支付货款的时间间隔中，这些钱就成为了第三方支付平台的沉淀资金。由于日交易额巨大，粗略估算，每天滞留在第三方平台上的资金至少有数百万元。根据目前的交易规则，支付金额可以在第三方支付平台上停留3~7天。这样，平台中随时都有数以千万计的资金沉淀。因此，从某种意义上说，第三方支付平台已经具备了银行吸收存款的功能。

（2）竞争实质。

双方竞争的实质是对不同客户群的竞争。近年来，我国经济飞速发展，深入地影响了人们的传统观念，个人随时可以享受到购买支付的服务，也可以随时随地成为店主。第三方支付起初，凭借独特的C2C支付模式，赢得了特定的客户群，也获取了极大的胜利。而目前大型第三方支付积极拓展领域，与商业银行在B2C、G2C领域展开激烈竞争，并获得了一席之地。

与此同时，国有四大网上银行开始只是发展B2B支付模式，之后随着经济发展、人们收入水平的提高，四大行为迎合市场需求的变化、自身经营的需要，开始向零售客户群拓展。鉴于四大商业银行资本充足、营业网点广泛、声誉高等优势，目前在B2C、G2C支付领域有很大的竞争优势。

表8-5　　网上银行与第三方支付不同细分市场竞争优势对比

	C2C支付	B2C支付	B2B支付	G2C支付
国有四大行网上银行	★★	★★★★	★★★★★	★★★★
中小银行网上银行	★	★★★	★★★★	★★★★★
大型第三方支付	★★★★★	★★★★	★★★	★★★★
中小型第三方支付	★★	★★★	★★	★★

注：★号越多，竞争优势越大。

资料来源：艾瑞智慧银行版月刊第三期。

(3) 竞争 VS 合作。

随着银行业大力发展电子银行业务、第三方支付企业规模扩大及其在更多行业及领域的渗透，银行与第三方支付机构间的竞争将更加激烈。

第三方支付平台一直致力于拓展生存空间。例如支付宝，在上海等地区推出了通过支付宝缴纳水、电、煤、通信费用的服务。同时，电子商务交易平台凭借其巨大的会员数量及潜在的消费市场，吸引了一些大商户陆续进驻其专门开辟的网上商城，从而为其第三方支付平台积累大客户，使其与银行在大客户的争夺上日益公开化。

在支付方式上，第三方支付平台不断创新，甚至开辟了线下网点支付的方式，可在便利店、超市、药店、银行营业厅等有便民支付点的地方，刷银行卡或者用现金直接支付，或者购买第三方支付平台的充值码为虚拟账户充值，后两种支付方式完全绕开了银行。

2012 年 12 月，支付宝推出二维码收款业务，实现 P2P 付款，利用支付宝手机客户端的扫码功能，扫描代表对方身份与账户信息的二维码，即可利用通过支付功能包装的手机转账功能完成付款。

2012 年 5 月，证监会发放了第二批第三方支付基金销售牌照，支付宝、财付通、快钱等公司正式进军基金支付领域。到目前为止，有 7 家机构获此资格。随着基金第三方销售渠道的打开，其更低的费率、更多的基金产品选择和更便捷的直销功能，或将逐渐打破以银行代销为主的基金销售渠道格局。

与此同时，银行也看到了互联网迅猛发展所带来的巨大商机，纷纷大力投入包括网上银行、电话银行、手机银行、自助服务设施等电子银行的建设。从长远来看，随着电子银行业务的日益成熟、规模经济的显现，在利润空间比较稳定之后，银行会独立开拓这一领域，凭借较低的成本来提供各种零售金融服务，各家银行也纷纷在网站上开辟了网上商城，直接与第三方支付平台争夺零售客户。

尽管当前银行与第三方支付平台存在着激烈的竞争，但合作将始终是双方共赢的要求。如第三方支付平台与多家银行合作，推出联名银行卡，方便虚拟账户充值和网上支付。根据电子商务卖方的信用情况，一些银行为第三方支付平台的商家提供信贷服务，而且贷款的申请和归还都通过第三方支付平台的虚拟账户完成，实现全程网络化。

8.5 电子银行发展展望

8.5.1 与第三方支付形成双赢的商业合作模式

从业务种类的角度来看，电子银行与第三方支付企业各有所长，业务上尽管有交叉，整体而言却是互补的。从电子支付产业链来看，电子银行以其传统银行业务的电子化身的身份位居产业链上游，而第三方支付则是产业链中游的一个环节。二者在整条产业链上相得益彰。

因此，银行应该从以下几方面与第三方支付开放性创新合作，形成共赢的合作商业模式。

（1）在线融资的合作。

银行可以利用第三方积累的客户在线交易历史数据，在第三方风险模型的支持下，开展信用型小微企业在线融资。

（2）商户资源和客户行为信息的共享。

第三方机构在民生、教育、票务、游戏等细分行业的支付方案方面比银行敏感，洞察客户需求；银行与大型制造业、零售业、交通、能源、物流等领军企业的关系比较好。双方在客户资源方面，可以实现良性互介，通过业务互补合作，实现一定程度的数据共享和交叉销售。

（3）移动金融服务平台入口的开放。

第三方机构尤其是占垄断地位的机构，应该开放其移动支付入口，与银行开展协议支付业务的互信合作，既提高支付认证的完整性和安全性，同时，也给客户提供多元化的账户介质选择。

（4）安全防控、反欺诈和防钓鱼的互动。

在面对钓鱼网站、电信欺诈、黑客攻击等外部风险事件时，银行和第三方机构在这些安全控制和风险管理领域，应该加大行业透明度，充分交流经验，交换数据，共同保护客户资金安全。

8.5.2 推动电子银行产品创新

我国电子银行业务高速发展、业务品种增长较快，但电子银行产品功能同质化的倾向非常严重，对中间业务与理财业务的开发还十分有限。因此，电子银行未来发展趋势将是加强产品研发，进行业务品种创新。

（1）理财产品与电子银行的融合创新。

理财功能是银行卡的主要功能之一，所以，银行应该将理财产品与电子银行进行必要的创新融合。这样可以使银行随时了解客户的消费与资金流向，为客户提供个性化的理财服务，向其推荐合适的理财产品。银行还可以根据客户的支付信息判断持卡人的信贷能力，及时调整客户的信用额度。

（2）小额信贷产品与电子银行融合创新。

近年来，工商银行、交通银行与其他商业银行陆续推出了网上贷款业务。从了解各类贷款的申请条件、准备申请材料、递交贷款申请，客户都可以在网上银行完成。网上小额信贷业务的审批也可以尝试在网上进行。

（3）电子银行在客户体验上的创新。

①网上银行：未来网上银行将成为客户办理银行业务的主要渠道，银行物理网点所具有的营销、服务和交易处理等职能也将成为网上银行的基本职能。银行可通过网络渠道和营业网点的互补为客户提供全面、快捷的金融服务。

②手机银行：银行可以将个性化定制服务设置成快捷键，放在手机银行的主页面上，用户只需按下快捷键就可操作成功。

③电话银行：可以提供直通快捷键，区别使用多个号码为客户提供服务；提示菜单分级设计更灵活、实用；银行可以统计分析服务类型应用的频率和难度，不断优化使用操作流程。

8.5.3 加强营销力度

由上面分析可以看出，电子银行各业务主体发展不均衡，目前网上银行和自助银行正成为市场的主流，而电话银行、手机银行业务的普及程度则稍显逊色。所以应加快营销步伐，把大力普及电话银行、加快发展网上银行、积极探索手机银行，具体可以从以下几方面入手。

（1）完善产品。

积极开展电子银行产品的营销调查，对用户进行跟踪访问，广泛搜集意见，改进产品，完善功能，贴近用户不断丰富完善电子银行产品功能。

（2）细分市场。

根据电子银行产品的主要功能细分市场，确定目标客户群，利用产品技术优势，牢牢抓住优质客户；充分挖掘优质客户需求，不断改善产品，适时营销，实现双赢。

（3）渠道分流。

银行各个营业网点应设立电子银行自助服务区，配置互联网上网设备。让客户利用银行提供的电子银行平台直接办理业务，并配备专职人员进行操作指导。同时可采取电子银行收费降价和柜台业务收费涨价的调控措施，逐步实现将大量低效及占用柜台资源多的业务向电子银行渠道分流。

此外，各商业银行应该加大对欠发达地区的电子资源的投放力度，从而扩大电子银行的区域范围。

9. 多元化经营

9.1 多元化经营在探索与规范中发展

商业银行多元化经营行为是指商业银行经营超越单一服务产品种类或范围的活动，表现为银行在产品服务上超越传统商业银行业务界限，为公众提供银行、保险、证券以及信托等全部或其中几种服务，以及在传统银行业务中通过创新实现银行信贷、投资以及中间业务等产品服务的多样化和每种服务内部的多种类细分。[①] 纵观世界上大多数国家的银行业发展史，一般都会经历从混业到分业，最后再逐步趋向混业的发展道路，我国并不例外。

9.1.1 1980～1992 年：多元化经营探索阶段

我国商业银行的多元化经营起始于 1980 年国务院《关于推动经济联合的暂行规定》和中国人民银行《关于积极开办信托业务的通知》中提出的“银行要试办各种信托业务”，此后各家银行陆续以全资或参股形式开办了大量信托机构。20 世纪 80 年代末，商业银行成为中国证券市场的参与者，基于混业经营的银行多元化经营开始出现。1986 年，交通银行成立，它成为我国第一家可以从事银行、保险、证券业务的综合性商业银行，也是当时唯一不受业务分工限制的银行，既经营本外币业务，又经营保险、证券、投资、租赁和信托等各种非银行金融业务，银行业多元化经营走向了高潮。但是，无论从经营的模式还是业务的监管上，当时的混业经营都存在很严重的问题。

---

① 考虑到篇幅问题和目前银行业传统业务的发展情况，本节中的多元化经营仅指银行在产品服务上介入保险、证券以及信托等全部或其中几种服务的行为，基本等同于混业经营行为。

9.1.2 1992 年至 20 世纪 90 年代末：多元化经营停滞阶段

在随后几年的房地产热和证券投资热中，银行大量的信贷资金通过同业拆借进入证券市场，导致金融秩序混乱。因此，政府监管部门逐步推行“分业经营、分业管理”的模式。1993 年，《中共中央关于建立社会主义市场经济体制若干问题的决定》首次明确提出“银行业与证券业实行分业管理”；同年，《国务院关于金融体制改革的决定》对“分业经营”进一步作出了规定：“对保险业、证券业、信托业和银行业实行分业经营”；1995 年《中华人民共和国商业银行法》的颁布实施，标志着商业银行通过混业经营实现多元化经营的行为被严格禁止；1997 年亚洲金融危机后，证监会监管职能被明确界定，保监会同时成立，使这种禁止在监管体制上得到了制度保证。

9.1.3 21 世纪：多元化经营规范化发展阶段

进入 21 世纪后，随着金融改革的深入，间接融资的比重降低，银行在监管压力大增的同时也面临着一定的盈利问题，监管部门逐步放松了对银行多元化经营的限制。1999 年出台的《证券公司进入银行间同业拆借市场管理规定》、《基金管理公司进入银行间同业拆借市场管理规定》，2000 年出台的《证券公司股票质押贷款管理办法》分别允许符合条件的证券公司和基金公司进入银行间拆借市场，以自营股票和证券投资基金为抵押向银行贷款，这些政策为商业银行开放了多元化经营的渠道。2001 年，商业银行发售开放式基金，同年 6 月出台的《商业银行中间业务暂行规定》允许商业银行可以代理证券业务、金融衍生业务、各类投资基金托管，代理发行、承销、兑付政府债券，金融信息咨询和企业个人财务顾问业务等。

2003 年，《中华人民共和国商业银行法（修正案）》将原来的“商业银行在中华人民共和国境内不得从事信托投资和股票业务，不得投资于非自用不动产，不得向非银行金融机构和企业投资”改为“商业银行在中华人民共和国境内不得从事信托投资和证券经营业务，不得向非自用不动产投资或者向非银行金融机构和企业投资，但国家另有规定的除外”。这给商业银行混业经营留下了空间。2005 年出台的《商业银行设立基金管理公司试点管理办法》在一定程度上使商业银行可以通过子公司跨业经营。2007 年年初，银监会连续印发《金融租赁公司管理办法》、《信托公司管理办法》、《信托公司集合资金信托计划管理办法》，对信托公司管理法规进行清理，整合和修订，为信托公司为银行理财资金提供资产管理服务扫清了通道，银信合作自此迅速发展。2008 年，银监会与保监会签署《关于加强银保深层次合作和跨业监管合作谅解备忘录》明确了商业银行和保险公司相互投资及开展跨业综合化经营的具体细则。同年出台的《银行与信托公司业务合作指引》，进一步规范了银信合作业务的开展。2011 年，基于银信合作的不合理膨胀，银监会印发《关于进一步规范银信理财合作业务的通知》，明确银信合作业务的风险归属，要求商业银行严格执行将银信合作业务表外资产转入表内的规定，银信合作业务的发展受到限制。

2012 年，证监会相继颁布《证券投资基金管理公司管理办法》、《基金管理公司特定客户资产管理业务试点办法》、《证券公司客户资产管理业务管理办法》对基金公司和券商开展资产管理业务进行了一系列调整，进一步放宽了基金公司和券商对该业务的投资范围，为其进一步发展资产管理业务创造了良好的条件。同年 10 月，保监会发布《关于保险资金投资有关金融产品的通知》及《关于保险资产管理公司有关事项的通知》，扩大了保险资金的投资范围，对保险资金投资集合资金信托计划提出了明确的规定。在一系列政策的支持和引导下，我国银行业银证合作、银保合作等业务得到了蓬勃发展。

随着世界金融一体化进程加速和我国金融业逐步对外开放，商业银行面临的市场竞争将更为激烈，同时，世界金融危机造成的经济体增长速度放缓使得商业银行传统业务上的潜在风险逐步加大，而目前相对单一和趋同的业务和利润结构使得商业银行的生存和发展形势更显严峻，特别是利率市场化加速推进，利差进一步缩小，给了商业银行更大的盈利和监管压力。在此情况下，开展多元化经营，拓宽业务品种和收入来源，以及为此进行的业务创新对商业银行来说便显得必要而迫切。

未来中国经济结构将更加优化，政府宏观调控能力继续提升，中国宏观经济仍将保持稳定地增长，中国银行业也将继续得益于宏观经济的高速增长。出于外部环境的改变和内部发展的需要，中国银行业将实施更加多元化的经营战略。

9.2 商业银行多元化经营优势与挑战并存

9.2.1 多元化经营的优势

（1）范围经济优势。

金融产品的一个重要特点是拥有比较强的联动性，一项业务的发展能够在某种程度上促进其他业务的发展。银行业务经营的多元化，能够借助或增强不同业务之间的联系，创造范围经济优势，从而从中获益。其原因在于：首先，银行可以将自身管理与某一客户关系的固定成本分摊到更为广泛的产品上，为客户提供一站式金融服务；其次，银行可以利用自身分支机构众多、渠道稳固的优势以较低的边际成本进行产品的推广和销售；再其次，多元化经营对银行有信誉外溢效应，增加银行的品牌信誉度，在一种服务的提供过程中推广其他业务；最后，多元化经营的银行可以统一研发信息与管理系统，为一系列的金融服务提供支持。特别值得一提的是，多元化经营的银行能把在某项业务的经营管理中积累的技能和经验迅速传播到其他业务或新的业务中去，从而获取协同效应优势。

（2）扩大收入来源、改善收入结构的优势。

除了成本节约方面外，多元化经营还能从收入方面给商业银行带来利益。首先，多元化经营能扩大银行的收入来源，随着产品和服务种类的增加，商业银行可以从更多的渠道获得收入；其次，在充分整合各条产品线，提供金融一站式服务的情况下，商业银行在具体产品定价上将会拥有更大的主导权；再其次，多元化的产品和服务能够为商业银行带来更大的调整转换空间，从而为改善收入结构提供了方便；最后，商业银行也可能通过多元化经营形成市场垄断，从而提高收入。

（3）分散和降低风险的优势。

多元化经营能够有效地分散和降低风险，这主要来自五个方面：①银行拥有大规模的客户信息，能比较全面地了解、掌握客户的财务、经营状况，从而降低了非银行金融部门的信息不对称程度，提高信托、保险等投资的质量，减少经营管理难度和资金运作风险。②多元化经营将原有的同业间业务内部化，扩大了机构规模，减少了原先单个机构非系统性风险爆发导致信用风险传递的可能性。③通过资产和负债在各个业务领域中的灵活调度，将长期负债、短期负债、固定资产、流动资产进行多种匹配和组合，实质性地降低银行风险，促进稳健经营。④在多元化经营模式下，可以实现收入流的多元化，当一种业务收入下降时，可以用另一种业务的收入弥补，从而可以通过内部收益补偿机制，降低总体经营风险。⑤可以增强适应市场变化的能力，为金融产品开发和业务市场开拓提供潜在发展空间，从而增强商业银行对金融市场变化的适应性，使其能及时根据金融市场的发展和变化调节自身的经营管理活动，加强金融创新，拓宽服务范围，增强市场竞争力。

9.2.2 多元化经营的挑战

（1）多元化使得银行经营的复杂性加大。

多元化经营对银行经营管理的要求有了大幅度的提高，由于协同效应的存在，使得运营混业模式的银行需要的相关管理知识与能力高于原先分业模式下所有相关机构所需要的知识与能力之和。因为在这种情况下，银行不仅要具备原先各行业的专业经验与技能，而且需要有将其联系整合进行管理的能力，这对银行来说是一个崭新的问题。

（2）多元化经营导致银行管理的跨度加大。

多元化经营的银行可以从事各种金融业务，并且可以投资于企业和公共事业，它们的规模一般要远远大于专业银行，并且它们往往是通过收购与兼并的形式发展壮大起来的，这些活动大大地减少了金融机构的数量，容易形成大银行垄断的格局。商业银行同时经营银行业务和证券经纪、承销业务时，可能会通过牺牲公众的利益来保护银行的自身利益。多元化经营的银行可以直接从事商业银行业务和投资银行业务，可能为种种违规行为提供更多的机会。

（3）多元化使银行系统风险控制的难度加大。

多元化经营将使银行涉及许多高风险业务领域，如股票交易、衍生品交易、房地产投资等。商业银行和证券公司面临风险的性质不同，如果将银行与证券市场间原有的防火墙拆除，就不能切断风险传递的链条，而多元化经营的银行一般不限制集团内部的金融交易，风险可以在不同金融业务之间迅速传递。而证券市场是一个高风险的市场，在银行与证券混业经营的情况下，若证券市场上发生了剧烈动荡或银行操作失误，银行的信用将受到严重威胁，导致银行破产风险增加，损害投资和存款人的利益。

9.3 合作仍是主流，全方位混业尚待时日

目前商业银行法仍然规定“商业银行在中华人民共和国境内不得从事信托投资和证券经营业务，不得向非自用不动产投资或者向非银行金融机构和企业投资，但国家另有规定的除外”，不过，《金融业发展和改革“十二五”规划》中认可了金融控股公司模式，这一方面预示着政策层面有意培养大型中资综合化金融集团，另一方面也为商业银行继续拓展综合化经营提供了可选路径。因此可以期待，商业银行综合经营可能获得更多政策支持，不过在当前环境下，各商业银行只能逐步通过与非银行金融机构合作的方式，转移表内资产，不断寻找新的盈利模式，在合作中获取运作经验，同时采用收购、自立等方式设立自身或集团控股的证券公司、保险公司等，为最终的多元化经营奠定基础。

9.3.1 银信合作

（1）银信合作有助于发挥双方的比较优势。

分业经营和鼓励创新的金融政策，为银信合作提供了天然的良机。银行业虽然有中间业务的职能和盈利要求，但业务范围、操作方式等受到限制，特别是政府为了控制银行业和全社会的信贷风险，对银行业的监管采取了存贷比和

信贷规模同时控制的形式，导致了银行大量的资金结余。与此同时，信托业具有极为广阔的经营空间，但信托资金募集受到一定限制，如不能通过公共媒体宣传、委托合同不超过200份、单笔委托资金不低于5万元等，并且信托公司缺乏高端客户资源，筹措资金的难度和成本都很高。银信双方各有自身业务经营的比较优势，合作更利于各方优势的发挥，同时，自身所受限制得以不同程度的合理放松。例如，银行业具有极大的资金量和丰富的客户资源，资金运用受到限制，运用渠道较窄；信托业的资金运用较为灵活，但筹资渠道受到限制。

因此，通过合作提高金融工具创新和多方位服务，满足信托投资人不同需求，达到银行、信托和客户三方提高效率和稳定关系的目的（见图9-1）。

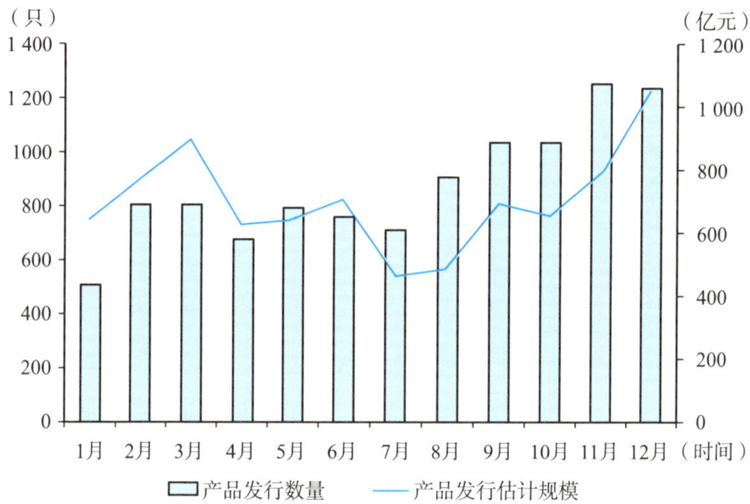

资料来源：用益信托网。

图9-1　2012年银信合作业务概况

（2）现阶段银信合作的主要形式：类资产证券化业务为主。

①传统的资金收付和结算及代售信托计划。

信托公司原结算资格取消后，只能作为一般企业在银行开立结算账户，贷款、投资等业务资金往来通过银行账户结算，以便对信托公司进行更为全面的监管。资金信托业务在开办后，必须在银行开立信托专户，银行为信托公司代售信托计划，代理收付资金，代理兑付信托收益。

②担保和同业拆借及授信。

信托公司为借款人向银行贷款提供担保，银行为信托投资公司借款等提供担保；作为金融同业，双方互为交易对象，进行资金（债券）交易。

③信托账户的托管。

资金信托在实质上与私募基金非常相似，为了规范运作，保证银行、信托和客户等各方利益，参照基金托管方法，信托公司为信托资金管理人，银行为托管人，签订《信托账户托管协议》，对信托计划进行管理。

④融资类银信合作。

其本质其实是“曲线”的信贷资产证券化，根本目的是要实现银行业务的表外化。对于银行有存量授信，但受制于存贷比规模或者行业贷款限制而无法直接发放贷款的项目，银行可通过信托贷款方式解决客户的新增贷款需求。

例如，某企业拥有一处已经在出租的成熟商业物业，该企业将此物业未来若干年的租金收益权委托给信托公司，设立财产权信托，同时委托信托公司将此财产权信托分为若干份额，出售给投资者（银行），就是一种典型的准资产证券化（见图 9－2）。

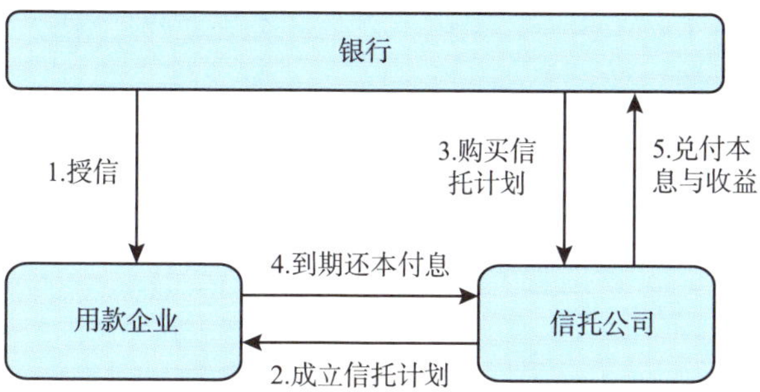

图 9－2　融资类银信合作模式

这种银信合作实际是“双层信托模式”。银行首先以理财产品为载体，与投资者建立委托代理关系，在获得投资者委托的基础上，以委托人的角色与信托公司签订资金信托合同，在信托合同中以单一委托人的身份设立信托计划，并最终将投资者的资金投资于各类资产。

⑤资产收益权的转移。

即银行与信托公司间达成相关票据资产（主要是银行承兑汇票）转让协议，信托公司再以之为资金投向发起单一或集合资金信托。由于信托公司不具备接受转贴现的资格，所以，信托公司实际购买的是银行所持票据的收益权。票据资产转让后，一般由银行代为履行票据保管及托收的职责。这种模式属于资产转让业务合作，同样可降低银行存贷比规模。

从这些具体业务中我们可以发现，近几年来高速发展的银信合作类业务都可归类为类资产证券化业务。此前类似的信贷资产证券化主要由信托公司完成，在银行间市场发行，并保证风险只在银行间系统流转，因此规模很小，并不成熟。

商业银行对信贷资产证券化始终有巨大的需求：一方面，在信贷规模管控的背景下，银行希望将信贷资产卖出，为新的贷款发放腾出“额度”；另一方面，银行希望卖出部分信贷资产，管理流动性，减少资本占用，满足监管指标。同时，规模快速增长的银行理财资金，也需要找到更多的投资标的。银行理财以固定收益产品为主，高度偏好投资于货币市场工具、债券和信贷资产。在成熟的金融市场，银行理财计划可以直接购买信贷资产支持证券。但是，由于我国信贷资产证券市场规模很小，尚处于试点阶段，加之银行也有通过资产“表外化”规避监管的动力，银行便借用信托平台，“曲线”进行信贷资产证券化，并将这种“产品”卖给自己的理财客户。

综观银信理财业务近几年来的发展，可以看出银信合作理财产品是在中国利率市场化和资产证券化发展进程缓慢、企业直接融资市场欠发达和投资者投资渠道匮乏的背景下，银行、信托合作创新的产物。应该看到，无论是何种形式出现，融资类银信合作业务的主导力量始终是商业银行，而不是信托公司，信托公司只是提供了制度平台。因此，从信托公司这个“端口”来监管银信合作业务，遏制银行的“资产表外化”和监管套利之举，效果虽然直接，但并不能治本（见图9－3）。

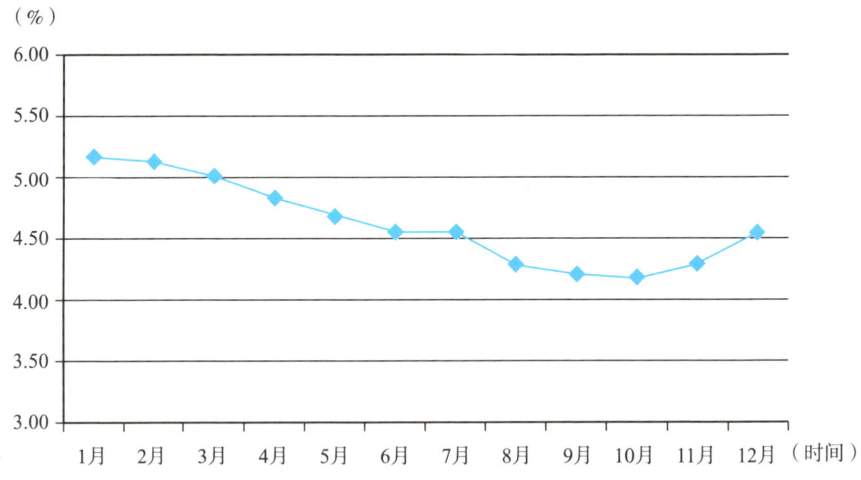

资料来源：用益信托网。

图9－3　2012年银信合作产品预期年化收益率

（3）逐步收紧的政策法规限制。

银信合作本应是完全合法合规的业务，只是在特定的历史阶段，国家出于宏观调控的目的，对其有所限制，以实现对信贷规模的管控。

银监会对于银信合作的管控主要通过对信托公司融资类银信理财合作业务实

行余额比例管理，在银监会2010年8月发布的《关于规范银信理财合作业务有关事项的通知》中规定，融资类业务余额占银信理财合作业务余额的比例不得高于30%。2011年年初，银监会又接连发布了《关于进一步规范银信理财合作业务的通知》，敦促各商业银行应当在2011年年底前将银信理财合作业务表外资产转入表内，并要求原则上银信合作贷款余额应当按照每季至少25%的比例予以压缩，而且将银信合作发放信托贷款，受让信贷资产和票据资产业务的风险资本系数设定为10.5%，而一般的业务风险资本系数仅为1.5%左右，银监会希望通过加大银信合作业务对信托公司净资本的消耗，迫使信托公司放弃此类业务。2012年相继出台的一系列政策和2013年出台的银监会“8号文”对银信业务作出了更为严格的规范，升高的投资门槛和计入资本压力使得银信合作产品预期收益有所下滑，目前已很难达到高速发展期6%的收益率。

（4）银信合作的未来发展。

目前银信合作正处于发展“瓶颈期”，未来的继续发展需要商业银行和信托公司更多的产品创新，特别是在传统的托管、担保等领域。另外，在监管层目前严格控制银信合作通道化的背景下，如何进行银信合作发展模式的创新是更为重要的问题。

9.3.2 银证合作

（1）政策放松下的高速增长。

本小节讨论的银证合作主要表现为：银行通过与证券公司资产管理部门的合作，将信用类资产（主要是票据资产）转移出表外的业务合作。这类合作有别于传统的银行与证券公司在资金托管、产品代销等方面的业务合作。在2012年，这类银证合作获得了爆发式的增长。根据中国证券业协会的统计，在宏观经济增速有所放缓的背景下，2012年证券公司全部受托管理资金的本金总额达到1.89万亿元，远远超过2011年年底的2 819亿元。

近两年来，银行同业业务和表外业务监管规范不断加强：银信合作表外资产入表、票据保证金缴纳存款准备金、同业代付计入风险资产及计提拨备。银信合作的式微为银证合作埋下了伏笔，在监管与创新的博弈中，银证合作逐步发展，成为当前银行将表内信贷类资产（主要票据资产）转移至表外的主要通道。

从证券公司的角度上讲，2012年10月，修订后的《证券公司定向资产管理业务实施细则》开始实施，其中对证券公司的定向产品几乎没有投资范围限制，允许由客户与证券公司协商约定投资范围；另外，证监会降低了各类业务的风险准备比例，放宽了净资本的计算方法，使得资管业务消耗的净资本减少，进而提升了券商资产管理的规模上限。随着券商“资管新政”的实施，券商资管开放式通道的价值开始被发现并被重视，银证合作成为潮流（见表9-1）。

表 9-1　　2012 年券商资管新规分析

业务模式	大集合	小集合	定向资产管理	专项资产管理
开展方式	设立集合资产管理计划，并向投资者募集（类似公募基金）	设立限额特定资产管理计划，并向投资者募集（类似基金一对多）	与单一客户签订资产管理合同，以客户的名义开设账户进行投资管理	以专项计划为载体，募集资金，投资于确定的基础资产（是国内 ABS 的一种方式）
投资范围	股票、债券、基金等权益类资产、固定收益类资产和现金类资产，新增：中期票据、保证收益及保本浮动收益理财计划，可以参与融资融券交易	股票、债券、基金等权益类资产、固定收益类资产和现金类资产，新增：商品期货、利率远期、利率互换、证券公司专项资产管理计划、商业银行理财计划、集合资金信托计划	股票、债券、基金等权益类资产、固定收益类资产和现金类资产。新修改：投资范围由证券公司与客户通过合同约定，不得违反法律、行政法规和中国证监会的禁止规定	具有可以预测的、稳定的现金流的股权、债权、收益权等
产品规模	最低设立 1 亿元，无规模上限。新修改：存续期无规模要求	新修改：最低设立 3 000 万元起，上限 50 亿元，存续规模无要求	100 万元以上	按照基础资产情况确定
产品期限	固定或不设存续期限	固定或不设存续期限	固定或不设存续期限	固定
客户数量	至少 2 人，无上限	至少 2 人，上限 200 人，单笔300 万元以上不受客户数限制	1	不限
客户类型	个人、法人	个人、法人	个人、法人	机构投资者
最低参与金额	非限定型（权益类资产超过 20%）10 万元起，限定型（权益类资产不超过 20%）5 万元起	100 万元起	一般要求 5 000 万元起	无
第三方银行托管	需要	需要	需要	需要
收费方式	管理费 + 业绩报酬	管理费 + 业绩报酬	管理费 + 业绩报酬	管理费 + 承销费
监管方式	事后备案	事后备案	事后备案	证监会审批

资料来源：东方证券资产管理有限公司。

另一个不可忽视的因素是，2012 年 7 月，保监会发布《保险资金委托投资管理暂行办法》，规定：保险公司选择券商开展委托投资，券商必须符合两大条件，一是取得客户资产管理业务资格 3 年以上；二是过去一年集合理财业务管理资产规模不低于 50 亿元，或受托管理总资产规模不低于 100 亿元。面对规模庞大的保险理财资金，“险资受托资格” 成为证券公司资产管理部门急切做大业务规模的主要动力，迫使券商通过银证合作的形式提高受托管理的资产规模。

（2）现阶段银证合作的主要形式：仍是银行的渠道。

①券商资管产品购买银行的“票据受益权”。

通常情况下，证券公司向理财投资者募集资金，代理投资者购买银行持有的尚未到期的票据收益权，获利部分归投资者所有，券商获得管理费及业绩报酬。在这种模式下，证券公司资管产品投资的只是银行票据资产的受益权，并非买断票据资产的所有权，因此，银行无法在财务上将贴现票据资产转移出表，票据依然占据着银行的信贷额度。这种模式类似资产证券化，银行通过合作获得的更多是短期周转资金。

②券商资管产品买断银行的票据资产或信用证。

在该模式下，某银行通过发行理财产品募集资金（表外资金），然后委托证券公司资产管理部门管理部分理财资金，资金仍托管在该银行；在签署定向理财协议之后，要求证券公司资管部门用这笔理财资金直接买断该银行已经贴现的票据（表内资产），从而达到票据资产转移到表外的目的，同时票据资产仍委托给该银行进行管理，银行收取一定的托管费用。作为回报，银行向券商支付一定的财务费用（见图 9 –4）。

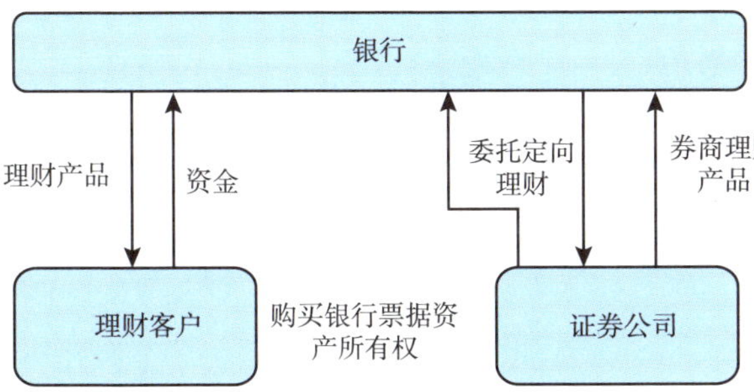

图 9 –4　银证合作下券商通道业务模式

由于是银行委托证券公司资管部门定向理财，因此证券公司在整个过程中缺乏主动投资的权限和表现，证券公司发挥的主要是“通道作用”。在帮助银行实现票据资产出表的过程中，证券公司获得的财务费用被形象地称为“通道费用”。在各个券商竞相加强做大资管业务规模力度的环境下，证券公司定向理财业务的费率已由最初的3‰降至0.5‰，部分券商甚至可以接受更低的费率。竞争的白热化使得银行享受了更加优惠的通道服务。

③券商主动管理资金赚取差价模式。

在这一模式下，银行通过与券商资管签下定向理财协议，资管部门可以在指定的范围内主动配置资产，一般对银行提供的预期收益率在5%左右。通过将大比例的资金投资于信托产品或城投债（这一过程可能放大杠杆），券商可以赚取实际收益率与提供收益率的价差。

④券商资管与银行投行部门的合作。

这一模式下，券商主要还是扮演渠道的角色，表现为在创新政策下许多券商成立另类资产管理部门，银行的投行部门与其合作，由银行提供项目和资金，以券商发行产品的形式（券商或表面上作为项目的投资管理人）将资金输送至待融资项目，达到将信贷类资产转移至表外的目的。

⑤银证信合作。

银行、证券、信托的合作，主要体现在证券公司募资投资于银行制定的信托产品。银行理财产品的发行权限大多在总行，但是分行可以通过代理发行券商的小集合产品，与券商协定，将募集的资金投资于银行与信托公司制定的信托产品，再由信托产品将资金放给需要融资的企业。这种业务合作主要针对省级分行及以下的银行，协助银行将信贷类资产转移至表外。

在此过程中，证券公司由于缺乏小集合产品的主动投资权，主要发挥融资的渠道作用；而银行除了帮助证券公司代销小集合产品外，还起到提供融资客户、与信托公司一起制定信托产品的作用（见图9－5）。

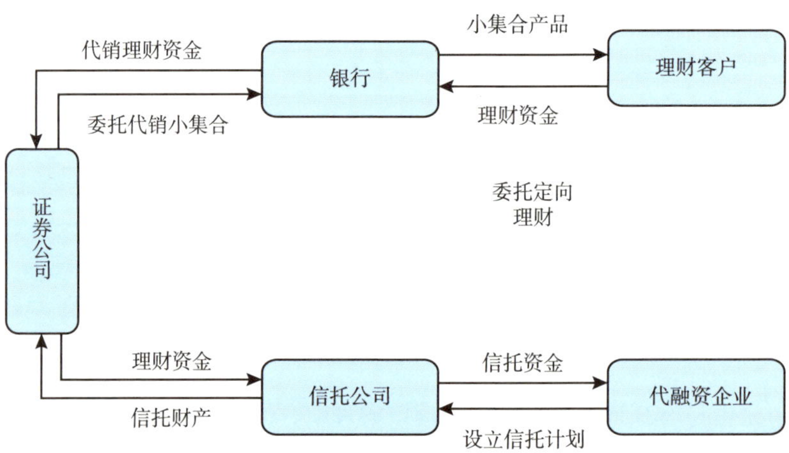

图9－5　银证信合作理财模式

此外，银行、信托公司还可以通过与券商资产管理部门合作，利用资产管理的渠道将信托公司的融资类业务转换为投资类产品，从而避开监管对信托融资类业务余额占比不得超过30%的限制。

（3）银证合作向资产主动管理转型。

在证监会鼓励创新的时机下，券商的资管业务在很大程度上可以形成对之前银信合作的替代。虽然通道类业务对目前处于业务过冬时期的证券公司显得相当重要，但是该业务在未来还是有不可避免的合规性风险，随时可能被银监会以控制贷款规模为由进行管控。同时，券商之间对于单纯通道类业务的激烈竞争导致了费率不断下降，从成本收益的角度看，如果没有更多创新引入银证合作业务中的话，证券公司将没有动力继续这一业务。

目前，已有一些银行将与券商合作，在资产管理中采取券商主动管理的模式，而非通道业务模式。其原因在于：首先，银行在要求最低收益率的条件下将资金托管给券商有利于其分离部分理财业务风险；其次，券商有望通过自身较强主动管理能力获取超额回报，有利于相关机构在与银行合作中回归资产管理的本业。

例如，目前券商资管差异化竞争的重点量化对冲产品，在这一产品中，券商通过主动管理的形式力图在控制低风险的同时获得超额回报，充分利用了券商在证券市场方面的知识和资源特长。目前券商普遍采用的量化投资策略主要有三类：套利、量化选股以及市场中性策略。套利策略主要包括股指期货套利及ETF套利。量化选股策略是指开发数量化模型，辨别股票价格的驱动因子。市场中性策略是指通过多空反向操作，对冲系统风险而获得收益。目前国内的量化型券商集合理财产品大多属于套利和市场中性产品。

另一个思路是资产管理部门与投行部门进行联动，针对企业融资市场和企业资产证券化市场设计出新产品，从而能够实现资管、投行和经纪线全线参与资产管理的格局。企业资产证券化作为证券公司专项资产管理计划的主要表现形式，可以用于对接银行资金和优质资产，已运行了7年多的时间。对于证券公司专项资产管理计划，监管部门已基本达成共识，初步目标锁定在五类资产池，分别为：水电气资产，路桥收费和公共基础设施资产，市政工程特别是在回款期的BT项目资产，商业物业的租赁资产，企业大型设备租赁、具有大额应收账款的企业、金融资产租赁资产等。这种方式能够充分调动证券公司各部门的资源进行合作，从资产证券化中获得收益。

9.3.3 银保合作

（1）银行与保险服务的初步结合。

狭义的银保合作，即指保险公司通过银行销售保险产品；广义的银保合作，是指银行和保险公司共同开发产品和服务，从而在金融市场上获益。因此，银行和保险公司的合作是不同金融产品、服务的相互整合，互为补充，共同发展。银保合作是混业经营出现后的产物，银行或者保险公司通过一体化的形式满足客户多元化的金融服务需求，将银行和保险公司的多种金融服务联系在一起，并且通过共享销售渠道来实现价值最大化。

从银行的角度来看：

①银保合作能优化银行资源配置。目前我国银行业拥有庞大的网点、客户、信息等资源，但相对粗放的经营方式并未对资源进行充分的整合利用，导致银行业同质化现象严重，缺乏可持续的核心竞争力。银保合作能对银行的硬件资源、人力资源、客户资源进行集中整合和充分挖掘，增加资源利用效益，促进银行经营效率和盈利能力的提高。同时，银保合作在一定程度上能改变银行业传统的资源配置观念，使其合理利用有限的金融资源。

②银保业务能扩大银行利润来源。虽然我国国有商业银行的股份制改造及上市已经成功，但面临外资金融机构的竞争和冲击、客户需求的不断变化、国际金融市场环境的复杂形势，我国银行业必须通过创新来获取生存空间。根据国外经验，中间业务在我国仍有很大的提升空间，而近年来我国保险行业的强力发展势头更让银保业务成为了银行扩大利润来源、开发和维系客户、带动中间业务整体效益提升的重要方面。

③银保合作能够充分满足银行客户的金融需求。根据国外的调查显示，客户脱落率与银行服务之间有着密切的关系，银行需要通过转变服务观念、增加服务类型、提高服务质量来满足客户多样的金融需求，从而降低客户脱落率，增强客户的忠诚度。在我国市场经济不断深化、金融市场不断成熟的情况下，客户的需求从简单的存贷操作转变到更高阶段的金融理财服务，金融体系的发展也应该符合客户需求的变化，因此银行需要与保险公司进行合作，为客户提供综合的金融产品和服务。

从保险公司的角度来看：

①银保合作能降低保险的营销成本，提高资源使用效率。一方面，传统的保险经纪销售方式佣金成本高，加大了保险公司的运营成本；另一方面，保险公司的分支机构不足，无法对市场和客户进行全方位覆盖。若保险公司能利用银行庞大的网点资源进行保险销售，不仅能拓宽销售渠道、降低销售成本，而且能增加与客户的接触面，降低客户信息搜集成本。

②银保合作有助于扩大保险业务规模。“大数法则”是现代保险业赖以生存的理论基础，业务规模的大小决定了保险公司的风险状况。因此不断扩大保险业务规模，有效地分散风险成为了保险公司的共识。银保合作能增加保险业务与客户的接触面，充分挖掘潜在客户，有效地促进保险深度和广度的开发。与此同

时，利用保险公司本身的专业性向客户提供有针对性的金融服务，既能不断地扩大客户群体，又能培养忠实客户。

③银保合作能增强国民的保险意识。随着国民收入水平的提升，居民在解决温饱之后就开始转向对生命、财产的风险控制，对保险的内在需求突显。通过银保合作，保险公司可以利用银行一直以来良好的信誉、口碑，增强居民对保险产品的信心，从而推动保险业的发展。

（2）现阶段银保合作的主要情况：探索深层次创新。

目前，在我国银保合作主要实行的是银行代理销售保险公司的保险产品，或者是保险公司的保险销售人员在银行的营业网点销售该公司的保险产品。银保合作基本处于保险公司利用银行作为渠道销售自身产品的阶段，不仅不能充分利用双方资源，还因为银行代理人员的业务水平和道德风险，出现了很多问题。

为了规范银保业务，银监会在2010年10月初下发了《关于进一步加强商业银行代理保险业务合规销售与风险管理的通知》。《通知》对派驻银行网点的保险销售人员的构成、各网点允许合作的保险机构的数量、保险产品的推广销售等做出了具体规范。

新规出台后不久，银保业务量就出现较明显的萎缩。同时，银行业的流动资金紧张，银行业不再倾向于推销存款替代产品（在大多数情况下，银保产品纯粹是储蓄形式的产品），而且一般来说，保险产品的收益率不高，不如其他理财产品有吸引力，影响了保险产品的销售。另外，在通货膨胀压力渐增的背景下，客户对银行产品的期望比较高，保险产品在一定程度上也限制了长线产品的销售增长。因此在近两年内，银保业务有了明显的创新趋势。

①网点竞争转型。银保代理网点资源是决定保险公司银保业务格局的“核心资源”或“战略资源”。过去，保险公司争夺网点的手段同质化、单一化、简单化，而银监会新规对银行代理保险1∶3的数量限制，使得银行网点资源更显稀缺，银行方面也由于自身风险管控要求，对合作保险公司的选择更加审慎，网点竞争逐步由过去的单一同质化竞争向多元差异化竞争转型。

②产品转型。银保柜面销售尤其是期缴产品的销售，多数是在保险公司驻点银保专员（客户经理）的协助下完成的。从某种程度上说，通过银行柜面人员销售专业性较强、较复杂的期缴银保产品是不太现实的，因此，银行柜面销售的银保产品趋向于会短期化、简单化。

③银保渠道及销售模式转型。银行柜员+保险公司银保专管员（客户经理）合作销售渠道一直是银保业务核心渠道。新规不允许保险公司驻点销售后，银保渠道已经向以银行柜员+保险公司理财经理为主的、以银行理财专区理财经理及电话销售为辅的、以网络销售为补充的多元化立体式渠道转型，银保营销渠道的创新进程加快。

④银保队伍转型。对自身队伍建设来说，保险公司力图打造高素质、高能力、高绩效的专管员、理财经理、督训（组训、讲师）和渠道主管队伍，来适应银监会新规和未来银保市场的发展变化，以促进银保业务持续健康稳定的发展。

但是，上述的银保合作仅仅局限于银行保险业务，其创新也更多针对的是如何促进银行渠道的保险销量。广义的银保合作泛指银行业和保险业的合作，这种合作应该是更加深层次、范围更大的合作，是一种共赢的合作模式。例如，部分银行逐步成立或收购下属的保险公司，在机构层面完成银行业和保险业的融合，借此达到银保业务一脉相承的效果。

这种形式银保合作的合规地位已经经历了一段时间的发展，2003 年 10 月我国对《商业银行法》进行修订，其中第四十三条修改为“商业银行不得向非银行金融机构和企业投资，但是国务院另有规定的除外。”这就在法律上为银保合作留下了余地，允许银行适当扩大经营范围。2006 年，中国保监会颁布了《关于保险机构投资商业银行股权的通知》，该通知允许保险公司购买商业银行的股权。2008 年 1 月保监会与银监会又共同颁布了《关于加强银保深层次合作和跨业监管合作谅解备忘录》，允许商业银行和保险公司开展相互投资的试点，但是必须在符合国家的有关规定下进行。2009 年 9 月，保监会在网站上公布，正式同意交通银行收购中国人寿保险公司拥有的中保康联人寿保险公司 51% 股权，并且同意中国银行通过中银保险公司投资参股恒安标准人寿保险公司。从此，互相持股型银保合作的通道被打开，法律限制的放松为我国实行银保合作提供了便利。

在这种模式下，银保业务归于一个组织内部，更趋近于一体化。这种一体化的营运将有助于简化银保业务的模式，推动银保合作产品的进一步创新，同时使得银行获得更紧密的保险合作伙伴。但我们也应当看到，由银行拥有的保险公司需要投入庞大的投资和时间，才能有效地打入其他银行的分行网络，而且单一的合作目标不利于银行提供适当涵盖各个地域和产品的保险服务。因此，除了逐渐垄断由母公司提供的分销机会以外，目前互相持股型银保合作仍在探索新的发展模式，而从长远来看，以自身所有保险公司为基础，寻求数家的保险公司合作以提供多样化产品将是银行在银保合作中的发展策略。

（3）银保合作的未来发展。

伴随着银行和保险业的发展，未来银行和保险对于渠道、客户资源的争夺会越发激烈，而银保理财市场也将更加合理规范，同时消费者也将在选择银行储蓄和保险理财方面更有经验和判断力。由于保险产品的特殊性，除了理财，保险真正的作用是保障，并不是一个简单的先投资、后获得收益的投资渠道，因此在市场上明确保险产品的职能，更加注重对投保人的保障功效，让银保合作回归本源，无疑是银保合作未来发展的一个主题。

另外，在保证市场稳定性的前提下，未来监管机构将着重关注银保合作的规范性，在内控管理、偿付能力管理、销售服务规范、反商业贿赂、反洗钱等诸多方面加大监管力度。在一个更加公平和谐的竞争环境下，“银保合作”必须要走出一条新路，双方的合作应超越简单的代理关系，建立真正的利益统一体。

9.4 多元化经营模式选择与具体实施

9.4.1 以市场定位为基础的有限多元化

（1）以市场定位为基础的多元化。

目前，我国商业银行在多元化经营方面的首要任务应该是大力开发和拓展产品种类，扩大中间业务和非利息收入比重，以适应市场需求，增强抗风险和盈利能力，在此前提下注意产品和服务的成本控制，以及防范和控制经营风险。从根本上讲，银行提供的产品和服务应该是综合性、多元化的，这是由客户的多样化金融需求所决定的。只有适应了客户和市场的需求，银行才能在激烈的竞争中获得生存和发展的空间，否则终将被市场淘汰。而所谓的“特色产品”，指的是针对不同市场和不同客户提供的差异化产品和服务，从总体上看，银行的产品和服务仍然需要向多元化发展。事实上，银行对任何一种市场定位提供的都是综合性、多元化产品。因此，“特色”只能是在对客户提供综合化、个性化产品的基础上，营造自身的“产品特色”。

（2）多元化的界限是资源共享与成本互补。

参照国际经验，多元化经营并不意味着没有界限，这个界限包括成本互补和风险控制两大方面。商业银行要注意测算拟创新的多元化产品与原有产品间是否能够成本互补、资源共事从而具有降低平均成本、增加收益的作用。同时，银行也并非经营规模越大越好，同其他企业一样，商业银行也存在着“适度规模”问题，一旦经营规模超出了适度规模范围，反而会带来平均经营成本的上升。因此确定合理的经营规模是保证获得规模效益、不断增强竞争能力的关键，而确定规模范围的关键就在于确定成本界限。

（3）目前分业体制下的有限多元化。

目前我国的《商业银行法》严格规定了“分业经营、分业管理”的大原则，而且短期内不存在彻底修改这一原则的可能性。因此现在可行的多元化模式大致有两种：一是股份制商业银行通过与境外银行合作以跨地区或跨国并购方式控股国外或某一地区的证券或其他非银行金融企业，再由控股的境外非银行金融企业以外资金融企业身份到国内申请从事非银行金融业务，从而实现间接的混业经营；二是通过集团控股方式，在外部设立子公司或控股公司的形式兼营证券、保险、信托等业务，形成在金融控股公司下的银行、证券、保险、信托等机构的集团混业、经营分业的格局。这种模式实现了子公司间在资金、业务和技术上的协同合作，从而实现了资源的有效配置和利益共事，降低了成本，提高了效率和整体竞争力，获得混业经营的正面效应。控股公司模式的特点是“集团混业、公司分业”，能够适应我国现行分业管理的要求。因此，在我国分业经营的框架下设立金融控股公司，已经成为我国从分业经营走向混业经营阶段的一个现实选择。

（4）未来混业体制下的有限多元化。

我国现行的分业经营制度是我国经济与金融体制转轨时期现实和有效的制度安排，要实现从分业经营走向混业经营还相当长的路要走，还要具备一定的条件，这些条件包括：银行本身具有较强的风险意识和有效的内控约束机制、金融监管体系完善、高效健全的法律体系、金融机构产权的明晰、健康的金融市场体系等。只有具备了这些条件，才可能拆除分业经营这道防火墙。否则，缺乏有效的内控和监管措施的混业经营不仅不会分散风险，而且还可能造成更大的风险，甚至金融危机。所以混业经营要有步骤地进行，不能一拥而上。我国金融业自身的探索和政策转变对我国实施混业经营创造了良好的环境条件。根据我国金融监管格局及金融业的现状，混业经营应分步进行：第一步，在现行法律框架内拓展商业银行业务；第二步，选择试点，逐步推进混业经营模式；第三步，全面推行多元化经营。

9.4.2 分类多元化的实施

（1）负债业务的创新。

负债业务的创新，首先要创新业务手段，加大科技投入，建立高效、安全、广泛的电子转账、支付、清算系统；其次是推出多功能的负债工具，包括功能齐全的银行卡、个人银行、企业银行、网上银行，开发使用个人支票业务；再次是推行存款证券化，发行可转让定期存单，增强负债业务的主动性；最后是加强营销工作，重视营销方式的创新。

（2）资产业务的创新。

资产类业务主要包括贷款类和投资类业务。贷款类业务要注意改进现有品种和扩大新品种两个方面。改进现有品种包括采取更灵活的方式、更高效率的审批程序、更高质量的风险管理以及在现有的贷款品种上捆绑或附加新的业务功能，形成产品组合，增强信贷产品的竞争力，扩大业务空间和利润来源，如贷款的同时，可以提供财务顾问、投资、咨询、结算等金融服务；品种扩张上，目前可以大力开发银团贷款和并购贷款，同时积极推行贷款证券化和贷款出售业务，以此盘活现有资产，调整资产结构和筹集经营资金。

（3）中间业务的创新。

中间业务的创新是多元化经营的重点，因此，商业银行应遵循“分层次、分区域、有重点”的循序渐进的发展原则。具体而言，“分层次”发展包括四个层次：①巩固和拓展比重大、基础好、无风险或低风险的“基础型”中间业务，如结算、代理、保管、银行卡等传统中间业务；②随着中间业务的发展与完善，逐步开展为企业和居民个人提供金融投资理财服务的中间业务，参与企业收购、兼并、资产重组、项目融资、理财顾问、投资管理、信息咨询、基金托管等业务；③随着业务能力和风险控制水平的提高，可以逐步加大风险度较高的信用性、融资性中间业务的发展力度，如承诺、担保、备用信用证、资产证券化等；④在各项条件允许的时候，可以考虑适度发展衍生金融工具交易和证券经纪等风险较高的业务。“分区域”是指根据不同地区经济发展状况、业务能力和业务水平，以客户需求为导向，选择有差别的中间业务区域发展策略。“有重点”的发展原则是指各家商业银行应该根据自己的发展战略、市场定位、资源条件和成本收益核算，在提供多样化中间业务品种的基础上有所侧重，实现以点带面式的发展。

（4）银行与证券、保险等的跨业合作。

随着利率市场化，银行、保险、证券三业融合将成为必然，各商业银行从现在起就要做好准备，积极渗透，通过开办银证转账、代理证券买卖、代办保险等业务，增加经营收入，培养专业人才。同时，在政策允许的情况下，直接开展股票、债券买卖，参与公开市场业务，加快经营多元化进程。股份制商业银行可以在现行法律框架内积极拓展业务范围，加快金融创新步伐，通过发展与证券公司、基金管理公司、信托公司、财务公司、保险公司等非银行金融机构之间的交叉业务，抢占新兴业务的市场高地，形成明显的中间业务品牌特色和经营优势，既有利于拓展商业银行生存和发展的空间，提高盈利水平，又能创造向全能型银行过渡的条件并为之打下良好的基础。

商业银行中间业务创新“分层”原则如图 9－6 所示。

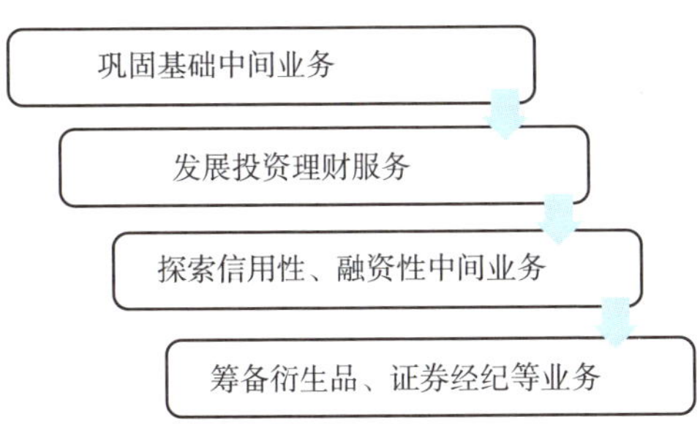

图 9－6　商业银行中间业务创新“分层”原则

10. 风险管理

10.1 银行业风险现状分析

2012年，银行业运行平稳，各项业务开展顺利，但其中也存在着一定的风险因素，商业银行在信用风险、流动性风险、市场风险等方面呈现出以下特点：

10.1.1 信用风险状况

（1）资产规模稳步增长。

据银监会统计，截至2012年年末，商业银行总资产余额达104.6万亿元，比上年年末增加16.2万亿元，同比增长18.3%。资产组合中，各项贷款余额为51.7万亿元，比上年年末增加7.2万亿元，同比增长16.1%，占资产总额的49.4%。已披露年报的上市商业银行总资产规模如图10－1所示。

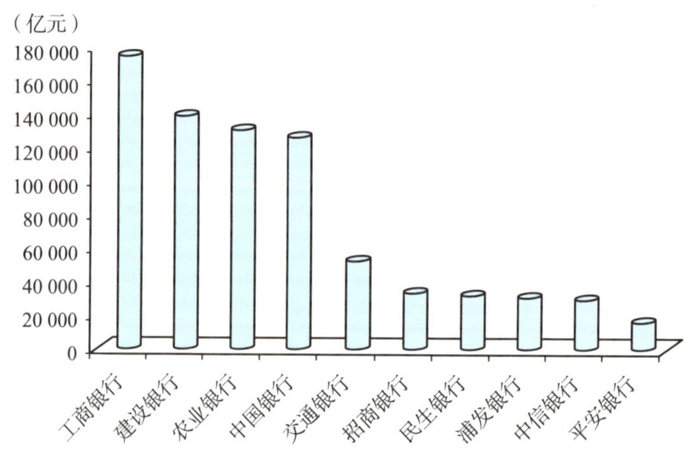

资料来源：各上市银行2012年年报。

图10－1　2012年上市银行总资产规模

（2）不良贷款余额有所上升，国有控股银行占比大。

此前，银监会发布的统计数据显示，截至2012年12月末，商业银行不良贷款余额4 929亿元，同比上升647亿元，不良贷款率为0.95%，同比下降0.01个百分点。其中国有控股的五大商业银行占据了其中的3 095亿元，占比约62.8%，且五大行的整体不良贷款率在各类商业银行中最高，为0.99%（见表10－1）。

表10－1　2012年各类商业银行不良贷款情况　单位：亿元

时间	2012年第一季度		2012年第二季度		2012年第三季度		2012年第四季度	
机构	不良贷款余额（亿元）	不良贷款率（%）	不良贷款余额（亿元）	不良贷款率（%）	不良贷款余额（亿元）	不良贷款率（%）	不良贷款余额（%）	不良贷款率（%）
商业银行	4 382	0.94	4 564	0.94	4 788	0.95	4 929	0.95
大型商业银行	2 994	1.04	3 020	1.01	3 070	1.00	3 095	0.99
股份制商业银行	608	0.63	657	0.65	743	0.70	797	0.72
城市商业银行	359	0.78	403	0.82	424	0.85	419	0.81
农村商业银行	374	1.52	426	1.57	487	1.65	564	1.76
外资银行	48	0.49	58	0.58	63	0.62	54	0.52

资料来源：银监会统计信息。

由于2012年我国经济下行压力增大，光伏、钢贸、两高一剩等行业的经营风险开始显现，同时江浙沿海地区的区域性风险凸显，银行业资产质量出现小幅波动，各类商业银行不良贷款数量都有不同程度的增长。2012年年报显示，五大行中，除农行实现不良贷款余额和不良贷款率双降之外，工中建交四大行不良贷款余额均有所上升，而交行的两项指标均为上升。虽然目前银行业资产质量承载了一定压力，但从总体上来看还是相对稳定的。

（3）不良贷款区域性风险加大，长三角成新增不良重灾区。

对比年报数据，江浙地区仍是不良贷款的高发地，经济下行因素的影响更加剧了不良贷款的区域性风险，中小企业成为不良贷款发生的主要对象。由于长三角、珠三角地区以及环渤海地区，企业经营长期承压且存在不同程度的不规范经营、挪用和拖欠现象，部分中小企业经营停顿、资金链紧张甚至断裂，贷款质量下降。以温州为代表的长三角地区，在产业结构调整过程中受到了明显的冲击。据温州银监局统计，截至2012年12月末，温州银行业不良贷款率为3.75%，环比上升了0.32个百分点；不良贷款额达262.84亿元，比年初新增了175.89亿元。

（4）批发零售行业不良贷款率上升较快。

目前，16 家上市银行中共有 11 家披露 2012 年年报。年报显示，去年上市银行不良贷款上升最快的行业为批发和零售行业，多家银行涉及批发和零售行业不良贷款大幅增加，不良率上升幅度最快。由于大多数上市银行批发和零售行业贷款的占比在 10% 以上，因此该领域的不良贷款风险应引起足够重视。

以建行为例，建行 2012 年批发和零售行业的不良贷款可用大增来形容。该领域不良贷款率从 2011 年年末的 2.55% 上升至 2012 年年末的 4.95%，攀升 2.4 个百分点；不良贷款余额更是大增逾百亿元，为建行不良贷款暴露最多的行业。

（5）房地产和地方融资平台贷款风险未升反降。

外界普遍担心的房地产和地方融资平台贷款风险，并未在银行年报中显现。除了中行去年房地产贷款不良率上升外，其他上市银行房地产行业不良贷款率普遍出现下降。此外，2012 年各银行普遍压缩地方融资平台贷款，而隐现地方融资平台身影的交通运输、公共设施管理等行业，也并未出现不良率大幅上升的现象，平台贷款风险得到了较好的控制。

（6）贷款损失准备充足，拨备覆盖率较高。

考虑到不良贷款的压力，各商业银行均调增了贷款损失准备，加大不良贷款拨备覆盖率，增强风险抵御能力。如中行不良拨备覆盖率达到 236.3%，比上年末上升了 15.55 个百分点；建行拨备覆盖率较上年上升 29.85 个百分点至 271.29%。

2012 年银行业各季度贷款损失准备和拨备覆盖率情况如图 10－2 所示。

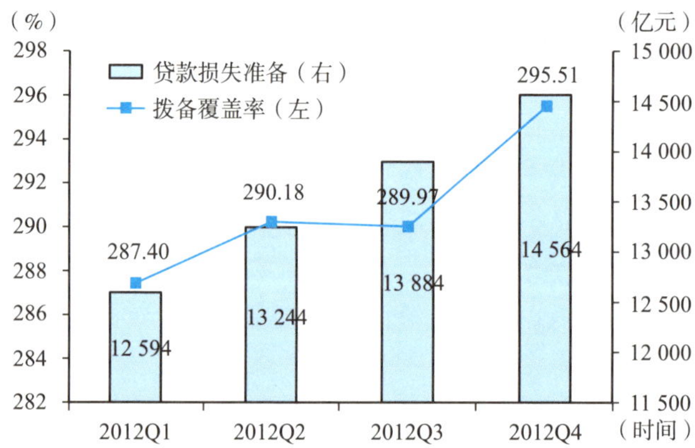

资料来源：银监会统计信息。

图 10－2 银行业信用风险防范情况指标

10.1.2 流动性风险状况

2012年年末，商业银行流动性比例为45.83%，较上季末上升0.6个百分点，同比上升2.67个百分点；期末存贷款比例为65.3%，与上季末基本持平，同比上升0.5个百分点（见图10－3）；人民币超额备付率为3.5%，较上年同期上升0.42个百分点，表明银行体系总体流动性较为充裕。2012年12月份，银行间同业拆借月加权平均利率为2.61%，比上年同期下降0.72个百分点，反映了银行间市场流动性状况比较平稳。

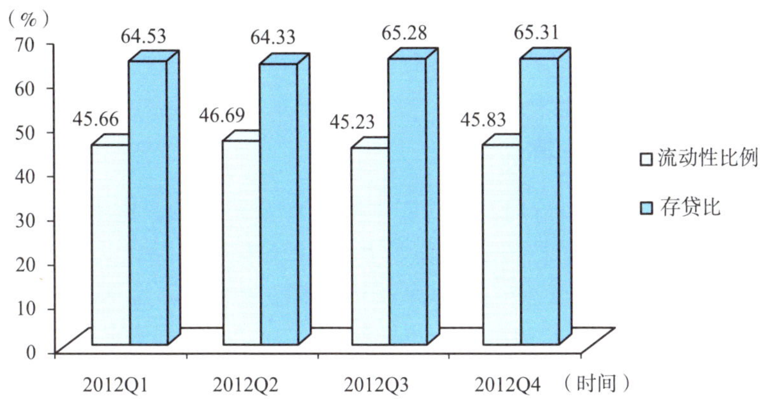

资料来源：银监会统计信息。

图10－3 流动性风险指标

10.1.3 市场风险状况

（1）累计外汇敞口头寸比例小幅波动。

2012年第一季度至第四季度，商业银行累计外汇敞口头寸比例在3.9%～5.2%波动，总体保持稳定，外汇风险较小（见图10－4）。

（2）基准利率下行，存贷款利差面临收窄压力。

2012年，银行业共经历了两次降息的过程，6月8日和7月6日分别下调0.25个百分点，存贷款基准利率累计下调0.5个百分点，现行的存款基准利率和贷款基准利率分别为3%与6%。与两次不对称降息政策同时推出的扩大存贷款利率浮动范围的举动，也标志着利率市场化取得了实质性进展。部分银行为了抢夺存款资源，已经在存款利率上作出了调整，有的银行甚至直接将存款利率上浮到顶。随着利率市场化进程不断推进，银行业净利差可能逐步下降，商业银行将面临更大的利率风险。

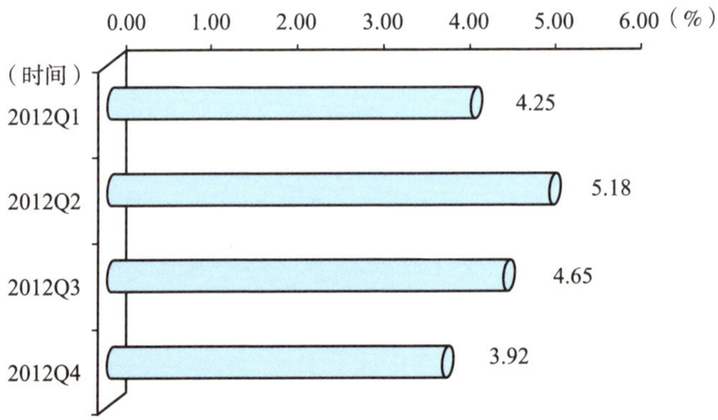

资料来源：银监会统计信息。

图 10－4　商业银行累计外汇敞口头寸比例

10.1.4　资本充足情况

2012 年年末，商业银行加权平均资本充足率为 13.3%，比 2011 年年末上升 0.54 个百分点；加权平均核心资本充足率为 10.6%，比 2011 年年末上升 0.38 个百分点。从资本结构看，核心资本净额与资本净额的比例为 80.1%，资本质量较高。具体来看，已披露年报的各上市银行资本充足率均在 8% 以上，系统重要性银行更高（见图 10－5）。

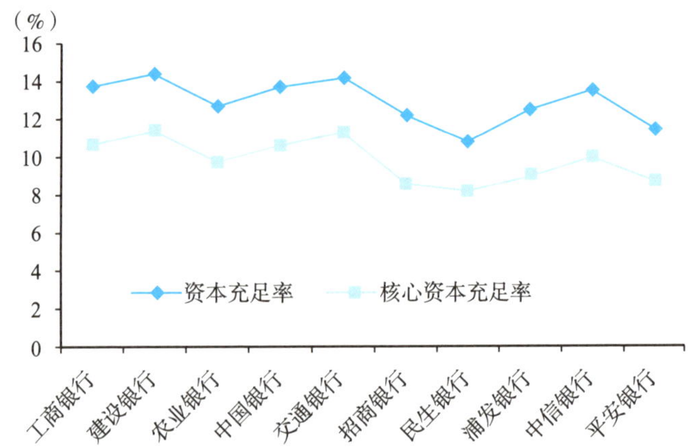

资料来源：各上市银行 2012 年年报。

图 10－5　上市银行资本状况

10.1.5　盈利状况

（1）利润增长率显著下降。

2012 年，银行业结束了利润高增长的时代，盈利增速显著下滑，为近年来的最低点（见图 10－6）。2012 年银行业利润增速明显放缓的主要原因是：宏观经济下行、基准利率降低、利率市场化改革提速，以及监管规则趋严等，由此导致实体经济对金融的有效需求下降，银行业运行的景气度下降。

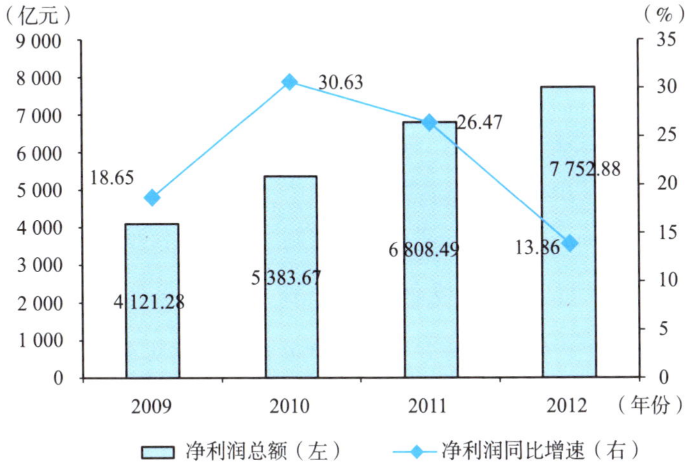

资料来源：《人民日报》。

图 10－6　五大行净利润指标

（2）利润来源结构仍不合理，盈利模式有风险。

2012 年，银行业利润增长依然主要依靠生息资产的增长，利息收入仍是银行收入的主要来源，盈利水平仍依赖传统模式。去年受监管部门对银行收费的管理政策的影响，银行手续费和佣金净收入增长速度大幅回落。已公布年报的 11 家银行，其手续费及佣金净收入的增速均较上年有所下滑，数据显示，手续费及佣金净收入占比增加的只有 3 家银行，五大行增速更是下降明显（见图 10－7）。

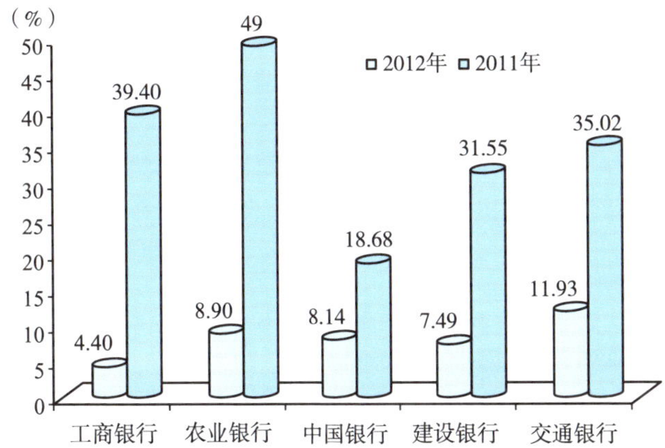

资料来源：各上市银行 2012 年年报。

图 10－7　五大行手续费及佣金净收入年增长情况对比

随着债券等其他直接融资方式的快速发展，商业银行资产业务将面临更大的竞争压力，贷款利率存在下行风险，因此，亟须改变目前的盈利模式，大力发展中间业务，减少信贷业务利润下降带来的冲击。

10.2 中国银行业风险管理成效卓著

从过去几年的发展轨迹来看，随着中国经济的迅速发展和对外开放程度的加深，中国银行业不断借鉴国外银行的先进经验，并根据我国的国情和自身的业务特点进行探索和改革，在风险管理和内部控制上取得了长足的进步。

10.2.1 资产风险水平降低，资产质量保持稳定

近年来，商业银行通过多种方式有效地处理了不良资产，化解了大量风险，目前银行业整体上资产质量稳定，风险可控。近几年不良贷款率持续下降，截至2012年年末，商业银行的不良贷款率仅为0.95%（见图10－8），远低于全球1 000家大型商业银行的不良贷款水平。而且信贷投放比较分散，没有过多集中于某一类高风险贷款上；贷款保障比较充分，大部分贷款都有抵押保证；还款来源较为充裕，相关部门有充足的剩余拨备。

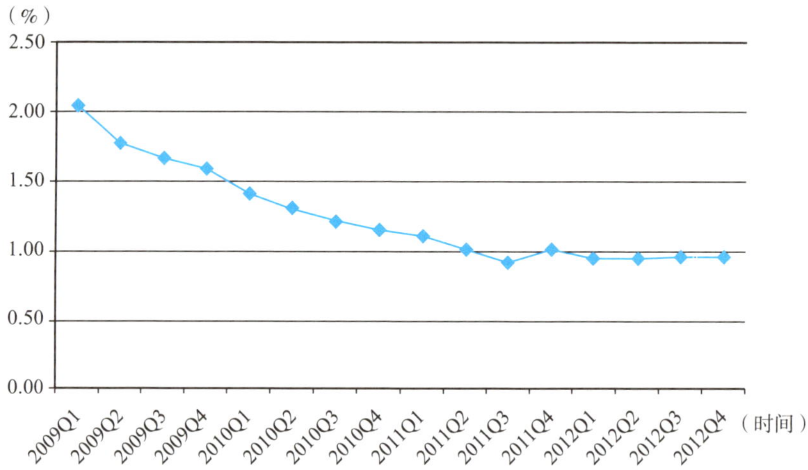

资料来源：银监会统计信息。

图10－8 近年来商业银行不良贷款率情况

10.2.2 风险监管制度建设日臻完善

金融危机后，银行业的风险问题引发了全球的进一步关注。随着国际金融体系重塑的启动，为更好地防范银行业风险，中国银监会在流动性、拨备覆盖率、风险

集中度、不良资产率等传统审慎监管工具的基础上，较早地将《巴塞尔协议Ⅱ》和《巴塞尔协议Ⅲ》等国际金融监管改革共识进行了本土化。通过颁布《商业银行资本管理办法》《商业银行杠杆率管理办法》等文件法规，陆续引入和更新了资本、拨备、流动性、杠杆率等监管工具，构建了以资本充足率、拨备覆盖率、流动性比率和杠杆率为主的宏观审慎监管框架，进一步丰富和完善了审慎监管的“工具箱”。

10.2.3 风险管理能力加强，积极与国际接轨

国际金融危机的爆发，使中国银行业对加强风险管理有了更加深刻的认识和思考，大多数商业银行均成立了相应的风险管理部门。为确保新资本协议实施工作稳步推进，各家银行均在进行信用风险、市场风险、操作风险等多种风险计量模型的设计和开发，风险计量体系日渐完善；通过内部资本评估和风险管理程序的实施，各行风险管理流程更加高效、顺畅；而科学计量技术的引进，则完善了各行的风险管理工具。目前，我国大型银行风险计量水平正逐步与国际接轨，风险管理与内部控制的整体性、集约性、针对性与有效性明显提高。此外，以实施新资本协议为契机，我国银行业开始更加关注通过建立自我完善机制来推动风险管理水平的持续改进；更加关注建立起长期的资本规划和资本自我管理机制；更加强调市场约束对提升风险管理水平的作用，这些改变必将进一步增强银行经营管理的审慎性。

10.2.4 风险抵补能力加强，资本充足率稳步提升

近年来，我国银行业或通过上市融资，或加强管理、剥离不良资产，或改善经营、增加利润留存，或发行次级债等方式，极大地改善了资本充足情况。目前，商业银行的整体资本充足率保持在较高水平（见图10－9），远远高于监管标准，也为商业银行自身预留了一道可靠的风险防线。

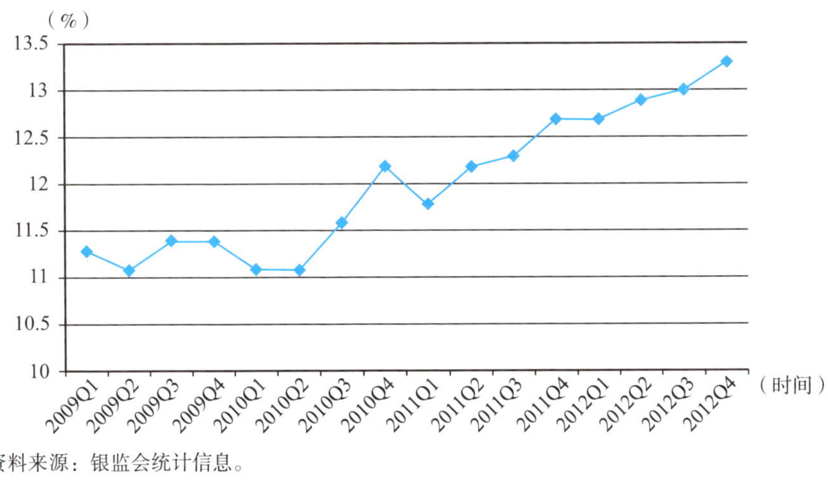

资料来源：银监会统计信息。

图10－9 近年来商业银行资本充足率情况

10.3 商业银行须重视风险管理问题

虽然商业银行在风险管理方面成效卓著，但在这一领域存在的问题也不容忽视。近年来，我国商业银行面临着各方面的压力，一直在努力追求利润和风险控制的平衡点。但是由于中国银行业起步时间较晚，基础较为薄弱，与国外先进银行相比，在风险管理理念、方法、体系、技术等方面都存在较大差距，主要表现在以下几个方面。

10.3.1 未形成全面的风险管理理念

（1）对风险管理的认识存在误区。

一方面，商业银行看待风险管理的眼光存在一定偏差，认为风险管理会影响和妨碍业务发展，习惯于把风险管理放在业务发展的对立面上，没有很好的处理二者的关系，不利于银行的安全稳健运行和长远发展。另一方面，银行从业人员风险管理意识淡薄，将风险管理视作仅与风险管理部门相关的事情，风险管理和控制的理念未得到普及，宣传不到位，没有形成人人重视风险管理的舆论氛围，且责任归属划分不明确。

（2）风险管理的理念不成熟。

目前，我国商业银行的风险管理主要集中于对信用风险的识别和控制，风险管理考评体系和监督控制大多仅仅涵盖授信风险的识别和控制，对市场风险和操作风险重视程度不够。随着我国金融市场的快速发展，金融创新不断深化和利率市场化逐步推进，利率、汇率以及资产价格的波动对于银行资产和绩效的影响日渐突出。同时，由于银行业务范围的不断扩大，操作管理环节相应增加，业务的技术性和复杂性也大大增强，系统疏漏和工作人员操守对于银行风险的影响日益显著。由此可见，在银行业金融机构的运营管理模式中，其所面临的市场风险和操作风险越来越突出，而当前我国商业银行仍未将市场风险、操作风险等纳入统一的风险计量和控制体系，缺乏全面风险管理体系的理念和框架。

10.3.2 风险管理体系不完善

目前，商业银行虽然设立了风险管理部门，但缺少的是以风险管理部门为中心的集中、独立的风险管理体系。首先，风险管理组织结构设计不科学。我国商业银行的风险管理组织结构还沿用计划经济体制下的总分行制，按照行政区来设立分支机构，机构下设风险管理部门，这样一来银行风险管理的层次较多，对市场信号反应较为迟钝。

其次，银行风险管理独立性差，有效性不高。相关的业务部门和分支行内部并未设置受总行风险管理部垂直领导、与相关业务部门和分支行相互独立的风险管理岗位，风险管理缺乏总体上的统筹与设计，风险管理流程也未实现标准化，这样就使得总行的风险管理部门难以准确地得到全行整体信贷资产的风险信息，有效的风险监控较难实施。

最后，银行业治理结构不合理。内部控制缺乏其应有的独立性，岗位职责不明晰，风险管理人员独立行使职能时要受到很多限制，影响了银行风险管理的正常运行。另外，中国关于风险控制程序、内部审计及其相关的法律制度缺乏，没有形成良好的产权制度以及有效的激励和约束机制。

10.3.3 风险管理方法和技术相对落后

（1）风险分析和评价方法具有局限性。

一直以来，国内商业银行在风险管理上较为偏重定性分析，如贷款投向的政策性、合法性，贷款的安全性，而定量分析则严重缺失。同时，银行内部评级体系不完善。内部评级法作为今后风险管理的主要方法，比标准法更加科学合理，也更加严密准确，然而许多商业银行的内部评级指标及其权重都是依靠主观经验来确定，没有经过实际数据的统计分析和检验，在这一点上中国银行业与巴塞尔新协议的要求存在很大差距，需要积极与国际接轨。另外，商业银行现行的客户评价指标中，虽然对企业现状、行业前景、自然因素、银行抗风险能力等均有所涉及，但明显存在“重当前、忽长远，重财务、轻前景”的倾向，其评级结果既不能反映企业成长周期，也没有深入分析企业面临的市场、政策变动的影响，难以从总体上反映客户风险状况。

（2）风险控制的手段单调。

长期以来，银行业的风险管理主要集中在对不良贷款的控制和化解上，在其内部控制体系中缺乏风险预警机制，这样就很难对信贷业务可能产生的系统性风险做到科学的预警和有效的规避。在经营过程中对影响客户偿债能力的重大事件反应不敏感，对客户非正常关联交易关注不够，发现风险隐患不能及时进行风险警示等问题普遍存在。而且，我国商业银行资产证券化仍停留在探索阶段，控制风险的方式局限于交易对手提供的抵押和担保，缺乏可以有效转移风险的衍生金融工具。由于资产评估机制和资产交易市场机制的不健全，商业银行的资产保全、变现比较困难。

10.3.4 风险管理的机制建设滞后

（1）缺乏风险导向的资源配置机制。

在内部资源配置上，我国商业银行普遍缺乏有效的依照风险配置资源的管理机制，缺乏有效的风险定价机制，不能合理地根据行业、地区和企业风险状况差别开展风险定价和采取相应的管控措施。目前，商业银行在资本金配置方面，还仅停留在资产负债指标管理和头寸匹配管理阶段，未能按照量化风险实现资源优化配置。然而资产负债管理的考核注重于存款增量、贷款规模和银行效益等方面，对资产安全性、流动性的考核较少，必然导致银行业轻内部资产的集约化配置。

（2）缺乏风险导向的绩效考核机制。

商业银行现行的绩效考核制度，无论是从横向考核各条业务线，还是从纵向考核各级分支机构，都未覆盖各项业务的总体风险，存在着明显的缺陷。当前，我国商业银行按照客户的特点设立公司、个人、金融机构、政府机构等业务部门，但对这些内设部门的考核仅仅限于业务发展状况，如存款、贷款增长情况等，而对不同产品线的收费、利差和风险差异基本不加考虑，这种粗线条的考核，难以客观地反映各产品线的经营绩效，也不利于计量风险和控制风险。当前，银行业中上级行对下级行进行以利润增长为主的综合考核，由于缺乏合理、统一的指标衡量地域间市场环境和风险状况的差异，也没有考虑到其业务的监管资本占用，因此是无法充分反映各分支机构的管理水平的。从总体上看，商业银行考绩体系普遍存在一种急功近利的倾向，忽视了银行风险的滞后性、隐蔽性、长期性的特征。致使经营管理层不习惯用长期稳定的利润标准衡量业绩，相反却热衷于追求个别年度利润的评价，造成账面高收益与实际的风险调整后收益存在很大差距，形成了业务规模快速增长与风险大量累计、资产质量下降交替出现的怪圈。

10.3.5 风险管理的外部环境不完善

银行业的信息披露还远远不符合规定，监管者的监督检查和市场纪律对于加强银行风险管理的作用微乎其微。信息披露可以加强投资者和市场对于银行风险管理的制约和监督作用，在巴塞尔新资本协议中得到了反复强调。但是比照中国银行业的情况来看，信息披露不够规范，监管部门的监管措施还停留在初级阶段，市场纪律对银行的制约作用也有待加强。

此外，我国尚未建立良好的社会信用体系，针对企业和个人的诚信中介服务还没有普及，缺乏独立的风险和信用评估机构，造成银行对客户信息掌握不充分，存在逆向选择问题。

同时，现有会计、审计以及法律事务所的运作不太规范，容易受到政府和企业的影响，独立反映企业财务和风险信息的能力不够，提供虚假信息的现象时有出现，也增加了银行业风险管理的难度。

10.4 加强银行业风险管理，任重而道远

10.4.1 加强风险集中管理的挑战

前几年的金融危机致使国外许多金融机构出现巨额损失甚至破产，我们在分析原因时可以清楚地看到，出现的风险已经不再限于信用或市场等单一风险，而是由多个风险交织作用，尤其是在市场的剧烈动荡下，各类风险的相关性会显著增加，风险的相互叠加会形成共振，引发金融市场的"海啸"。

当前风险管理的主流模式，是按照风险类别由银行内部不同的部门进行管理，虽然体系庞大，但没有一个部门能够集中有效地管理风险，准确地反映风险、及时地应对风险。解决目前这一问题的一个有效途径就是搭建全面风险管理体系，探索风险集中管理的模式。

风险集中管理是风险管理模式的一次重要变革，是一个较为长期的过程，它涉及风险管理各方面的整合，如部门职能的重新定位、流程的再造、人员的调整、系统的重构等，在实践过程中必须克服人们对传统路径的依赖等障碍。此外，风险集中管理是一个动态的过程，需要不断等调整和完善。在这个过程中，仅仅依靠单个部门或者总行一个层次是不够的，如何发挥好各部门、各层次的整体合力，整合多方资源，也需要进行不断的实践和探索。

10.4.2 推进巴塞尔新资本协议实施的挑战

我国商业银行在新资本协议实施方面还面临着不少问题。首先，由于巴塞尔新资本协议是国际通用的准则，对于我国的银行业金融机构来说存在着适应与否的问题。新资本协议的很多内容都是全新的，是中国银行业以前的业务经营中没有的，如建立债项评级体系、建立 EVA、RAROC 的经营模式等。如何建立既满足新资本协议的要求，又符合我国实际的公司治理架构和风险管理体系，还需要进一步探索。

其次，风险计量方面也存在着难度和局限性。虽然我国商业银行在风险计量的数据方面已经做了大量准备工作，但是要完全满足新资本协议的数据要求，仍存在不小差距，例如：在周期性方面，尽管我们电子化存储的信贷数据，基本满足了数据期限的要求，但还缺乏完整的经济周期数据，无法满足新资本协议涵盖经济周期的要求；在完整性方面，由于受到以前专业银行的分工影响，各商业银行积累的多年数据存在着无法覆盖全行业的缺失问题。当前及未来一个时期，复杂多变的经济环境，将对我国银行业风险计量数据的质量进行一次检验。

此外，为了维护银行业的安全、稳健运行，需要建立健全宏观审慎监管框架，防范金融风险，我国监管部门在巴塞尔新资本协议的基础上还出台了多项法律法规。随着《商业银行资本管理办法》和《商业银行杠杆率管理办法》的颁布，银行业将面临更为严格的资本监管标准。依照最近几年较快的信贷规模增速来测算，商业银行未来十年面临着较大的资本补充压力，需要努力夯实内源融资基础，扩充外源融资渠道。

10.4.3 应对利率市场化与金融脱媒趋势的挑战

当前，我国利率市场化已取得实质性进展，而多元化融资格局的逐步形成也将使得各类风险更加复杂，加大银行业风险管理的难度。一方面，利率、汇率及其他金融衍生品交易风险日益增大。中央银行对利率调控手段的运用及在金融不断市场化的形势下，利率变化的频率和幅度将进一步加快和扩大，银行由此面临更大的利率风险。并且随着各商业银行外汇业务和外汇交易的发展，其面临的汇率波动也日益加剧。作为风险管理的重要手段和扩大利润的方式，银行业将更多地参与衍生品交易当中，但是由于在此方面缺乏经验，可能面临一定的经营风险。

另一方面，流动性风险增加。目前我国金融市场上银行的资金筹集和运用已经开始市场化，可能使银行面临资金流动性或支付危机的风险。金融脱媒趋势的进一步蔓延也将减少银行的传统的资金来源，致使银行更多地暴露在流动性风险之下。在新的市场条件下，商业银行需要把握好未来走势，处理好各类可能的风险，将损失降到最低程度。

10.4.4 保证资产质量的挑战

多年以来，我国经济保持了平稳快速的发展势头，国内银行业的风险管理体系尚未经过经济下行情况的检验。在全球经济形势不明、资本市场波动加剧、我国经济增长缺乏强劲动力等因素的影响下，部分企业呈现出生产增幅下降、利润增速回落态势，给未来一段时期的银行信用风险管理带来诸多问题：贷款劣变压力增大、信贷结构调整困难增加、系统性风险加大、突发性风险事件可能增多。

同时，信贷的高速增长，也埋下了不可忽视的风险隐患。在国际金融危机的影响下，前几年我国实行适度宽松的货币政策，依靠四万亿元投资扩大内需来拉动经济的发展，商业银行总贷款量迅猛增长，其中包含了相当规模的不良贷款，尤其是地方政府融资平台、房地产和“两高一剩”等重点领域，这给商业银行保持持续优良的资产质量带来严峻挑战。

10.4.5 健全跨国金融集团风险管理机制的挑战

近年来，我国几家大型银行在发展战略的推进上确立了以国内为主体，跨市场、全球化的经营格局。在国际化发展上，银行的境外机构数量逐渐增多，形成了覆盖世界主要国际金融中心和我国主要经贸往来地区的服务网络，全球化布局基本形成也初见成效；在综合化经营上，通过设立合资、独资公司、境外收购和参股等形式，进入了证券、租赁、牌照类投行、保险等领域，初步形成了跨市场的金融服务能力。随着国内商业银行全功能、全球化战略的逐步实施，中国的大型跨国金融集团正在酝酿之中，今后这些跨国金融集团将在全球不同的市场领域应对各类复杂风险，适应不同的监管要求。因此，在未来一段时期内，健全跨国金融集团风险管理机制也是我国银行业面临的一大任务（见图 10－10）。

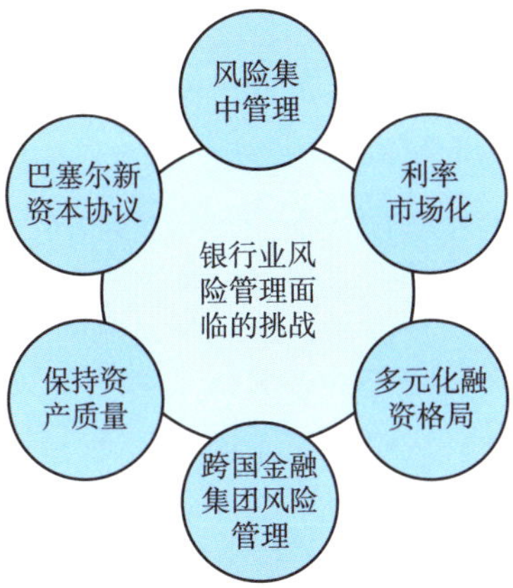

图 10－10　银行业风险管理面临的挑战

10.5　全方位完善风险管理以提升风控水平

鉴于我国银行业在风险管理方面还存在着一系列的缺陷和不足，而风险管理在银行的经营管理中又处于核心地位，各商业银行都必须紧跟国际银行业风险管理的发展趋势，努力克服自身的不足，准确把握变革方向，提升核心竞争力。具体来说，商业银行的风险管理战略可从以下几个方面展开。

（1）营造全员风险管理文化，增强全面风险管理意识。

商业银行应倡导和强化全员风险意识，包括各个部门、各种业务、各种产品的全方位风险管理理念，推行涵盖事前、事中、事后的全过程风险管理行为。一是加强员工尤其是风险控制部门和业务拓展部门员工的风险教育，建立长期、科学的培训体制；二是认真落实监管部门的各项政策规定，提高员工执行政策的自觉性和积极性；三是健全针对各类风险的操作标准和实施规范，建立权责清晰的奖惩措施，提高风险控制的操作性和激励约束效力；四是主动学习和借鉴其他同业在风险管理方面的先进经验。在此基础上，使风险意识深入全行的各个部门、每位员工的行为规范和工作习惯当中，培养员工形成正确的业绩观和价值观，努力实现风险管理的专业化、独立化和决策科学化。

（2）调整风险管理层次结构，建立独立的风险管理组织。

商业银行应按照现代企业制度的要求，积极推进股份制改造，并以此促进风险管理组织结构的调整。银行可按照业务需要调整分支机构的设置，继续优化纵向垂直、横向相对独立的全面风险管理框架。在总行层面内，一是要建立董事会对高级管理层的监督机制并强化监事会对董事会、高管层风险管理职责履行情况的评价机制；二是通过设立专门的风险管理委员会，加强对全面风险管理的驾驭能力，发挥风险管理委员会对业务部门及分支行的指导和监督作用。在分行层面，需健全内部控制体系，完善稽核审计机制和监督检查机制，提高稽核审计的独立性和有效性，保证稽核的权威性。

（3）健全以事前预警、事中防范为重点的风险管理模式。

有效的风险管理模式应该是事前预警、事中防范和事后管理的有机结合，并以事前和事中防范为重点的一种机制，重点要放在以下三个方面：一是科学设计风险管理预警机制。科学的风险管理预警体系首先要求准确界定风险预警信号，其次要求根据数量经济模型，按照过程评价内容设计预警模块，再次要求按照统一口径实时更新有关数据或其他信息。二是合理选择事前风险防范的专业人员。三是明确建立风险评价指标体系。只有通过评价与衡量，才能将预期风险的不确定性进行量化，才能有说服力地分析风险、解释风险、对比风险。

（4）搭建风险管理技术支持体系。

商业银行应在已有的信息化管理平台的基础上，对现有系统进行整合、升级和充实，并重点加快风险预警、管理会计、风险评级以及数据仓库等系统建设。按照全面风险管理的要求，建立以风险调整后的资本收益率（RAROC）为基础的业绩考核体系和资本分配机制，切实提高资金配置效率，优化业务发展结构。逐步实现与新资本协议的内部评级法接轨，积极引入风险价值分析、资产组合管理等新的风险管理手段。借鉴、吸收国内外成功经验，开发和优化符合自身实际需要的各类风险评级和管理模型，使风险管理朝定量化、间接化和智能信息化方向发展，提高风险计量水平，建立科学的风险揭示、识别和防范化解的动态调整机制。例如，对于单笔贷款额度小、风险高的中小企业贷款，可以尝试“信贷工厂”模式，进行信贷请求的批量处理，大幅度提高效率。

（5）提高风险管理人员的业务素质。

由于风险管理具有复杂性、技术性和专业性的特点，对人才的素质要求极高，风险管理人才必须具有前瞻性和较好的洞察能力，否则很难理解业务和产品的风险本质，难以采取适当的风险防控措施。目前，我国商业银行在风险管理人才方面较为短缺，现有人员的专业能力也有待提升。商业银行一方面要建立有效的激励机制，吸引优秀人才从事风险管理相关工作；另一方面要在把好用人关的基础上加强员工的素质教育和技能培训，提高员工的风险管理专业能力。

（6）建立健全资本补充机制。

银行业应重视资本特别是核心资本对风险的抵补作用，保持较高的资本质量和充足的资本水平，同时维护资本质量和资本水平的长期稳定，强化资本实力和抵御风险能力。商业银行在补充资本时，应优先考虑补充核心资本，强调股东持续注资的责任和内部积累能力，由商业银行股东承担补充核心资本的首要责任，同时应将提高盈利能力、增加内部积累作为提高核心资本的重要途径之一。同时，商业银行还应结合本行实际，根据业务发展战略、规划和监管要求，制定科学、可行的资本补充规划以及可持续的动态资本补充机制，对资本补充的必要性和可行性进行全面论证，明确资本补充渠道以及时间安排，确保资本补充机制的良好运行。

（7）调整信贷结构，防范重点领域风险。

在目前商业银行的资产构成中，房地产贷款和地方政府融资平台贷款风险尤为突出。地方财政收入增速的下滑使得部分项目的投产受到影响，政府还款能力下降，给银行回收平台贷款造成了不确定性。而房地产贷款规模的持续扩大和房价走势的不明朗对银行业的风险管理能力来说也是一个重大考验。商业银行必须继续推进平台贷款的规范清理，强化房地产贷款的风险检测和管理，有效地控制重点领域风险，防止出现大面积的不良贷款反弹。另外，根据金融业“十二五”规划的指引和银监会的工作要求，商业银行调整信贷结构也是势在必行，其中节能环保产业、涉农金融服务、小微企业金融等领域将是未来银行业信贷投放的重点。银行业金融机构需紧跟政策导向，加强对薄弱环节的金融支持，进一步优化信贷结构，发展与完善消费信贷、绿色信贷、低碳金融和科技金融等相关业务，提升服务实体经济的水平。

（8）以积极的产品和业务创新支持风险管理。

在当前的经济环境下，用传统的业务发展模式和产品去争夺市场份额已经难以获得规模和效益的持续增长，而且极易导致各类风险的堆积。商业银行应在业务和产品服务上勇于创新，转变发展模式，优化盈利结构，提高综合效益，从源头上控制风险。创新是强化风险管理的有效途径。在今后的一段时期内，商业银行应顺应城镇化、利率市场化和融资多元化等市场趋势，加大中间业务的市场开拓与创新，对大型企业从传统的存贷竞争转向提供专业化、综合化的金融增值服务解决方案，稳步推进中小企业融资服务并作为未来的业务重点。此外，还可以适当参与金融衍生交易等，科学利用衍生产品对冲风险，以扩充风险管理手段，通过积极的产品和服务创新，实现业务发展多元化，有效控制和分散经营风险。

（9）完善集团风险管理机制。

目前，银行业对国内分行的管理相对比较完善，而对于全资、控股公司和境外分行，应按照“分类管理、重点推进”的原则，通过加强信息沟通机制、完善风险报告来及时准确全面掌握集团风险信息；通过风险管理的制度延伸、系统延伸等方式加强集团风险掌控能力；通过加强人员管理和评价考核来实施风险管理理念和风险偏好的传导；通过加强国别风险研究、开展国家风险分类、制订国别信贷政策和国别风险限额，来引导分支机构开展风险业务。

（10）完善风险管理外部环境。

市场纪律对于防范银行风险是至关重要的，因此应充分发挥中国银监会的监管作用，坚持以风险为主的监管内容，努力提高金融监管水平，不断改进监管的方法和手段，促进金融机构风险内控机制形成和内控效果的不断提高，并按照国际准则和要求，逐步提高监管的透明度。第一，按照由内向外、逐步公开的原则，稳步推进银行的信息披露工作。巴塞尔新资本协议中强调了信息披露的重要性，银行应对其资本结构、风险管理制度和程序等关键信息作出披露。银监会要督促银行提高信息披露频率，严格披露程序，规范披露标准，加强市场对银行经营管理的监督和约束。第二，提高机构、业务高级管理人员的准入标准，坚持法人监管，重视对每个金融机构总体风险的把握、防范和化解。通过审慎有效的监管，保护广大存款人和消费者的利益，增进市场信心。第三，推动中国银行业会计制度的国际化，保证会计信息的真实准确。

11.

银行业国际化

在经历了十年飞速发展的中国不管是从经济、社会还是国际地位都得到了一个飞跃性的提升，中国银行业的变化更是天翻地覆。商业银行的国际化经营是当今世界经济发展的一个显著特征，同时也是生产国际化、贸易全球化、市场一体化的必然结果。经历了美国次贷危机和欧洲危机后，我国各商业银行面临着参与国际竞争的外在压力和对外开放的内在要求。商业银行国际化已成为一个亟须研究解决的问题。

11.1 中国银行业国际化的发展现状

在揭晓的2012年英国《银行家》杂志（The Banker）全球前1 000家银行排名中，值得关注的是，有四家中国的银行首次进入前十名——中国工商银行排名第三，中国建设银行排名第六，中国银行排名第九，中国农业银行排名第十。

表11－1　　2012年全球十大银行排行榜（按一级资本）

排名	2011年排名	银行	截止日期	国家	一级资本（美元）
1	1	美国银行	2011.12.31	美国	159 232
2	2	摩根大通银行	2011.12.31	美国	150 384
3	6	中国工商银行	2011.12.31	中国	140 028
4	3	汇丰银行	2011.12.31	英国	139 590
5	4	花旗银行	2011.12.31	美国	131 874
6	8	中国建设银行	2011.12.31	中国	119 135

续表

排名	2011 年排名	银行	截止日期	国家	一级资本（美元）
7	5	三菱 UFJ 金融集团	2012. 3. 31	日本	117 018
8	7	富国银行	2011. 12. 31	美国	113 952
9	9	中国银行	2011. 12. 31	中国	111 173
10	14	中国农业银行	2011. 12. 31	中国	96 413

资料来源：《银行家》杂志。

若再根据税前营业利润数据来统计，三家中国银行则占据利润榜前三位，中国工商银行（ICBC）连续两年位居榜首，税前利润达到 432 亿美元，其次是中国建设银行（CCB），税前利润为 348 亿美元，位居第三的中国银行（BOC）利润达到 268 亿美元。摩根大通银行以 267 亿美元的利润排名第四，汇丰银行成为利润最高的欧洲银行，利润达到 219 亿美元。

表 11－2　2012 年全球前五家银行排行榜（按税前利润排名）

排名	银行	国家	税前利润（百万美元）
1	中国工商银行	中国	43 218
2	中国建设银行	中国	34 774
3	中国银行	中国	26 765
4	摩根大通银行	美国	26 749
5	中国农业银行	中国	25 108

资料来源：《银行家》杂志。

从表 11－1 可以看出，美国的银行资本实力雄厚，利润丰厚，资产质量优良，雄踞榜首的美国银行拥有来自新兴市场的银行持续增长强劲，显示出一定的整体优势；汇丰银行，这家代表欧洲的英国元老级银行资产规模庞大，全球市场占有率较高，在经受美国次贷危机后业绩虽有所下滑，但整体状况普遍令人满意，同样也毫无悬念的稳居前五名；近几年来日本经济颇显疲态，日本的三菱日联银行目前盈利能力稍差，与上年相比，下跌了两个名次，位居第七。从入围全球银行前 10 强的代表来看，分别有美国、中国、欧盟、日本。近几年来，中国银行业积极整改，同时世界银行业恰遇美国次贷危机和欧债危机，在此背景下，中国银行业把握住了面临着的挑战和机遇，最终在世界银行业排名表中取得了一份满意的成绩表。

其实在 21 世纪初期，全球银行产业竞争形成了一个三分天下的格局，这种竞争格局大致可以表述为：美国、欧洲和英国银行三足鼎立。然而自 2007～2012

年五年以来的全球银行产业竞争格局的分析中，我们发现，据《银行家》杂志的数据，巴克莱银行在去年全球最赚钱银行排行榜上名列第 18 位，其税前利润达到 91 亿美元，占西欧银行业总利润的 20%。但自金融危机以来，该银行的盈利能力显著下降。2007 年，西欧的银行业创造了 3 630 亿美元利润，但因欧债危机的持续，其 2012 年的盈利已萎缩至 440 亿欧美元。2012 年全球排名前 1 000 家大银行中，亏损最严重的 25 家银行里有 24 家位于西欧，亏损总额达到 1 210 亿美元。如表 11 - 2 所示，最大的银行利润已经从西欧走向亚太地区。2012 年全球五家利润最高的银行当中，四家是中国的银行，共创造 1 300 亿美元，占亚太地区银行总利润的三分之一。

由图 11 - 1 可知，2012 年，欧洲银行在受到美国次贷危机和欧债危机的重创后利润份额继续下降，从占据最大份额的 47% 缩水至 7%，美国银行业凭借其雄厚的资金实力，在自己制造的危机中并没有如人们想象的那样失去霸权地位，一蹶不振，与 2007 年相比，2012 年的利润份额只是下跌了 5%，整体利润额位居世界第二。英国则失去了一半的利润额，由 10% 下跌为 5%，其对世界的影响力也受到重挫。而中国似乎是这次两场灾难中的幸运儿，不但没有受到波及反而找到了发展的机遇，中国银行业的利润额则从 5% 急剧上升为 29%，获得了陷入困境的欧洲银行的市场份额。

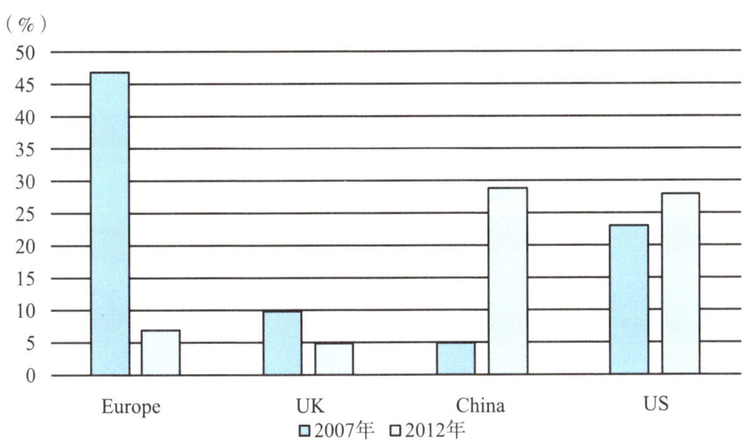

资料来源：《银行家》杂志。

图 11 - 1　2007 年与 2012 年 1 000 家银行利润份额对比

由 2012 年《银行家》两个排名表和银行利润份额对比可知，中资银行是国际银行业必不可少的部分，并已占有相对重要的地位。而且从表 11 - 3 可以看出，从营业机构和资产的海外扩张方面来看，中资银行的国际化进程已经初具规模。2012 年，工商银行和中国银行领跑中资银行国际化发展进程，全球网络布局基本形成，海外业务深度不断提升。建设银行、农业银行和交通银行作为中资商业银行国际化的第二梯队，积极推进国外机构网络构建。招行通过加强海外并购整合，加强境外业务联动。民生银行作为中国首家主要由非公有制企业入股的全国性股份制商业银行，值得关注的是，2012 年 3 月 30 日，民生银行境外的第一家分行在香港成功开业，这不仅标志民生银行迈出国际化发展的一步，也标志着我国非公有制入股商业银行走向国际金融市场历史性的一步。

表 11－3　　2012 年中资银行海外网络及资产状况

中国工商银行	◆ 39 个国家和地区 ◆ 海外机构 383 家 ◆ 2012 年境外机构总资产 1 627 亿美元	◆ 通过完成海外并购交割，获得了美国东亚银行在美国的 13 家分行和阿根廷标准银行在当地的 103 家分行网络 ◆ 海外自设机构也进展迅速，在巴西、波兰、葡萄牙、沙特、科威特、新西兰等国家的分（子）行或代表处纷纷开业或获得所在国金融监管当局的批准
中国银行	◆ 港澳台及 36 个国家 ◆ 海外机构 613 家 ◆ 2012 年海外（包括港澳台地区）总资产 4 989 亿美元	◆ 台北分行、斯德哥尔摩分行、波兰分行、中行中东（迪拜）有限公司于 2012 年开业 ◆ 在肯尼亚和安哥拉分别新设立了代表处 ◆ 在中国澳门地区、泰国、柬埔寨、澳大利亚、俄罗斯、法国、美国和加拿大增设多家二级机构
中国建设银行	◆ 13 个国家和地区 ◆ 2012 年海外机构总资产 800 亿美元	◆ 董事长王洪章在 2012 年陆家嘴论坛上表示，建行将争取 2015 年之前完成在全球主要国家的布局 ◆ 2012 年，建行迪拜，俄罗斯子银行，多伦多、台北、旧金山、大阪和卢森堡等分行的筹备工作加速进行
中国农业银行	◆ 海外机构 12 家 ◆ 2012 年境外分行及控股机构资产总额 388 亿美元	◆ 初步构建了覆盖亚、欧、美、大洋洲的海外金融服务骨干网络，境外机构总数达到 12 家 ◆ 农业（英国）有限公司、首尔分行、温哥华代表处、纽约分行和河内代表处于 2012 年开业，迪拜分行、俄罗斯子银行、东京分行及法兰克福代表处升格为分行的工作代表均在推进中
交通银行	◆ 海外机构 12 家 ◆ 境外经营网点 55 个 ◆ 2012 年境外机构总资产规模 644 亿美元	◆ 积极推进“以亚太为主体、欧美为两翼”的国际化布局 ◆ 2012 年 7 月，交行台北分行成为首批在台湾地区开业的陆资银行之一，成为迄今为止大陆对台湾地区最大的一项投资 ◆ 2012 年 7 月，交行成功向其法兰克福分行增拨营运资金 2 亿元人民币，这也是中资金融机构首次实现人民币资本境外输出
中国民生银行	◆ 2007 年 10 月 0.92 亿美元收购美国联合银行控股公司 5.2% 的股权 ◆ 2012 年 3 月 30 日中国民生银行境外的第一家分行在香港成功开业	◆ 2012 年 1 月 5 日，中国民生银行股份有限公司获得香港金融管理局颁发的银行牌照，成为香港持牌银行，该分行开业后将成为民生银行首家境外分行

资料来源：德勤《2013 年中国银行业十大趋势及展望报告》。

由中资银行的国际化扩张路径来看，2012 年中资银行继续通过重点海外并购及整合拓展。2012 年，中资银行的海外并购以工商银行顺利完成对美国东亚银行和对阿根廷标准银行的股权收购交割为亮点。这次收购是中资银行对美国银行业机构的第一次控股收购并使工商银行获得了美国商业银行牌照，填补了在美零售银行牌照的空白。2012 年 11 月，工商银行完成收购阿根廷标准银行 80% 的股权并更名为工商银行阿根廷分行，拥有阿根廷商业银行牌照和当地 103 紧挨分支机构网络。2012 年，随着中资银行海外业务的拓展，其海外资产与海外营业收入均有所提升。工商银行境外机构税前利润增长 21.8%，境外营业收入占全行总资产的 4.3%，境外机构总资产 1.627 亿美元，比上年年末增长 30.5%，占集团总资产的 5.8%。中国银行海外机构资产增长 13%，包括港澳台地区的海外资产占集团资产总额的 23.6%，对集团利润总额的贡献为 18.7%。交通银行境外银行机构总资产较年初增长 21.9%，占集团总资产的比重达到 7.7%；招商银行境外总资产占比 2%，比上年末增长了一个百分比。

从国家政策层面来看，金融业“十二五”规划积极鼓励我国金融业的国际化发展。中资企业海外市场扩张和对外投资规模的扩大，以及人民币的国际化对整个中资银行业的国际化进程形成了一个非常大的倒逼动力。因此，中资银行纷纷将国际化战略作为各自长期发展战略重点之一。

11.2 中国银行业国际化的动因

人类社会已经迈入全球资源共享的崭新时代。经济发展是推动人类社会进步的物质基础，在经济全球化时代，国家和地区之间的经济依赖程度不断提高，必然要求最大限度地优化全球资源，同时伴随中国经济加速崛起，必须以国际的视野、开放的心态，积极参与和推动全球资源共享。当前，从波音飞机的制造和苹果手机的生产，都离不开全球化配置资源，这是一个更加平坦化的世界。世界是平的，带来了更广阔的市场、更丰富的客户和更难得的机遇，也带来了更残酷的竞争、更复杂的风险和更多样的挑战。今天是一个资讯化的时代，所以要求我们要努力共享信息、知识、技术、标准、人才、管理等新资源。中国已经深度融入全球经济发展的供应链，伴随中国成为世界第二大经济体，中国经济已经与世界经济深度融合，不仅包括全球产品的制造加工，也包括人力资源的全球引进和市场资源的全球开拓。尽管中国面临从“中国制造”向“中国创造”和“中国服务”转型等诸多挑战，但是我们已经看到，开放的中国需要世界，世界的发展离不开中国，国际化成为中国未来发展的必然趋势。

银行业国际化是银行按照国际规则，在国际金融市场上直接或间接加入全球性金融服务。从广义上讲，凡是在银行经营中涉及资金跨境流动的，即可视为经营国际化。从狭义上讲，经营国际化是指通过大规模设立海外分支机构或建立代理关系，形成全球性的营销网络，在国际范围内从事金融服务，实现以资本国际化为特征的跨国经营，也即现代意义上的跨国银行。本书所指的是广义上的国际化。具体来说，国际化银行的业务活动场所是国际市场，营销网络覆盖全球或世界主要地区，主要服务对象是进出口公司及跨国公司，金融产品实现了高度的标准化和市场化，按照国际通行的规则进行金融合作与竞争。

（1）国际化是中国银行业自身发展内在压力的要求。

第一，客户行为国际化。中国的商业银行没有下到海里游泳，所以没有被金融海啸扫荡，但这绝不是说中国的商业银行不下海是保险的，不必学会游泳是最好的。在经济金融全球化、信息化与市场化不断推进的时代背景下，中资银行越来越有必要加快国际化发展，以拓展生存和发展空间。

加入世界贸易组织后我国经济对外依存度大大加深，银行客户经营行为的国际化程度也大大增强。国内企业纷纷加快了“走出去”步伐，从而要求商业银行能够提供国际化的服务。根据商务部、国家统计局、国家外汇管理局联合发布的《2011 年度中国对外直接投资统计公报》显示，近年来中国对外直接投资呈持续增长态势，2001 ~2012 年的 12 年间，中国对外直接投资年均增长速度为 44.6%（见表 11 -4 及图 11 -2）。

表 11 -4　　2001 ~2012 年中国对外直接投资流量和存量表　　单位：亿美元

年份	投资流量	投资增长率	投资存量	投资增长率
2001	68.85	6.5164	346.54	0.248
2002	25.18	-0.6343	299	-0.1372
2003	28.55	0.1338	332.22	0.1111
2004	54.98	0.9257	447.78	0.3478
2005	122.61	1.2301	527.06	0.2775
2006	211.6	0.7258	733.3	0.2819
2007	224.69	0.0619	957.99	0.3064
2008	521.5	1.321	1 479.49	0.5444
2009	565.3	0.084	2 296	0.5519
2010	680	0.2029	2 976	0.2962
2011	746.5	0.0978	4 247.8	0.5263
2012	780.2	0.0451	5 028	0.5705

资料来源：国家外汇管理局。

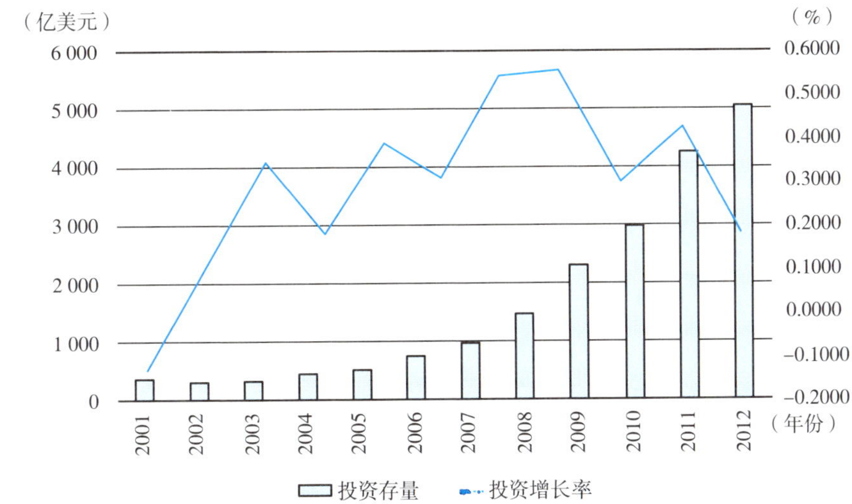

资料来源：《2011 年度中国对外直接投资统计公报》和国家外汇管理局

图 11 - 2　2001 ~ 2012 年中国对外直接投资存量及增速

即使面临国际金融危机的不利影响，中国对外投资依然保持了较快增长，2008 年非金融类直接投资同比增长 68.5%，2009 年在全球对外直接投资同比下降 39% 的情况下中国仍增长了 6.5%。因此，企业跨国经营活动的蓬勃发展，迫切需要银行机构提供相应的“跟随”服务。近几年来，我国国内企业向海外拓展业务，其原材料和产品的进出口要求银行提供国际结算和进出口贸易融资等服务，为了扩大其资金来源范围，就要求银行为其提供本外币信贷资金或在国际金融市场融资，由图 11 - 3 可以看到，从 2006 ~ 2009 年，中国金融机构本外币的信贷额逐年递增，2009 年尤甚，该年最高增速更是超过了 35%，随后增长率放缓，进入了稳步增长阶段；从存量观察，提升亦相当明显，截至 2012 年年底，中国对外直接投资累计净额（存量）已达 5 028 亿美元。由此可见，中国的本外币融资需求有明显扩大的趋势。同时，在境外上市或并购境外公司的操作也要求银行提供全球化投资银行服务；而在境外设立分支机构则母国银行提供跟踪服务的能力提出了较高的要求。

另一方面，近年来中国居民出境旅游探亲、留学等日趋频繁，要携带能够自由进行币种转换的信用卡等支付工具，对转账支付、消费信贷、信用卡等跨境金融服务的需求也随之大幅增长。总之，面对中国企业和居民日益增长的跨境金融服务需求，中资银行如果不能加快国际化发展，不能提供高效、优质、全面的跨境金融服务，不仅无法满足中国企业和居民“走出去”后的服务需求，国内服务也会受到影响，导致客户大量流失，所以中资银行提升国际竞争力的内在要求日益迫切。

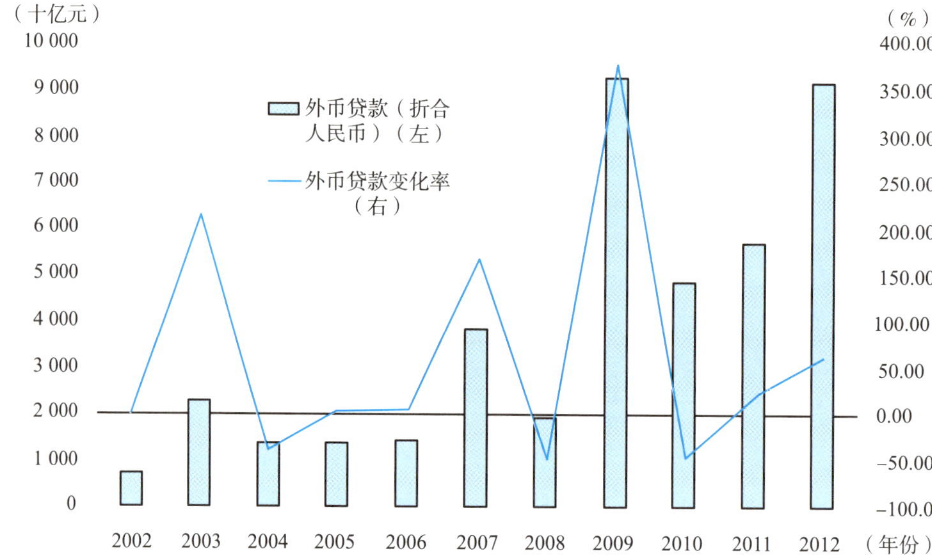

资料来源：Wind 资讯。

图 11－3　2002～2012 年中国金融机构本外币信贷额及增速

第二，我国银行业经营管理水平与世界水平尚有差距。虽然近年来中国银行业取得了迅速发展的机会，但银行业仍面临着金融产品单一，服务手段较为不足，国际金融人才缺乏，电子经营手段落后等问题。在经营管理上，国际上很多老牌银行之所以能从十五、十六世纪延续至今长盛不衰，就是因为他们几百年来与时俱进，不断改革落后的银行管理体制，充分利用新科技改造银行设备，以保持稳健经营发展。

外资商业银行，其在“硬件”上有先进的技术设备，发达的国际业务网络，电子化程度高，资金调拨灵活，它们广泛采用国际金融领域已有的金融创新成果，再加上服务意识强，在“软件”上也远远走在我们前面。相比之下，我国商业银行的机构设置仍然带有严重的行政色彩，业务范围较窄，金融创新能力不足，可供投资者选择的投资产品仍然比较欠缺，而且对现有的服务设备不能很好地进行管理，容易导致客户流失。另一方面，人才是决定银行业经营成败的重要因素，然而目前我国整个银行业依然存在对高层次、专业化的金融从业人才的饥渴症。若没有思想观念新、竞争意识强、具有丰富金融知识和直接操作经验的金融专门技术人才，银行就很难在激烈的市场竞争中立于不败之地。我国银行在多年的经营过程中，不同程度上还存在着大锅饭、论资排辈、官僚主义等弊端，从业人员总体上市场经济观念、公平竞争观念、开拓创新观念、经济效益观念、国际金融观念等比较淡薄，造成了银行一方面机构臃肿；另一方面，精通业务的高素质金融专业人员明显不足。相对地，外资金融机构则非常注重人才的培养和选用，为开展业务，往往会以较为优厚的工资待遇和其他条件从我国银行“挖走”优秀人才，这也是造成我国商业银行和金融机构不同程度出现金融人才流失的原因。

（2）中国金融监管体系与国际金融监管体系尚有差距。

在国际巴塞尔协议Ⅲ出台之际，2011 年 4 月，中国银监会及时推出了四大监管工具，包括资本充足率、杠杆率、拨备率和流动性要求四大方面，构成了未来一段时期中国银行业监管的新框架。表 11 -5 是中国银监会推出的中国版巴塞尔协议与国际巴塞尔协议Ⅲ的比较概况。

表 11 -5　　中国四大监管工具与国际版巴塞尔协议Ⅲ比较

指标	中国	国际
资本充足率	√　核心一级资本≥5%	√　核心一级资本≥4.5%
	√　一级资本≥6%	√　一级资本≥6%
	√　总资本≥8%	√　总资本≥8%
	√　留存超额资本：2.5%	√　留存超额资本：2.5%
	√　反周期超额资本 0 ~2.5%	√　反周期超额资本 0 ~2.5%
	√　系统性重要银行附加资本要求：1%	√　系统性重要银行附加资本要求：待定
	√　过渡期：2012 年年初开始执行，系统性重要银行于 2013 年年底达标，非系统性重要银行将于 2016 年年底达标（个别盈利能力较低，贷款损失准备补提较多的银行业金融机构应在 2018 年年底前达标）	√　过渡期：2013 年年初开始实施，2018 年年底达标
拨备率	√　≥2.5%（同时贷款损失准备金占不良贷款比例原则上应不低于 150%，会根据实际情况动态调整，两者按孰高要求执行）	√　无
杠杆率	√　≥4%. 系统性重要银行 2013 年年底达标，非系统性重要银行 2016 年年底达标	√　≥3%. 2018 年达标
流动性	√　流动性覆盖率≥100%，2013 年年底达标	√　流动性覆盖率≥100%，2014 年年底达标
	√　净稳定融资比率≥100%，2016 年年底达标	√　净稳定融资比率≥100%，2017 年年底达标

注：1. 只有在出现系统性贷款高速增长的情况下，商业银行才需计提反周期超额资本，大多数时间反周期超额资本为 0；

2. 银监会将根据银行的规模、与其他银行的关联性、复杂性和可替代性四方面评估其系统重要性；

3. 根据 2012 年 5 月份国务院常务会议决定，银行资本新规将推迟至 2013 年执行。

资料来源：中国银监会。

顺应巴塞尔委员会的要求，我国银行监管新工具箱的核心监管工具仍然是资本要求。监管部门希望通过实现新的资本监管制度，提高最低资本要求，以便更有效地抵御和化解银行潜在风险造成的损失（见表11－6），这在一定程度上显示了我国对加强银行业整改以及提高金融监管力度的决心。

表11－6　　中国版巴塞尔Ⅲ资本要求和超额资本要求

单位：%

	普通股权益（扣减后）	一级资本	总资本
最低标准	5	6	8
资本留存超额资本	2.5		
最低标准加资本留存超额资本	7.5	8.5	10.5
反周期超额资本范围	0～2.5		
普通银行	7.5～10	8.5～11	10.5～13
系统性重要银行	7.5～11	8.5～12	11.5～14

资料来源：中国银监会。

自20世纪90年代以来，世界各国政府、中央银行和监管当局日益重视在国际银行监管领域的交流和合作。目前，国际银行合作监管呈现出三大趋势：第一是银行监管特征正在从传统的干预型向市场导向型转变，信息披露与透明度的重要性正引起银行监管当局的高度关注；第二是加快实施国际监管标准，如巴塞尔协议中的国际性银行的资本充足率和监管的规定，同时该协议标准正被越来越多的发展中国家所采用；第三是区域性银行监管合作协议不断出现。近几年来，许多地区都建立了银行监管当局之间交流与合作的渠道和论坛，以双边和多边协议或谅解备忘录的形式实现信息共享。中国银行业国际化发展离不开金融监管体系的完善，我国银行业可以借鉴现行国际银行领域的合作监管模式，进一步提高监管有效性，为商业银行改革发展、走出国门继续提供重要保障。

（3）实现人民币国际化要求商业银行跨国经营。

金融危机后对现行国际货币体系的质疑使得人民币国际化成为热点话题并作为建设目标写入了新颁发的《金融业发展和改革“十二五”规划》中。人民币国际化是指人民币能够跨越国界在境外流通，成为国际上普遍认可的价值尺度、支付结算手段以及储备货币。

近年来，人民币国际化已经取得阶段性成果。人民币贸易结算业务一直保持着高速增长，截止到2011年年底，全球各地的人民币结算额达到2.58万亿元，较去年增长了4倍多。人民币在与周边国家和地区的经济合作和边境贸易中，已经得到广泛使用。在俄罗斯、越南、泰国、缅甸等国的贸易中，人民币事实上已经成为结算货币之一。在西南边境地区，人民币已被当做硬通货使用。在老挝，人民币基本可以替代其本国货币流通，在中缅边贸及旅游活动中，每年出入的人民币多达10多亿元。在越南，人民币已经可以全境流通，越南国家银行也开展了人民币存储业务。

据香港金融管理局的资料显示，目前随着驻设在香港的银行的离岸人民币贷款业务迅速增长，2012 年香港的人民币贷款余额为 790 亿元，较上年底的 308 亿元增加 157%。同时，金管局统计数据显示在港的人民币融资业务正呈现多元化趋势，2012 年 1 ~4 月，香港市场共新发行人民币债券近 370 亿元人民币，较去年同期翻番，并且出现了中东地区的发债机构来港发行人民币债券。预计在 2013 年年底前，香港离岸人民币贷款将增长 30%，贷款余额将超越 1 000 亿元人民币。驻设在香港的银行都注意到人民币贷款业务的增长潜力，所以获授从事包括接受人民币存款、外币兑换、汇款和跨境贸易结算的人民币业务的持牌金融机构已由 2011 年年初的 111 家增加至 2011 年年底的 187 家①。

但在与欧美等发达国家的交易中，开始积极以人民币结算的企业寥寥可数，人民币国际化正是推进人民币贸易结算业务增长的因素。我国商业银行大举开拓海外市场，客观上将推动人民币“国际化”进程。我国商业银行作为全球人民币清算银行，积极承担起人民币国际结算职能，推广跨境人民币业务，将有助于人民币成为国际资产定价和国际贸易结算的基础性货币，进而从根本上推动人民币国际化的实现。同时，由于商业银行在货币市场、外汇市场和银行间债券市场的主体作用，培育具有竞争力的国际化商业银行成为在岸金融中心建设的关键所在。

人民币逐步实现区域化和国际化，是中国经济和金融发展的既定目标，也是中国重要的国家战略。尽管近年来商业银行特别是大型商业银行一直在加速国际化布局，但我国银行业的国际化程度依然偏低，适应人民币“国际化”大势积极拓展海外业务，既是商业银行自身经营转型的客观需要，也是商业银行助推国家战略实现的具体体现。

11.3 中国银行业国际化发展路径建议

中国商业银行的经营机制发生了根本转变。最近几年来，国有大型银行分别完成了股份制改造、引进战略投资者、境内外上市等一系列重大举措，银行治理结构日趋优化，内控机制不断健全，风险管理能力显著提升，激励约束和绩效考核体系逐步完善。与此同时，我们应看到中国银行业国际化面临着诸多挑战，如国际环境错综复杂，各国监管法律制度差别甚大，国际经济金融形势存在很大不确定性，市场风险、信用风险等各类风险相互交织，而中资银行国际化人才匮乏、跨国经营的经验普遍不足、驾驭国际市场风险的能力也有待提高。基于这些现实情况，中国银行业的国际化应当采取以下策略。

---

① 毕马威.《2012 年中国银行业调查报告》。

银行业国际化发展与经济和贸易国际化相互促进、相辅相成。一般来说，金融国际化的进程受多种外部因素及自身相应战略调整的影响，中资银行应根据形势发展采取灵活的战略。其中银行国际化的重要方式是银行机构的国际化。国际上较大的金融机构在国外开设的分支机构有两种类型：一种是在世界大型金融中心设立分行，向该地区提供服务，成为其总行与该地区金融业务的纽带，并积极参与国际金融市场的交易；另一种是实行本土国际化，即向本土公司、客户和个人提供零售业务和批发业务来拓展市场。

（1）发展海外市场。

①利用香港国际金融中心的地理优势和国际化的环境。

据香港金融管理局的资料显示，以全球人民币结算总额计算，中国香港的结算总额排世界第一，其次是英国、新加坡和中国台湾。且据毕马威研究统计，香港地区的人民币存款也位居全球第一（见图 11－4）。

截至 2012 年年底，通过香港银行处理的人民币贸易结算交易逾 2.6 万亿元人民币，按年上升 37%，占内地以人民币结算的跨境贸易总额九成以上。全球仍有不少银行预期这种趋势会延续下去，未来 5 年内在中国贸易总额中，会有 15% ~30% 将以人民币结算。在这个大趋势下，预计一系列以人民币计价的产品和服务，如与外币兑换、交易处理和贸易融资的相关服务，以及跟单信用证、托收和融资等进出口服务将会逐渐浮现。随着银行越来越有能力提供更多种类的人民币服务，特别是与人民币对冲和企业理财有关的服务，跨国企业将越来越乐意以人民币进行结算。

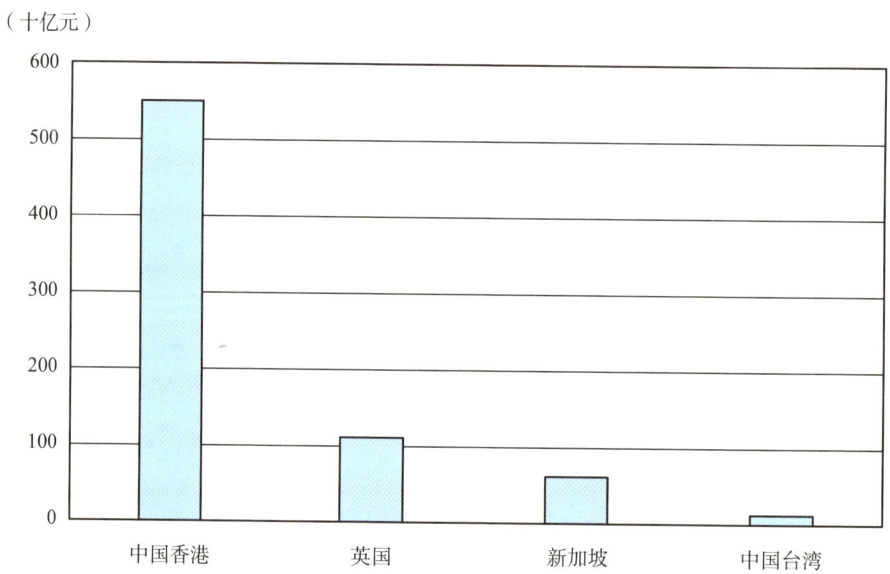

资料来源：毕马威，《2012 中国银行业调查报告》。

图 11－4　截至 2012 年 7 月全球人民币存款情况

香港作为国际金融中心，拥有与发达国家一样成熟的金融体系，香港的银行都是在国际化的环境中和充分的市场竞争中成长起来的，通过并购香港的银行，完全可以为并购国外银行探索道路。从目前来看，因为被收购银行对国际上的法律较熟悉，文化和客户沟通比较方便，所以说以香港作为平台进入国际市场，与直接切入相比要相对平稳，而绝大多数成功进军国际市场的银行、证券和保险机构的第一步都选择了香港，所以香港成为中国银行业、中国金融业拓展国际化的很重要的平台和跳板。

②稳步设立海外分行和有战略地开展海外业务。

随着整个中国经济国际化程度的提升和渗透率的提高，中国银行业从早期贸易环节的业务跟随，进一步地扩张到了投资环节。在具体的客户上，开始尝试从主要做一些中资企业客户，开始转向做一些当地的客户，但事实上，中资银行的海外分支机构的客户绝大部分都是当地的中资企业，市场份额有限，所以能做到真正地能够融入当地市场和参与当地市场运作的中资银行非常少。由于存在这些情况，所以大多数的中资银行海外分支机构都还处于非常初步的客户定位阶段。为了打破海外分支机构的困境，应根据自身发展形势调整相应的战略。以下为中资银行的战略调整建议。

第一，必须打破目前国有或国有控股银行各自在海外开设分支机构的不合理的格局。应根据不同银行的战略定位来确定其分工，有的适合在国内发展，有的适合在海外发展，而不能一窝蜂地跑向海外。对于适合并有能力在海外开设机构并办理业务的银行，也要有所协调，避免在同一地区尤其是在发达国家和地区扎堆，互相挖客户、互相竞争，而在别的国家或地区又形成业务空白。我们甚至可以考虑整合在海外的中资银行，集中资源做大做强。

第二，对于有能力在海外开设分支机构，其业务发展具有潜力且所在国法律也有碍于用行政的办法来整合资源的银行，其在海外的发展途径也绝不能按国内的发展模式来进行，即一家分行一家分行地开设，而必须走并购的路子。就如已在海外上市的建设银行、交通银行，可以通过收购的方式来进行整合。比如可以直接收购所在国或地区与自己业务互补、管理风格相近的银行，并实行本土化管理。用这种方式来发展，一则可以迅速形成竞争的规模；二则可利用被收购行的客户资源来扩大业务，并逐步实现整个海外分行的本土化。

第三，中国银行业在海外的业务最终必须走出传统的华人圈子，争取所在国本土客户，真正融入当地社会。因此其总行和海外分行都必须逐步按国际标准进行管理，必须有相应的管理人才，这样才能逐步改变中资银行在国际上的形象，并不断提高参与国际竞争的能力。

第四，海外业务是国内业务的有效延伸，因此中国银行业在海外发展时应当积极利用国内客户资源、机构网络等优势，通过境内外联动营销，实现境内外客户和业务的良性循环，促进本外币的协调发展。

第五，要搞好海外分行的经营，首先应当建立相对合理的海外资产组合，保持业务稳步增长；其次应当积极拓宽业务经营类型并对产品持续创新，在不断增加海外分行收入的同时分散经营风险；此外，在海外分行发展到一定阶段时，要将其经营业绩与当地外资同业比较，按国际惯例进行评估。另外，经营好海外分行还应时刻关注东道国的信用风险、系统风险等。只有这样才可以走出一条可持续的健康发展的道路并在全球化的竞争中立于不败之地。

（2）本土银行国际化。

如果把整个国际化范围放得更广一些的话，即包括中国的金融机构走出去，同时也包括海外的金融机构进入中国市场，以及中国本土的金融机构依据国际规则来进行重组，那么在过去的十年，国际化进展比较大的还是本土市场的国际化。

表 11 -7　　2011 年中国内地外资银行机构统计

银行类型	机构数目	分行数目	拥有人民币业务牌照	拥有衍生工具牌照	拥有发行人民币金融债券牌照
当地注册的外资法人银行	37	245	35	25	5
分行制银行	77	94	45	25	0
代表处	209	N/A	N/A	N/A	N/A

资料来源：2011 年银监会年报。

随着中国经济金融对外开放的深入，国际上越来越多的银行纷纷登陆中国市场，已经成为中国境内银行业市场上一支重要的竞争力量。截至 2011 年年底，在中国境内注册的外资和合资法人银行增加至 37 家，外国银行分行和代表处超过 300 家，目前已提高到占中国内地银行资产总值约 1.95%，比 2010 年的 1.87% 进一步上升，其中外资银行的资产规模在 2010 ~ 2011 年的增幅为 24%，高于中国内地整体银行业的 18% 平均增幅。由此可知，中国金融市场已经成为国际金融市场的重要组成部分，中资银行即使不走出国门，实际上也已置身于一个国际化的市场。但唯一遗憾的是，加入世界经贸组织已经十三年了，大家担心的外资金融机构会长驱直入，迅速占据国内市场，形成像东欧一样的外资金融机构占据主导份额的格局，一直没有出现。外资银行占整个中国银行业的资产份额似乎没有超过 3%，所以它远远不足以形成一个鲶鱼效应。若外资银行的占有率达 5%、10%，就能与中资银行形成竞争格局，面对竞争中资银行就必须积极改进，或者说引入一些新的产品创新，形成激励作用。

凡事都具有两面性，很多外资银行也面临着中资银行海外分支机构这种国际化、本土化的任务。如不太信任当地的员工，不愿意授权本国培养起来的高管，这会导致对所在国的客户和企业的习惯和运作的规律不了解，而且总体外资银行在中国的分支机构的高管，比中国银行业的高管舒服得多，我国外资银行的分支机构的行长，周末在拜访客户加班加点，但在我国的外资银行还是像在香港一样，五点一下班就回家，所以这表明本土化也有很大的空间。由此可见，外资银行要熟悉中国市场也还有很多课题和困难需要解决和克服。

（3）银行业经营和监管体制国际化。

为了维持国际金融体系的稳定，维持公平竞争，维护宏观经济政策的有效性并保持银行体系的稳定及保护公众利益，对银行跨国经营活动的监管一直是各国政府与央行实施金融监管的重点。经过多年努力，四大国有银行的国际化经营在深度与广度上都取得了相当大的进展，但还存在着许多需要规范之处。

①国内总行应加强对其所属海外分支机构的监督与稽核。

为了保障海外分支机构的营运安全，避免其对国内母行带来不良影响，国有银行应制定严格完善的以风险控制为重心的责权分明、平衡制约、规章健全、运作有序的内部控制制度，组建一个科学高效的决策系统。首先要提高银行员工的内部控制意识，增强遵纪守法观念。其次要按照精简、效能、相互制约的原则调整组织机构、设置部门岗位，并明确部门责任职责。最后，要将风险控制的重点由事后监测转变为事前预警和实时监控。此外，还应建立完善的资产负债比例管理、信贷风险责任制、授信制度、全科目上报制度，将一切业务操作规范于具体的规章制度，制度的制衡较银行员工的自律更为有效。

②央行应继续完善对国有商业银行海外分支机构的监管立法与实施情况。

中国人民银行作为我国的中央银行，负责对国有银行海外分支机构实施监管，其所依据的仅有 1990 年 4 月颁布的《境外金融机构管理办法》与 1993 年实施的《银行外汇业务管理规定》等四部法律。由于这些法律颁布实施时间较早，所以在具体实践中已不能适应当前对银行跨国经营实施有效监管的需要。第一，偏重于对海外机构的设立资格的审查，对于产生大量金融风险的银行日常业务经营缺乏有力监管。除了要求境外金融机构每年定期上报资产负债表、损益表、工作报告外，对境外机构日常运营就未再作进一步要求。第二，注重传统信贷业务的监管，而对新兴的金融衍生业务监管薄弱。拓展不动用或少动用银行资金的表外业务是国际银行业的一大动向。但高收益必然伴随着高风险。由于我国银行业涉足这一新兴业务较晚，在技术、人才、经验、设备、资金等方面都存在着众多的不足，风险较其他外国银行更大。同样，我国央行对于这类业务的监管亦是缺乏经验与相应的法律规范。第三，应从原来的合规性监管为主转向合规性监管与风险性监管并重，建立一套规范、科学、有效的风险识别与监控体系，对如国有商业银行海外分支机构的监管对象的内部管理控制、组织结构、产品设计和业务经营等各个风险点都予以重视。第四，过分依重于非现场检查，无法迅速及时地收集信息、处理问题。中国人民银行应加大现场检查力度，向银行海外机构较为集中的地区如香港、纽约等，派出代表常驻该地，负责监督，以便迅速处理问题并协调各海外银行经营活动，收集信息。

③国有商业银行海外分支机构应依法经营，接受东道国有关部门的监管。

在现实经济中，跨国银行国际活动的增加，不仅对东道国金融业产生巨大冲击，而且给东道国政府金融政策的实施带来了干扰，也增加了金融体系的不稳定性。因而无论是发展中国家还是发达国家，都对银行业特别是跨国银行实施严格的金融监管。国有商业银行要顺利推进国际化，必须严格遵守东道国有关法律法规，接受有关部门的监管。

第一，要分清东道国与母国对跨国银行的监管权限。根据巴塞尔协议，分行的清偿能力监督由母国当局负责，但子行的清偿能力监督由东道国和母国共同负责，合资银行的清偿能力监督由东道国负主要责任①。在流动性方面，分行的流动性管理由母国与东道国共同负责，子行和合资银行的流动性监督由东道国承担。第二，国有银行还应了解不同东道国各自的监管体制及法规。这是因为各国政治、经济与社会体制的差异，决定了其金融监管体制存在着差异。例如，英国是中央银行独立行使金融监管职能，而美国实行多轨多元监管体制，即联邦各州都有权对金融机构注册发照并实施监管，金融监管职能可由若干个监管机构共同履行，但一家金融机构主要受一家监管机构的监督与管理，日本金融监管职能则是由财政部履行。第三，要了解东道国对外国银行的审慎监管方式与标准。在欧盟，要求新进入欧盟市场的银行最低资本为500万欧元即折合600万美元，并强制性地要求银行的资本充足率要达到8%的标准，对银行流动性比率及外汇风险管理因国家的不同而不同。美国则要求新银行最低资本为200万美元，除了要求达到8%的资本充足率外，还要求银行的杠杆率至少为4%，并对银行的流动性与外汇风险建立指导方针并逐案评估。各国对外国银行实施监管的目标、态度、手段、内容等不同，都会对国有银行海外经营带来影响，但可以明确的一点是，只有在进行跨国经营的过程中按照当地法律安全、稳健地经营，才能最大限度地享受国际化带来的利益。

确实，随着中国市场经济体制建设向纵深推进，中国银行业监管的有效性也在逐步提高，为中国商业银行的健康运行与改革发展提供了重要保障。特别是自2003年中国银监会成立以来，不断完善监管制度与方法，确立了“管法人、管风险、管内控、提高透明度”的监管理念，按照巴塞尔新资本协议要求逐步构建了以资本监管为基础的银行业审慎监管框架。对银行业金融机构实施以风险为本

---

① 王新娜：《推进国有商业银行国际化需明晰的三个问题》，载《财经科学》2002年增刊，第63页。

的审慎有效监管，使得中国银行业监管加快向国际先进水平靠拢。

总之，今后随着国内跨国公司的兴起，国内市场进一步打开，随着现有客户在生产、贸易、投资等领域的活动在深度和广度上日益向外拓展，对银行业服务的要求也将向全球化、多元化、标准化方向不断发展，从而对目前国内银行的传统的服务功能、技术手段、营销方式、人员素质等各国方面都带来全新的挑战，迫使国内商业银行开展国际化经营。因此，只有直面竞争，在竞争中学习，才能在竞争中成长。

主要政策性参考文献

［1］中共十八大报告.《坚定不移沿着中国特色社会主义道路前进为全面建成小康社会而奋斗》.2012.

［2］中国人民银行、中国银行业监督管理委员会、中国证券监督管理委员会、中国保险监督管理委员会、国家外汇管理局. 金融业发展和改革“十二五”规划.2012.

［3］中国人民银行.2013年中国金融稳定报告.2013.

［4］中华人民共和国工业和信息化部. 关于印发中小企业划型标准规定的通知（工信部联企业〔2011〕300号).2011.

［5］中国银行业监督管理委员会. 中国银监会关于规范银信理财合作业务有关事项的通知（银监发〔2010〕72号).2010.

［6］中国银行业监督管理委员会. 关于规范商业银行理财业务投资运作有关问题的通知（银监发〔2013〕8号).2013.

［7］中国银行业监督管理委员会. 关于加强2013年地方政府融资平台贷款风险监管的指导意见（银监发〔2013〕10号).2013.

［8］中国银行业监督管理委员会. 商业银行流动性风险管理办法（试行).

［9］中国银行业监督管理委员会. 商业银行杠杆率管理办法.

［10］中国银行业监督管理委员会. 商业银行资本管理办法（试行).